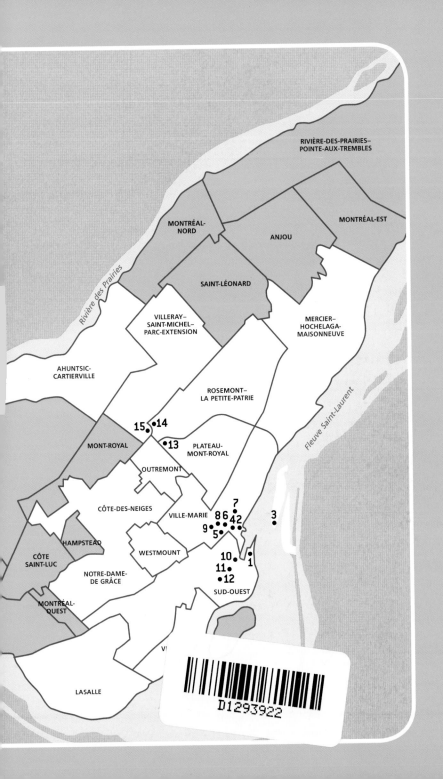

Édition : Liette Mercier
Coordination : Myranie Bray
Recherche : Myranie Bray, Sofia Duran et Chloé Lafrenière
Design graphique : Josée Amyotte
Traitement des images : Johanne Lemay
Infographie : Chantal Landry
Correction : Caroline Hugny et Odile Dallaserra

Catalogage avant publication de Bibliothèque et Archives
nationales du Québec et Bibliothèque et Archives Canada

Bouchard, Claire,

   300 raisons d'aimer Montréal

   ISBN 978-2-7619-4790-9

   1. Montréal (Québec) - Guides. I. Parent, Marie-Joëlle.
II. Ruel, Olivier. III. Titre. IV. Titre : Trois cents raisons
d'aimer Montréal.

FC2947.18.B68 2017   917.14'28045   C2017-940504-7

Marie-Joëlle Parent est l'auteur et la créatrice
de *300 raisons d'aimer New York*, qui a inspiré
la présente collection.

À NOTER

Montréal est une ville vivante, toujours en mouvement,
qui se réinvente sans cesse. Chaque semaine, de
nouveaux cafés, boutiques, commerces et restaurants
voient le jour alors que d'autres, malheureusement,
ferment leurs portes. Tous les moyens possibles ont été
pris pour que les renseignements contenus dans ce guide
soient exacts au moment de mettre sous presse. Il est
par contre possible que des établissements aient
déménagé ou fermé leurs portes lorsque vous les
visiterez. Les menus, prix, heures d'ouverture et positions
géographiques sur les cartes sont donnés à titre indicatif
seulement et peuvent être sujets à changement.

Imprimé au Canada

04-17

Dépôt légal : 2017
Bibliothèque et Archives nationales du Québec

ISBN 978-2-7619-4790-9

DISTRIBUTEURS EXCLUSIFS :
Pour le Canada et les États-Unis :
MESSAGERIES ADP inc.*
Longueuil, Québec J4G 1G4
Téléphone : 450-640-1237
Internet : www.messageries-adp.com
* filiale du Groupe Sogides inc.,
  filiale de Québecor Média inc.

Pour la France et les autres pays :
INTERFORUM editis
Téléphone : 33 (0) 1 49 59 11 56/91
Service commandes France Métropolitaine
Téléphone : 33 (0) 2 38 32 71 00
Internet : www.interforum.fr
Service commandes Export – DOM-TOM
Internet : www.interforum.fr
Courriel : cdes-export@interforum.fr

Pour la Suisse :
INTERFORUM editis SUISSE
Téléphone : 41 (0) 26 460 80 60
Internet : www.interforumsuisse.ch
Courriel : office@interforumsuisse.ch
Distributeur : OLF S.A.
Commandes :
Téléphone : 41 (0) 26 467 53 33
Internet : www.olf.ch
Courriel : information@olf.ch

Pour la Belgique et le Luxembourg :
INTERFORUM BENELUX S.A.
Téléphone : 32 (0) 10 42 03 20
Internet : www.interforum.be
Courriel : info@interforum.be

Gouvernement du Québec – Programme de crédit
d'impôt pour l'édition de livres – Gestion SODEC –
www.sodec.gouv.qc.ca

L'Éditeur bénéficie du soutien de la Société de
développement des entreprises culturelles du Québec
pour son programme d'édition.

Conseil des Arts   Canada Council
du Canada   for the Arts

Nous remercions le Conseil des Arts du Canada de l'aide
accordée à notre programme de publication.

Financé par le gouvernement du Canada
Funded by the Government of Canada | Canadä

Nous reconnaissons l'aide financière du gouvernement
du Canada par l'entremise du Fonds du livre du Canada
pour nos activités d'édition.

CLAIRE BOUCHARD

300

RAISONS D'AIMER
MONTRÉAL

Photographies
OLIVIER RUEL

Table des matières

Préface de Marie-Joëlle Parent **6**

J'aime Montréal **9**

Mes «tops» **10**
Les événements à ne pas manquer ■ Se loger

Cité-du-Havre, Vieux-Port, parc Jean-Drapeau **17**

Vieux-Montréal, Quartier international **31**

Quartier chinois, Le Village, Quartier des spectacles **49**

Centre-ville **72**

Griffintown, Petite-Bourgogne, Saint-Henri, Verdun **91**

Westmount, Notre-Dame-de-Grâce, Côte-des-Neiges . . **111**

Outremont, Mile End, le Plateau-Mont-Royal............ **129**

Hochelaga-Maisonneuve..................................... **167**

Rosemont, la Petite-Patrie, Petite Italie, Mile-Ex........ **194**

Parc-Extension, Villeray, Saint-Michel, Ahuntsic......... **225**

Hors des circuits touristiques et
escapades d'une journée................................... **245**

Le meilleur de Montréal selon... .... **255**

Index... **280**
Crédits photographiques....................................... **285**
Remerciements.. **287**

Préface

Je suis très heureuse de vous présenter *300 raisons d'aimer Montréal*, le 4ᵉ volume de la collection que j'ai fondée avec *300 raisons d'aimer New York*. J'étais très loin de me douter, lorsque je me suis lancée dans l'écriture de mon premier livre, que la ville où j'ai grandi ferait partie de cette série. Mes plus beaux souvenirs de jeunesse sont étroitement liés à Montréal. Pendant mes années d'études, la ville est devenue mon terrain de jeu. Je prenais plaisir à explorer les vieux commerces du boulevard Saint-Laurent, les petites salles de concert obscures, les ruelles fleuries, les bars du Plateau-Mont-Royal, les cafés de la Petite Italie et les grands marchés publics. Je me suis découvert une passion pour les immeubles Art déco, les vieux salons de barbier et les delicatessens.

Je n'oublierai jamais mon tout premier appartement, un minuscule deux-pièces en plein cœur du Mile End. Mon quartier est rapidement devenu mon univers. Chaque matin commençait par un arrêt chez Fairmount Bagel avant de sauter sur mon vélo en direction de l'université. Les soirs d'été se terminaient sur mon balcon, entre amis, autour d'une bouteille de vin. Le rythme de vie est doux à Montréal ; c'est ce qui me manque le plus depuis que je vis à l'étranger.

J'ai quitté Montréal il y a plus de huit ans, mais la ville m'habite toujours. C'est ma carte de visite partout où je vais, mon identité. J'y pose pied plusieurs fois par année et je prends plaisir à la redécouvrir avec des yeux nouveaux.

J'ai tout de suite su en rencontrant Claire Bouchard qu'elle était une grande spécialiste de la métropole et qu'elle saurait nous faire découvrir ce que Montréal a de mieux à offrir. Elle a passé les dernières années à la recherche de petits trésors cachés, de lieux inusités qui surprendront même les Montréalais. Le Montréal qu'elle dépeint est multiculturel, gourmand, écolo, coloré, innovateur et communautaire.

Originaire de la Côte-Nord, Claire a toujours eu l'impression d'être née au mauvais endroit, jusqu'à ce qu'elle débarque à Montréal dans les années 1990 pour ses études. Elle n'en est plus jamais repartie. Ce qui est remarquable chez elle, c'est que, après 20 ans, elle est toujours aussi émerveillée par sa ville, toujours aussi curieuse et aventurière. Elle a habité tous les quartiers, le Mile End, le Plateau, le Centre-Sud et Villeray, avant de se poser dans la Petite-Patrie qu'elle affectionne particulièrement. Ses voisins sont d'origine chinoise, portugaise, turque et grecque. C'est aussi ça, Montréal : une mosaïque de cultures.

« Montréal n'a peut-être pas les attraits touristiques de New York ou de Paris, mais c'est une ville qui se vit. Il faut y passer un long moment pour l'apprécier. C'est alors que son charme se déploie », dit-elle. Je suis bien d'accord !

Marie-Joëlle Parent
Créatrice de la collection « 300 raisons d'aimer »
Auteure de *300 raisons d'aimer New York*
et de *300 raisons d'aimer San Francisco*

«Cette ville va me rendre fou.
Cette ville va me rendre complètement fou.»

Xavier Caféine
Chanson *Montréal (cette ville)*

J'aime Montréal

J'en suis tombée follement amoureuse le jour où j'y ai emménagé, par une chaude journée du mois d'août 1995. Moi qui avais grandi dans une ville cent fois plus petite, j'ai soudainement eu l'impression d'être née au mauvais endroit. C'est à Montréal que je me sentais bien. Il y avait tant à faire, à voir, à découvrir, à manger. J'ai alors décidé d'en faire mon chez-moi pour toujours.

Depuis, je parcours Montréal en prenant plaisir à jouer la touriste dans ma propre ville et à découvrir les quartiers, les nouvelles adresses et les activités à faire.

J'aime Montréal. Beaucoup.

Je l'aime pour ses **escaliers extérieurs**, qu'ils soient droits, courbés ou en colimaçon. Pour ses **ruelles vertes** et animées, où il fait bon déambuler pour voir le «vrai» Montréal. Pour ses **murales** magistrales, souvent colorées, tantôt abstraites, mais toujours vivantes et étonnantes, qui font de la ville un véritable musée à ciel ouvert. Pour ses **quatre saisons** si distinctes; le contraste entre les canicules de l'été et les grands froids hivernaux, les premières journées chaudes du printemps et la lumière exceptionnelle des après-midi d'automne. Pour sa **diversité culturelle**: au sein d'une majorité francophone, des résidents en provenance d'environ 120 pays et parlant au total près de 200 langues se côtoient

dans une belle harmonie et un respect mutuel. Et pour ses nombreux **restaurants**. On trouve ici plus de restaurants par habitant qu'à New York ou San Francisco! Dans les quartiers touristiques, il y aurait 66,3 restaurants au kilomètre carré. Avec ses 5700 établissements, il n'est pas surprenant que Montréal soit devenue l'une des destinations gastronomiques les plus populaires au monde.

J'aime Montréal. Passionnément.

C'est donc pour moi un honneur de partager avec vous mes 20 années d'exploration et de vous emmener dans tous les quartiers, à la découverte de 300 raisons d'aimer Montréal : les meilleurs cafés, les restaurants les plus authentiques, les plus belles terrasses, les activités incontournables, les rues les plus remarquables ou les secrets bien gardés. Très personnelles, ces raisons ne constituent pas une liste exhaustive. Il y a des milliers de raisons d'aimer Montréal, une ville hétéroclite, en constant mouvement, toujours créative et jamais terne. Il y a tant d'artistes à découvrir, de nouveaux cafés qui naissent, de points de vue qu'on remarque pour la première fois, de ruelles qui verdissent...

De tout pour aimer Montréal. À la folie.

Mes « TOPS »

MES RESTOS PRÉFÉRÉS
1 Kazu: 1862, rue Sainte-Catherine O. [RAISON N° 86]
2 Le Petit Alep: 191, rue Jean-Talon E. [RAISON N° 268]
3 Bottega: 65, rue Saint-Zotique E. [RAISON N° 256]
4 Olive & Gourmando: 351, rue Saint-Paul O. [RAISON N° 24]
5 Thaïlande: 88, rue Bernard O. [RAISON N° 146]

LES PLUS JOLIES RUES
1 Rue Demers, entre Henri-Julien et Hôtel-de-Ville [RAISON N° 158]
2 Rue De Castelnau, entre De Gaspé et Drolet [RAISON N° 269]
3 Rue Sainte-Hélène [RAISON N° 19]
4 Avenue Laval, entre Duluth et Sherbrooke [RAISON N° 174]
5 Avenue McGill College [RAISON N° 73]

LES MEILLEURES POUTINES
1 La Banquise: 994, rue Rachel E. [RAISON N° 178]
2 Brutus: 1290, rue Beaubien E. [RAISON N° 236]
3 Ma Poule Mouillée: 969, rue Rachel E. [RAISON N° 178]
4 Broue Pub Brouhaha: 5860, av. De Lorimier [RAISON N° 232]
5 Chez Claudette: 351, av. Laurier E. [RAISON N° 178]
Mention honorable: Frite Alors! (plusieurs établissements)

LES MICROBRASSERIES QUI SE DISTINGUENT
1 Dieu du Ciel!: 29, av. Laurier O. [RAISON N° 156]
2 Isle de Garde: 1039, rue Beaubien E. [RAISON N° 238]
3 Brasserie Harricana: 95, rue Jean-Talon O.
4 Ma Brasserie: 2300, rue Holt
5 L'amère à boire: 2049, rue Saint-Denis [RAISON N° 47]

MES BOUIS-BOUIS FAVORIS
1 Bombay Mahal: 1001, rue Jean-Talon O. [RAISON N° 266]
2 Romados: 115, rue Rachel E. [RAISON N° 169]
3 Chez Bong: 1021, boul. Saint-Laurent [RAISON N° 32]
4 La Maison de Mademoiselle Dumpling: 6381, rue Saint-Hubert [RAISON N° 245]
5 Phở Bắc: 1016, boul. Saint-Laurent [RAISON N° 36]

LES PARCS LES PLUS ENCHANTEURS
1 Parc du Mont-Royal, le Plateau-Mont-Royal [RAISON N° 165]
2 Parc des Rapides, LaSalle [RAISON N° 115]
3 Parc Jean-Drapeau, Sainte-Marie [RAISON N° 10]
4 Parc La Fontaine, le Plateau-Mont-Royal [RAISON N° 181]
5 Parc Sir-Wilfrid-Laurier, le Plateau-Mont-Royal [RAISON N° 181]
6 Parc Jarry, Villeray [RAISON N° 275]
7 Parc Westmount, Westmount [RAISON N° 117]
8 Parc René-Lévesque, Lachine [RAISON N° 299]
9 Parc-nature de l'Île-de-la-Visitation, Ahuntsic [RAISON N° 285]
10 Parc Pratt, Outremont

LES PLATS DONT JE RÊVE LA NUIT
1 Le bol de tartare de thon et saumon du Kazu: 1862, rue Sainte-Catherine O. [RAISON N° 86]
2 Le poisson à la Vong de Y Lan: 6425, rue Saint-Denis [RAISON N° 251]
3 Le sandwich steak-capicollo du Café Milano: 5188, rue Jarry E. [RAISON N° 282]
4 L'agneau du Petit Alep: 191, rue Jean-Talon E. [RAISON N° 268]
5 Le poulet de Romados: 115, rue Rachel E. [RAISON N° 169]
6 La pizza margherita de la Bottega: 65, rue Saint-Zotique E. [RAISON N° 256]
7 Le sandwich poulet cajun, mangue et guacamole d'Olive & Gourmando: 351, rue Saint-Paul O. [RAISON N° 24]
8 Le #25 (vermicelles et bœuf sauté à la citronnelle) de Phở Bắc: 1016, boul. Saint-Laurent [RAISON N° 36]
9 Le cari Choochee de Thaïlande: 88, rue Bernard O. [RAISON N° 146]
10 La sauce pour pâtes Gorgon (gorgonzola et noisettes) de Diabolissimo: 1256, av. du Mont-Royal E. [RAISON N° 182]

LE MEILLEUR CAFÉ (POUR LE CAFÉ)
1 **Pourquoi Pas espresso bar**: 1447, rue Amherst [RAISON N° 39]
2 **Café Myriade**: 1432, rue Mackay [RAISON N° 88]
3 **Tunnel Espresso Bar**: 1253, av. McGill College [RAISON N° 88]
4 **Café Pista**: 500, rue Beaubien E. [RAISON N° 249]
5 **Café Larue & Fils**: 244, rue De Castelnau E. [RAISON N° 269]

LES PLUS CHARMANTS CAFÉS POUR FLÂNER
1 **Crew Collectif & Café**: 360, rue Saint-Jacques [RAISON N° 23]
2 **Le Falco**: 5605, av. De Gaspé [RAISON N° 151]
3 **Tommy**: 200, rue Notre-Dame O. [RAISON N° 22]
4 **Café Sfouf**: 1250, rue Ontario E. [RAISON N° 43]
5 **Le Butterblume**: 5836, boul. Saint-Laurent [RAISON N° 149]

LES MURALES DIGNES DE MENTION
1 *L'esprit d'été*: boul. Rosemont, entre l'avenue Christophe-Colomb et la rue De La Roche [RAISON N° 243]
2 *Germaine* (hommage à Michel Tremblay): rue Saint-Dominique, entre la rue Villeneuve E. et l'avenue du Mont-Royal E. [RAISON N° 173]
3 *L'air du temps*: rue Sanguinet, à l'angle de la rue Émery [RAISON N° 49]
4 *Más - Penser à prendre le temps*: av. Papineau, à l'angle de la rue De Fleurimont [RAISON N° 243]
5 *Comme un jeu d'enfants*: av. Papineau, à l'angle de la rue Jarry E. [RAISON N° 284]

LA QUINTESSENCE DU BRUNCH
1 **Pâtisserie Rhubarbe**: 5091, rue De Lanaudière [RAISON N° 187]
2 **La Récolte**: 764, rue Bélanger [RAISON N° 241]
3 **Chez Régine**: 1840, rue Beaubien E. [RAISON N° 233]
4 **Le Sain Bol**: 5095, rue Fabre [RAISON N° 190]
5 **LEMÉAC**: 1045, av. Laurier O.

LES COMPTES INSTAGRAM «PERSO» À SUIVRE POUR DÉCOUVRIR MONTRÉAL
@archimontreal
@montrealismes
@amelipstick
@yesmini_
@dani.e.l

Les événements à ne pas manquer

Tout au long de l'année, Montréal vibre au rythme d'une centaine de festivals et d'événements, qu'ils soient musicaux, gastronomiques ou culturels. Voici une liste de mes préférés.

Montréal en lumière : En plein hiver, 1,3 million de festivaliers viennent fêter Montréal dans ce festival qui allie culture, gastronomie et activités familiales. [montrealenlumiere.com]

Les Premiers Vendredis : Grand rassemblement de camions de cuisine de rue au pied du Stade olympique, tous les premiers vendredis du mois, de mai à octobre inclusivement. [cuisinederue.org]

Le Tour de l'Île et le Tour la Nuit : Des milliers de cyclistes prennent d'assaut les rues de la ville sur différents parcours (23 kilomètres pour le Tour la Nuit ; 30, 50 ou 100 kilomètres pour le Tour de l'Île) qui traversent plusieurs quartiers. Une activité très agréable à faire en famille. [velo.qc.ca]

Festival Mural : Au cœur du boulevard Saint-Laurent, Mural célèbre l'art urbain en accueillant des artistes graffiteurs de renommée internationale, qui réalisent plusieurs murales sous nos yeux. [muralfestival.com]

Francofolies : Depuis 25 ans, c'est LE festival qui célèbre la musique francophone de partout à travers le monde. [francofolies.com]

Festival international de jazz de Montréal : Le plus important festival de jazz de la planète, avec ses 2 millions de festivaliers. [montrealjazzfest.com]

L'International des Feux Loto-Québec : Mon événement chouchou. Concours de pyrotechnie dans lequel s'affrontent plusieurs firmes de partout à travers le monde. Du pont Jacques-Cartier, c'est spectaculaire. Et gratuit. [laronde.com]

Heavy Montréal : La destination nord-américaine par excellence des amateurs de musique rock et heavy metal. [heavymontreal.com/fr]

Osheaga : Des talents émergents côtoient les plus grands artistes internationaux. Un incontournable depuis 2006. [osheaga.com/fr]

POP Montréal : 450 groupes musicaux en 5 jours. C'est l'événement le plus couru par les amateurs de musique indépendante et émergente. [popmontreal.com]

MTL à table : Pendant 10 jours, 150 restaurants proposent un menu 3 services à 21 $, 31 $ ou 41 $. Une belle façon de découvrir de nouvelles tables. [tourisme-montreal.org/mtlatable]

Se loger

Montréal est l'une des villes les plus sûres du monde : aucun des quartiers n'est à proscrire. Parmi les grands hôtels de la métropole, permettez-moi de vous en présenter quelques-uns dignes de mention.

Hôtel Renaissance : Au cœur du centre-ville, ce luxueux hôtel met en valeur l'art urbain et les talents locaux. Les fresques de chaque chambre ont été peintes à main levée et les illustrations dans les salles de bain, les couloirs, le hall, le restaurant et les salles de conférences sont toutes des œuvres d'artistes d'ici. La terrasse sur le toit vaut le détour. [renmontreal.com]

Hôtel Le Place d'Armes : Premier hôtel-boutique à s'être installé dans le Vieux-Montréal, Le Place d'Armes jouit d'un emplacement prestigieux sur la place du même nom, aux frontières du Vieux-Montréal et du Quartier international. La façade de style néo-classique est magnifique avec son coin arrondi. C'est un des plus beaux immeubles du Vieux-Montréal (voir **RAISON N° 20**). [hotelplacedarmes.com]

Ritz-Carlton : Cet hôtel mythique est le seul établissement hôtelier du Québec qui a obtenu la cote Cinq Diamants de la CAA et l'AAA (associations canadienne et américaine des automobilistes). Son restaurant, Maison Boulud, est très réputé. Et le bar ? Rien de moins qu'un bar à champagne Dom Pérignon. Luxe, opulence et charme historique sous un même toit. [ritzcarlton.com/fr/hotels/canada/montreal] (voir **RAISON N° 81**)

Hôtel Le St-James : Une autre splendide façade. Établi dans l'édifice de la Merchants Bank (voir **RAISON N° 21**), datant de 1870, l'hôtel Le St-James serait le meilleur endroit pour voir les stars internationales de passage dans la métropole. [hotellestjames.com]

Hôtel ALT : Avec son tarif fixe valide à longueur d'année, peu importe la chambre, le ALT est assurément la meilleure option qualité-prix. Premier hôtel à s'être installé dans le quartier Griffintown (voir **RAISON N° 89**), cet établissement à la déco très design et sans flafla offre une vue imprenable sur le centre-ville. [althotels.com]

Montréal est une ville en quadrillé et il y est très facile de s'orienter. La numérotation des immeubles des rues dans l'axe sud-nord vont de zéro (rue de la Commune) à 10800 (boulevard Gouin). Les numéros autour de 5000 se trouvent donc près de l'avenue Laurier. Pour l'axe est-ouest, le boulevard Saint-Laurent représente le zéro, et la numérotation part de chaque côté. La mention « Est » ou « Ouest » d'une adresse est donc très importante : la première signifie « à l'est du boulevard Saint-Laurent » ; l'autre, « à l'ouest du boulevard Saint-Laurent ».

Cité-du-Havre, Vieux-Port, parc Jean-Drapeau

L'extrémité sud de la ville, bordée par le Saint-Laurent, révèle les panoramas les plus mémorables de Montréal. Maillon important dans le développement économique et social du pays, ce secteur est aujourd'hui, avec raison, prisé des touristes, et constitue un pittoresque terrain de jeux pour les résidents. Promenade, détente, activités sportives ou extrêmes, on s'y rend toute l'année pour s'amuser dans un cadre enchanteur et pour l'accès remarquable au fleuve.

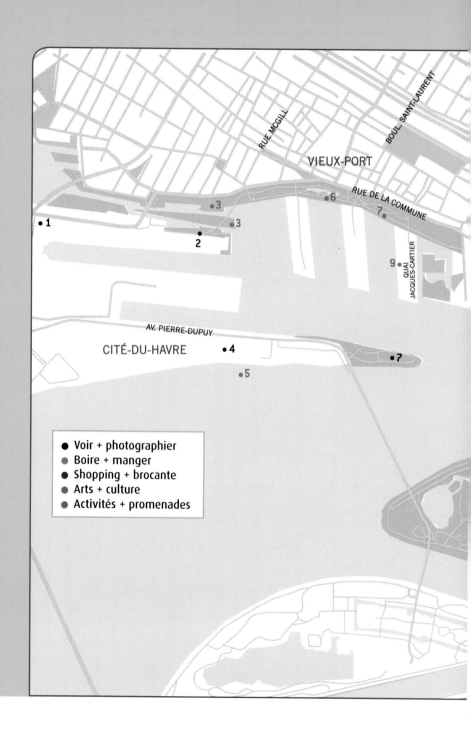

RUE MCGILL

BOUL. SAINT-LAURENT

VIEUX-PORT

RUE DE LA COMMUNE

•6

7•

•3

•3

•1

•2

9 •

QUAI JACQUES-CARTIER

AV. PIERRE-DUPUY

CITÉ-DU-HAVRE •4

•7

•5

- ● Voir + photographier
- ● Boire + manger
- ● Shopping + brocante
- ● Arts + culture
- ● Activités + promenades

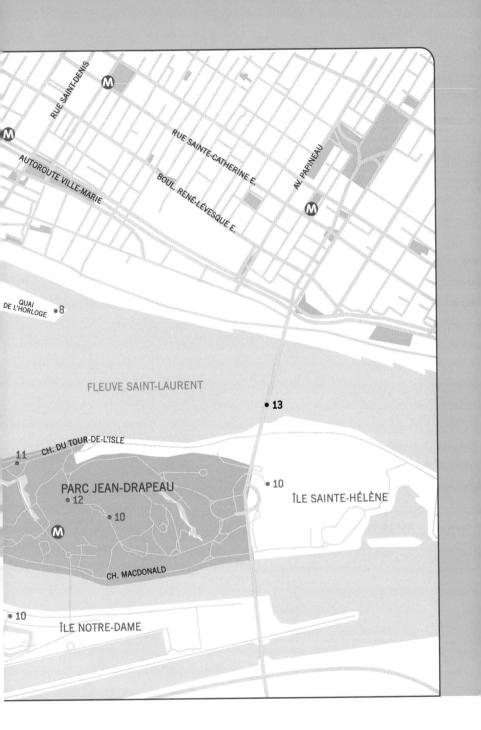

RUE SAINT-DENIS

M

M

RUE SAINTE-CATHERINE E.

AV. PAPINEAU

AUTOROUTE VILLE-MARIE

BOUL. RENÉ-LÉVESQUE E.

M

QUAI
DE L'HORLOGE •8

FLEUVE SAINT-LAURENT

•13

CH. DU TOUR-DE-L'ISLE

11

PARC JEAN-DRAPEAU
•12

•10

ÎLE SAINTE-HÉLÈNE

•10

M

CH. MACDONALD

•10

ÎLE NOTRE-DAME

L'enseigne devenue icône

1 Érigée en 1948, l'enseigne lumineuse **Farine Five Roses** a failli disparaître lorsque la marque Five Roses a été vendue à une entreprise américaine. Il semblait donc inutile de maintenir l'affichage, et les néons se sont éteints en 2006. Plusieurs organismes se sont alors portés à sa défense et cette mobilisation a porté ses fruits : sa pérennité a été confirmée en 2013. Bien ancrée dans le paysage urbain, l'enseigne a aussi une grande importance dans la culture populaire. Chaque lettre mesure près de 5 mètres de haut et les mots s'allument par intermittence, dans un cycle de 22 secondes. Dans les années 1960, on comptait quatre mots à cette enseigne : *Farine Five Roses Flour*. La Loi 101, qui a fait du français la langue officielle du Québec, a fait disparaître le mot *flour* en 1977. [950, rue Mill]

La promenade méconnue

2 Elle peut sembler difficile d'accès, mais une promenade sur la **Pointe-du-Moulin** vaut le coup. Cette jetée est constituée de remblais issus en grande partie de la construction du canal de Lachine. Pour vous y rendre, empruntez à pied la passerelle depuis l'extrémité sud de la rue McGill. Sur place, vous serez en mesure de constater l'immensité du **Silo n° 5**, un ensemble d'élévateurs à grains de 400 mètres de long, qui rappelle que le port de Montréal a déjà été la plaque tournante du commerce des grains en Amérique du Nord. À l'heure actuelle, on ne sait pas ce qu'il adviendra de ce complexe abandonné, quoique désormais protégé par les instances gouvernementales pour son intérêt patrimonial. Pour terminer votre promenade, admirez l'une des œuvres d'art les mieux cachées de Montréal : *La Grande Fonte* (A), une impressionnante sculpture de 15 mètres de haut de l'artiste montréalais Robert Roussil.

Détente chic sur le fleuve

3 Ancien traversier transformé en spa flottant amarré au Vieux-Port, le **Bota Bota** (A) [Vieux-Port, rue de la Commune O.] jouit d'un emplacement exceptionnel, et la vue sur le Vieux-Montréal, depuis le bain tourbillon du pont supérieur, est imprenable. Même constat pour l'espace destiné aux manucures et pédicures; c'est le plus bel endroit en ville pour obtenir ce type de soin. Avec son design moderne et léché – ce spa a gagné de nombreux prix de design et d'architecture –, le Bota Bota est un lieu de détente incontournable. Expérimentez-le par grand froid ou par une superbe journée estivale; l'expérience est totalement différente. Et si votre emploi du temps le permet, allez-y la semaine. Le week-end, le spa est souvent très (trop) fréquenté. Pour une fringale post-détente, direction **Muvbox** [Place du Génie, Vieux-Port] pour une guedille au homard des îles de la Madeleine ou une chaudrée de palourdes. Chaque année, l'ouverture de ce resto-conteneur symbolise le début de la belle saison et l'approche des vacances. De mai à octobre.

> Il y a continuellement des travaux dans les rues de Montréal, au point que le « cône orange » est devenu un symbole identitaire.

L'extravagance au cube

4 Construit dans le cadre de l'Exposition universelle de 1967, **Habitat 67** fut le premier édifice de l'ère moderne classé monument historique (2009). Extravagant, outrageusement moderne pour l'époque et controversé, Habitat 67 a été applaudi dans le monde entier et a valu à son créateur, Moshe Safdie, une notoriété internationale. Il faut savoir que Safdie n'avait alors que 24 ans et qu'Habitat 67 était en fait son projet de mémoire de maîtrise en architecture. Un véritable conte de fées pour celui qui n'avait jamais construit d'immeuble auparavant. [2600, av. Pierre-Dupuy]

3A

Le surf en pleine ville

5 De plus en plus d'adeptes du surf de rivière profitent d'une vague éternelle du fleuve Saint-Laurent, connue sous le nom de **vague Habitat 67**. Appréciée pour son accessibilité et sa puissance, cette vague stationnaire est engendrée par le mouvement rapide de l'eau qui frappe les fonds rocheux. À son amplitude maximale, vers la fin mai, elle peut atteindre deux mètres. Il existe une autre vague statique sur le fleuve, plus à l'ouest, à LaSalle, surnommée la **vague à Guy**. Plus sûre, au débit plus calme, cette vague est plus appropriée pour les surfeurs débutants. Ces deux sites combinés attirent annuellement de 18 000 à 25 000 surfeurs. [Parc de la Cité-du-Havre, derrière Habitat 67]

Sensations fortes au Vieux-Port

6 Aucun doute que la **Décalade** de la tour du quai des Convoyeurs saura donner la chair de poule aux amateurs de sensations fortes. Cette activité hors du commun consiste à descendre les parois verticales de la tour, face contre terre, à la *Mission impossible*. Il ne faut pas avoir le vertige : le parcours débute sur le toit de cette tour abandonnée, à 50 mètres dans les airs. Assis les pieds dans le vide, 12 étages au-dessus du sol, la poussée d'adrénaline est phénoménale lorsqu'il faut tout lâcher pour commencer la descente. Frissons garantis. [Quai des Convoyeurs, Vieux-Port]

La pêche avec Jean

7 Jean Desjardins, guide et propriétaire de **Pêche Vieux-Montréal**, navigue sur le fleuve depuis maintenant 35 ans et est toujours aussi étonné de la qualité de pêche qu'offre le Saint-Laurent. «Il y a tellement de poissons que j'en pêche à chaque sortie, même plusieurs à l'heure!» Sur son bateau, il emmène jusqu'à quatre convives à la fois, prêts à expérimenter la pêche à l'esturgeon, à l'achigan, au brochet ou au doré, et ce, en pleine ville. Les prises sont remises à l'eau (après la photo souvenir, bien sûr!), mais on peut les emporter si on souhaite les consommer (avis aux sceptiques : de récentes études démontrent que les poissons du Saint-Laurent sont sains et parfaitement comestibles). Les excursions d'une demi-journée ou d'une journée complète se déroulent hiver comme été, au départ du Vieux-Port. L'hiver, c'est en hydroglisseur qu'on se rend à la pêche sur glace ou en eau libre. Réservation obligatoire à pechevm.com.

Pour les pêcheurs d'expérience ou pour ceux du dimanche, la pointe du **parc de la Cité-du-Havre** est un endroit paisible où lancer sa ligne à l'eau. D'ailleurs, le plus petit des grands parcs montréalais offre des points de vue magnifiques sur le Vieux-Montréal et sur le pont Jacques-Cartier. À voir absolument. Stationnement gratuit. [3400, av. Pierre-Dupuy]

Montréal plage

8 Montréal a, depuis 2012, sa «plage urbaine», 2000 mètres carrés de sable blanc aménagés pour permettre aux citadins de relaxer, un verre à la main, lors des chaudes journées d'été, moyennant des droits d'accès au site de 2 $. Les puristes diront qu'il ne s'agit pas d'une vraie plage. D'accord, c'est vrai que la baignade y est interdite en raison de la force des courants (pour la baignade, voir raison 10). Il reste que la **plage de l'Horloge**, située au bout du quai du même nom, vaut le détour. Campé au point le plus à l'est du Vieux-Port, on peut admirer Montréal dans toute sa splendeur, avec le fleuve, le centre-ville, le pont Jacques-Cartier et l'île Sainte-Hélène en toile de fond. Soit dit en passant, l'horloge de la tour a été construite en Angleterre et son mécanisme est similaire à celui de Big Ben, à Londres.

Lever l'ancre vers Jean-Drapeau

9 Pour se rendre au parc Jean-Drapeau, il y a bien sûr le pont Jacques-Cartier, l'autobus et le métro. Mais de mai à octobre, si vous êtes à pied ou en vélo, il est plus agréable de prendre la **navette fluviale** à partir du Vieux-Port. Pour 1 $ de plus que le trajet de métro, vous pourrez profiter des 10 minutes que dure la traversée pour relaxer tout en contemplant, du pont-terrasse extérieur, la ville et les environs. [Navettes maritimes du Saint-Laurent, quai Jacques-Cartier]

8

9

Le grand parc au cœur du fleuve

10 Le **parc Jean-Drapeau**, héritage de deux événements qui ont marqué à jamais Montréal, l'Exposition universelle de 1967 et les Jeux olympiques de 1976, est un de mes lieux favoris du Grand Montréal. Chaque fois que j'y mets les pieds, je me sens en vacances. D'une superficie de près de 3 kilomètres carrés, le parc est composé de deux îles : l'**île Sainte-Hélène** et l'**île Notre-Dame**. Cette dernière fut construite de toutes pièces, en 10 mois à peine, avec la terre provenant du percement des tunnels du métro.

L'île Sainte-Hélène sert de cadre au parc d'attractions **La Ronde** et aux populaires festivals **Osheaga** et **Heavy Montréal**. De plus, plusieurs autres événements s'y déroulent, comme la **Fête des neiges**, les **Week-ends du Monde** et le **Piknic Électronik** (voir raison 11).

On pourrait bien surnommer l'île Notre-Dame le «paradis des sportifs». L'immense **bassin olympique** de 2,2 kilomètres de long, unique en Amérique du Nord, est le site d'entraînement de prédilection des associations d'aviron, de kayak, de surf à pagaie et de bateaux-dragons de la région. Lorsque la F1 n'est pas en ville, le **circuit Gilles-Villeneuve** devient une sublime piste pour le vélo de course et le patin à roues alignées. On aime sa surface lisse, l'absence de voitures et la vue panoramique sur le Vieux-Port. Mais, attention, ça roule vite ! Pour terminer une journée d'efforts, rien de mieux qu'une petite saucette à la **plage Jean-Doré**, avec ses 600 mètres de sable et une eau de bonne qualité.

Un pique-nique pas comme les autres

11 Au parc Jean-Drapeau, tous les dimanches, de mai à septembre, sous l'impressionnante sculpture d'acier inoxydable **L'Homme** de l'Américain Alexander Calder, a lieu le **Piknic Électronik**. Profitez des belles journées et, comme plus de 100 000 personnes chaque été, dansez au rythme des musiques *dance*, techno, électro et *house*, avec amis et famille, lors de cet événement extérieur unique. Créé à Montréal en 2003, le concept est exporté depuis 2012 et se tient désormais à Barcelone, Melbourne, Sydney, Dubaï, Lisbonne, Paris, Cannes et Santiago. Annulé en cas de pluie. [À deux pas de la station de métro Jean-Drapeau]

La baignade au pied de la Biosphère

12 Sur l'île Sainte-Hélène se trouve l'un des plus beaux complexes de piscines extérieures au Canada, héritage des championnats du monde de natation 2005. À quelques pas de la station de métro, le **Complexe aquatique du parc Jean-Drapeau** est composé de trois bassins, dont une immense piscine récréative de 50 mètres, à pente progressive et au fond recouvert d'un tapis protecteur, idéale pour les tout-petits. Plusieurs couloirs de nage sont réservés à ceux qui font des longueurs. Au pied du dôme de la **Biosphère**, il est difficile de trouver un cadre plus enchanteur pour l'entraînement. [130, ch. du Tour-de-l'Isle]

11

12 13

La capsule temporelle du pont Jacques-Cartier

13 Chaque fois que je quitte la ville quelques jours et que je reviens par le **pont Jacques-Cartier**, je réalise à quel point j'aime Montréal. J'adore ce point de vue sur la Biosphère, la **tour de Lévis**, le quai de l'Horloge et les gratte-ciel du centre-ville d'un côté, et La Ronde, le Stade olympique et de nombreux clochers de l'autre. Et au milieu de ce panorama se dresse le magnifique mont Royal, coiffé de sa croix. Ce pont, emblème montréalais par excellence, sera illuminé en 2017 dans un concept de type kaléidoscope signé Moment Factory, la boîte montréalaise de renommée internationale.

Selon une croyance populaire, les quatre tours de la section cantilever du pont seraient surmontées de petites répliques de la tour Eiffel. C'est un mythe. Ces « petites tours », qui sont en fait des « embouts », sont des éléments purement esthétiques et faisaient partie des plans originaux. Elles ne sont d'ailleurs pas si petites que cela : chacune mesure près de 4 mètres et pèse environ 6 tonnes.

Une capsule temporelle a aussi été placée dans la pierre angulaire enfouie dans la pile n° 26 du pont, lors de sa construction en 1926. Elle contient 59 objets, dont plusieurs journaux datés du 7 août 1926, des pièces de monnaie de 1925, des photographies aériennes du port, un plan de la ville et une carte géographique du Canada. Malheureusement, on ignore aujourd'hui son emplacement exact dans la pile.

Vieux-Montréal, Quartier international

Des immeubles et des rues qui évoquent des siècles d'histoire. Un lieu témoin des plus importants jalons du développement non seulement de la ville, mais du pays tout entier. Aucun doute, le Vieux-Montréal est riche en souvenirs collectifs et en beautés architecturales, à parcourir à fond, mille fois plutôt qu'une. Le plus photogénique des quartiers de Montréal ne cesse de nous émerveiller avec son charme d'antan, et de nous surprendre par son perpétuel renouvellement.

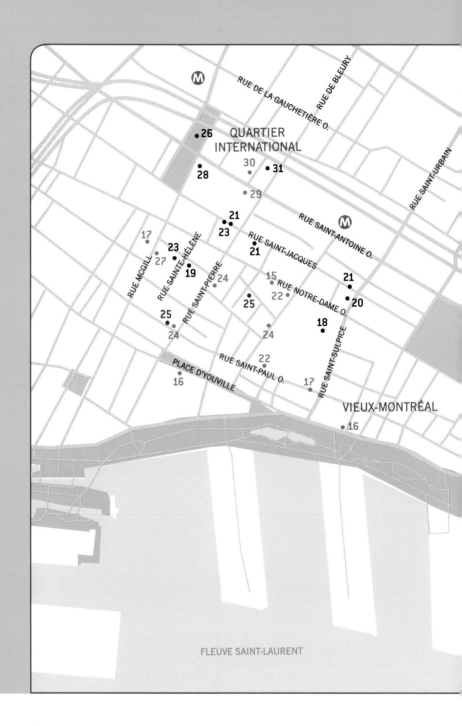

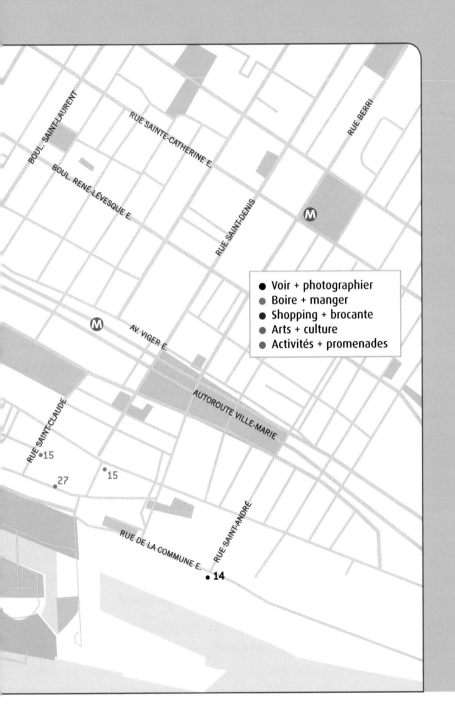

BOUL. SAINT-LAURENT

RUE SAINTE-CATHERINE E.

RUE BERRI

BOUL. RENÉ-LÉVESQUE E.

RUE SAINT-DENIS

Ⓜ

AV. VIGER E.

Ⓜ

AUTOROUTE VILLE-MARIE

RUE SAINT-CLAUDE

•15

•27

•15

RUE DE LA COMMUNE E.

RUE SAINT-ANDRÉ

•14

● Voir + photographier
● Boire + manger
● Shopping + brocante
● Arts + culture
● Activités + promenades

Parcourir le chemin qui marche

14 Le nom poétique du **belvédère du Chemin-Qui-Marche** fait référence à une expression d'origine amérindienne associée au fleuve Saint-Laurent. Ce parc linéaire d'une longueur de 166 mètres, aménagé à la frontière est du Vieux-Montréal, incite à la promenade, au repos et à la contemplation. À partir de la rue Saint-André, promenez-vous sur la terrasse en bois qui surplombe les voies ferrées, admirez le panorama et laissez les bancs vous raconter l'histoire ; sur chacun d'eux est gravé un événement marquant de l'histoire de Montréal, de 1535 à aujourd'hui. [Entrée à l'angle des rues de la Commune E. et Saint-André]

Le club qui n'en est pas un

15 Son nom vous induira en erreur : le **Club Chasse et Pêche** (A) [423, rue Saint-Claude] n'est pas un club privé, mais bien l'une des meilleures tables de la métropole. Des murs de pierres chargés d'histoire, un décor élégant, une atmosphère feutrée, un service attentionné, une cuisine raffinée et sans faille : tout pour passer à coup sûr une soirée exceptionnelle. L'assiette Chasse et Pêche est un grand classique, un « terre et mer » revisité, composé d'une queue de homard confite au beurre blanc et d'un beau morceau de bœuf Kobe. En entrée, les pétoncles poêlés au citron confit sont mémorables. Tout est succulent, du début à la fin.

Parmi les autres grandes tables du Vieux-Montréal, vous ne serez pas déçu par la cuisine inventive, accessible et parfaitement équilibrée des **400 Coups** [400, rue Notre-Dame E.], qui met en valeur les producteurs d'ici, et les ingrédients locaux et de saison. Et impossible de passer sous silence la délicatesse des plats et la magnifique terrasse du restaurant **Accord** [212, rue Notre-Dame O.], où les amateurs de bons crus seront comblés par l'impressionnante carte des vins biologiques et nature d'importation privée. Un accord mets-vin toujours réussi à 100 %.

16A 17A

Le paradis des carnivores

16 Pas besoin de parcourir 3 000 kilomètres pour trouver du barbecue authentique, digne des meilleurs *BBQ joints* du Texas ou de la Louisiane. Un arrêt au **Lattuca Barbecue** (A) [15, rue de la Commune O.] comblera tous vos désirs de carnivore. Le resto est à l'image de son chef, John Lattuca : sans prétention, simple et convivial. Des rouleaux de papier kraft font office de serviettes de table. Je vous recommande la Trinité, un plateau qui vous permettra de goûter aux côtes levées de porc, à la poitrine de bœuf (brisket) et au porc effiloché, viandes remarquablement tendres et fondantes. Puisque ce type de cuisson peut prendre jusqu'à 14 heures, seule une quantité prédéterminée de viande est cuite chaque jour, et le restaurant ferme lorsque les stocks sont écoulés. Il vaut mieux réserver ! Si vous préférez un restaurant plus haut de gamme, **Gibbys** [298, place D'Youville] est considéré comme l'un des meilleurs *steakhouses* en ville. Logé dans un bâtiment vieux de 200 ans, les Écuries D'Youville – bâtiment qui n'a jamais servi d'écuries –, ce resto plein de cachet possède des murs de pierres et des poutres apparentes. Les portions sont généreuses, les grillades parfaites et la salade maison, divine. Ici aussi, les réservations sont recommandées.

Le bar à mozzarella

17 Je suis envoûtée par le sous-titre du **Mangiafoco** (A) [105, rue Saint-Paul O.] : bar à mozzarella. De quoi satisfaire pleinement l'épicurienne en moi. Au menu : pizzas napolitaines, antipasti et salades. Et une variété de mozzarellas fraîches (burrata, de bufflonne, fumée ou à la truffe) qu'on sert en plateau, avec un choix d'accompagnements : artichauts ou champignons marinés, asperges grillées, pancetta, gravlax maison, prosciutto, porchetta, etc. Un peu plus à l'ouest se trouve une autre belle table italienne : **Nolana** (B) [444, rue McGill]. Dans ce local tout en longueur et largement fenêtré, on propose pizzas cuites sur feu de bois et pâtes fraîches. Les polpetta di carne (boulettes de viande, sauce tomate et parmesan) sont très bien réussies, tout comme la salade de haricots verts, fraîche et croquante. Pour les pizzas, la margherita reste un grand classique, et celle aux champignons et à la ricotta est sublime.

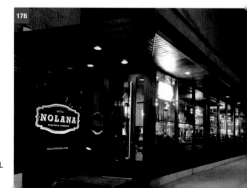

17B

Voyage au cœur de l'orgue

18 Réputée pour la richesse de sa décoration, la **basilique Notre-Dame** (A) est l'un des plus beaux exemples d'architecture néo-gothique d'Amérique du Nord. Pour une expérience bonifiée et différente, je vous recommande les événements **Prenez place à l'orgue** qui ont lieu les mercredis, jeudis et vendredis de l'été. Animés par Pierre Grandmaison, titulaire des grandes orgues depuis 1973, ces ateliers vous permettent de vivre 60 minutes au cœur de l'orgue et de constater le gigantisme et la force de cet instrument. Assis à quelques mètres de ses 7 000 tuyaux, qui mesurent de 6 millimètres à 10 mètres de haut, vous aurez la chair de poule lorsque vibreront les notes les plus basses. Vous pourrez également, du balcon, admirer toute la beauté du lieu et en apprécier l'acoustique extraordinaire. [110, rue Notre-Dame O.]

La rue à remonter le temps

19 Nommée en hommage à l'épouse de Samuel de Champlain, Hélène Boullé, la petite **rue Sainte-Hélène** ne fait que deux pâtés de maisons, mais tous ceux qui la visitent sont propulsés illico dans le passé. Le soir venu, elle est éclairée par 22 lanternes au gaz, ravissant clin d'œil au XIXe siècle. La lumière ainsi diffusée est douce et romantique. Les immeubles qui la bordent, construits entre 1858 et 1871, sont richement ornementés, et l'homogénéité architecturale est remarquable. Pas étonnant que cette petite rue soit devenue un lieu de prédilection pour les tournages de films d'époque.

18A

20 B

Juste à côté, l'**édifice Aldred** (A) [501, place d'Armes], terminé en 1931, témoigne du grand virage de l'architecture de l'époque vers le moderne et l'Art déco. Bien que beaucoup plus petit, l'Aldred est fortement inspiré des gratte-ciel new-yorkais construits dans la même période, tels l'Empire State et le Chrysler Building. Sa silhouette unique en fait une figure facilement reconnaissable dans le panorama montréalais. L'intérieur, accessible au public, comporte des ornementations d'inspiration Art déco intéressantes, comme les panneaux de bronze représentant des hirondelles perchées sur des fils, aux extrémités des corridors.

Situé à l'intersection de la rue Saint-Jacques, l'**édifice de la Life Association of Scotland** (B) [701, côte de la Place-d'Armes], datant de 1870, est tout en élégance avec son coin arrondi et sa riche ornementation. Le quatrième niveau, moins élevé que les autres, trahit le volume d'origine. En effet, l'immeuble a été surhaussé de trois étages, 50 ans après sa construction. Depuis le début des années 2000, l'hôtel **Le Place d'Armes** occupe les lieux. Pour un apéro mémorable, dirigez-vous sur la terrasse sur le toit.

Le triplé de la place d'Armes

20

Trois des plus prestigieux immeubles de la ville se trouvent sur la place d'Armes. Mon préféré, par son architecture distinctive, est l'**édifice de la New York Life Insurance** [511, place d'Armes], fait de grès rouge d'Écosse. Érigée en 1889, cette tour de huit étages a été le tout premier gratte-ciel du Canada. La New York Life a vendu l'immeuble à la Quebec Bank en 1909, qui a réaménagé l'entrée, ce qui explique l'inscription « *The Quebec Bank Established 1818* » au-dessus de la porte principale. Admirez l'ornementation de la façade et les arabesques sculptées dans l'embrasure du portail. De toute beauté !

20 A

Les banques d'une autre époque

21 Pendant la seconde moitié du XIXe siècle, la rue Saint-Jacques abritait les sièges sociaux des plus grandes institutions financières du pays et devint le Wall Street du Canada. Bien que la plupart de ces grandes banques aient aujourd'hui délaissé le Vieux-Montréal, l'héritage architectural de cette époque est précieux. Face à la place d'Armes, l'**édifice de la Banque de Montréal** (A) [119, rue Saint-Jacques], construit en 1847, est immanquable avec ses six colonnes, son fronton triangulaire et son dôme qui rappellent les temples de l'Antiquité gréco-romaine. L'intérieur, accessible au public, évoque le prestige des banques de l'époque : plafonds décorés à la feuille d'or, salle des guichets monumentale, comptoirs de marbre. La Banque de Montréal occupe toujours l'immeuble. On y trouve aussi un petit musée gratuit sur le milieu bancaire du XIXe siècle.

L'**édifice de la Banque canadienne impériale de commerce** (B) [265, rue Saint-Jacques], inauguré en 1909, nous charme d'entrée de jeu par son architecture monumentale d'influence Beaux-Arts et son imposante colonnade de granit. C'est en 2012 que la banque s'est départie de ce joyau patrimonial qui abrite aujourd'hui le

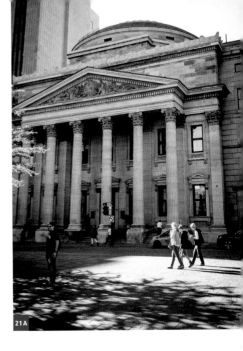

21 A

Théâtre St-James, une salle privée où l'on donne des réceptions et des concerts.

Érigé entre 1870 et 1873, l'**édifice de la Merchants' Bank** (C) [355, rue Saint-Jacques] ne comptait à l'origine que quatre étages. Trente ans après sa construction, la banque décida de retirer le comble et d'ajouter quatre étages au bâtiment initial. Le dernier palier, quant à lui, a été construit à la fin des années 1920. La majestueuse façade témoigne de toutes ces transformations. L'immeuble abrite aujourd'hui le très couru **Hôtel Le St-James**.

21B 21C

Les petits cafés qui valent le détour

22 Établi dans un immeuble de 1874, le café **Tommy** (A) [200, rue Notre-Dame O.] se démarque par la beauté de son design intérieur, et par le contraste étonnant des riches boiseries victoriennes et du mobilier rétro, des murs blancs et des plantes vert vif suspendues au plafond. C'est un endroit tout indiqué pour flâner des heures durant, jus frais ou latte d'une main, livre de l'autre, sur l'un des trois paliers qui composent le décor. Si vous aimez le café de troisième vague et le *latte art*, vous apprécierez la qualité des boissons du comptoir pour emporter du **Petit Dep** (B) [179, rue Saint-Paul O.], un commerce original, à la devanture vert menthe, qui est aussi, comme son nom l'indique, un micro-dépanneur. Profitez-en pour faire vos provisions de bonbons à l'unité, de plats préparés, de produits fins ou de bières locales.

Un latte à couper le souffle

23

Dans la première moitié du XXe siècle, c'est la course à travers le Canada pour construire le plus haut édifice de l'Empire britannique. Inauguré au printemps 1928, l'**édifice de la Banque Royale** (A) [360, rue Saint-Jacques] détint ce prestigieux titre pour quelques mois, jusqu'à la construction du Royal York Hotel à Toronto, l'année suivante, qui le surpassa d'un mètre. De nos jours, il s'agit d'un immeuble de bureaux locatifs. Au rez-de-chaussée, le **Crew Collectif & Café** (B) est à couper le souffle, littéralement. Du hall monumental, on se dirige vers l'escalier qui mène à l'ancienne salle des guichets de la banque, aux plafonds vertigineux ornés d'or et aux bas-côtés voûtés. C'est dans cet espace magistral que s'est établi un collectif de travailleurs autonomes qui bénéficient des lieux et des salles de réunion en échange d'un abonnement mensuel ou d'une location à l'heure. Au centre de cette inspirante aire de travail, un café pour assouvir les besoins en caféine et les petits creux des passants. Entrez, ça vaut la peine. [360, rue Saint-Jacques]

23 A

23 B

Lunch santé, vite fait bien fait

24 À l'instant même où j'y ai mis les pieds, j'ai eu un immense coup de foudre pour **Olive & Gourmando** (A) [351, rue Saint-Paul O.]. Tout y est fait maison : le pain, le ketchup, les desserts, la ricotta... Essayez le sandwich au poulet de grain cajun, guacamole, tomate et mangue, un délice, et la salade #24, végétalienne et sans gluten, aux accents asiatiques, composée de nouilles de soba, daïkon mariné, arachides et menthe. J'en ai l'eau à la bouche juste d'y penser. À quelques mètres de là, il y a un autre café, ouvert depuis plus de 25 ans, mais étrangement méconnu : le **Titanic** [445, rue Saint-Pierre]. Au menu, plus de 20 sortes de sandwichs qui regorgent de garnitures. Le macaroni au fromage, les antipasti de légumes grillés et le gâteau aux carottes valent le détour. Dans un décor qui respire les vacances et la Californie, **Venice MTL** [440, rue Saint-François-Xavier] a charmé sa clientèle dès son ouverture. Ici, on mange bien et frais : salades, bols « poke », tacos et tartines, tous originaux et débordants de fraîcheur. Au menu, des options sans gluten, végétariennes, végétaliennes et sans lactose, et des aliments colorés et santé : chou kale, avocat, edamame, coriandre, lime, gingembre... Un délice ! Ouvert du lundi au samedi, de 11 h à 23 h.

Chics boutiques

25 Envie de shopping ? L'**Espace Pepin** [350 et 378, rue Saint-Paul O.] est un lieu à part, mi-boutique mode et art de vivre, mi-atelier de l'artiste copropriétaire Lysanne Pepin. On y trouve une vaste collection de vêtements griffés pour hommes et femmes, des chaussures, des accessoires, des bijoux et nombre d'objets de déco choisis. Depuis peu, une seconde boutique, où l'on trouve « tout pour la maison », a ouvert ses portes à quelques pas et comporte un comptoir de plats végétariens pour l'heure du lunch. C'est comme être chez soi, mais en mille fois plus joli. Si je le pouvais, j'achèterais tous les vêtements de la **Boutique Room Service Loft** (A) [465, rue Saint-Jean]. Chaque pièce est choisie minutieusement pour sa qualité, son côté intemporel, ses matières nobles : soie, laine, lin, coton, cachemire... Ici, pas de fla-fla, on mise sur le simple et le bon goût. Vous y dénicherez des vêtements que vous porterez longtemps. Pour hommes et femmes. Pour compléter cette virée, on visite les designers québécois de renom qui ont pignon sur rue dans le Vieux-Montréal : **Denis Gagnon** [170, rue Saint-Paul O.], **Philippe Dubuc** [417, rue Saint-Pierre] et **Rad Hourani** [231, rue Saint-Paul O.].

24 A 25 A

L'authentique station parisienne

26 Au square Victoria, on peut admirer un joyau de la collection d'art du métro de Montréal : un authentique entourage d'accès datant des débuts du **métro de Paris**, en 1900, et reconnu mondialement comme symbole du métro de la Ville lumière et de l'Art nouveau. Œuvre de l'architecte français Hector Guimard, cet entourage est le seul au monde – le seul authentique – qui se trouve hors de Paris. [Station Square-Victoria–OACI, sortie Saint-Antoine]

Les « 5 à tard »

27 L'été, difficile de battre la terrasse luxuriante du **Boris Bistro** (A) [465, rue McGill] pour vos 5 à 7 après le boulot. Spacieuse, c'est l'une des plus belles de Montréal, blottie dans une cour intérieure, derrière la façade conservée d'un bâtiment disparu dans un incendie il y a plusieurs années. Les amateurs de bulles se rendront sans trop se faire prier à **La Champagnerie** [343, rue Saint-Paul E.], où les plus aventureux tenteront le sabrage d'une bouteille. Près d'une centaine de marques sont proposées à la bouteille, une douzaine au verre. Prosecco, cava, champagne ; il y en a de partout, pour toutes les bourses. Et si l'appétit vous tenaille, sachez qu'on y mange très bien.

À Montréal, on fait la queue
pour prendre l'autobus et
on y monte un à la fois.

Le cadeau de Berlin

28 Pour son 350e anniversaire, la Ville de Montréal a reçu un cadeau inusité de la part de la capitale allemande : un **segment du mur de Berlin** (A) dont la chute a eu lieu en 1989. Ce segment est exposé au **Centre de commerce mondial**. Prenez le temps d'en analyser les deux côtés et de lire les panneaux explicatifs. Vous comprendrez que vous vous trouvez du côté est du mur tristement célèbre. Imaginez 155 kilomètres de ce « mur de la honte », puis contournez-le pour observer les graffitis colorés des Berlinois de l'Ouest. Un cadeau symbolique et puissant qui rappelle que la liberté finit par triompher. Toujours dans le Centre de commerce, allez voir la majestueuse **fontaine d'Amphitrite** et le bassin de marbre noir de 200 mètres carrés à l'effet miroir captivant. [747, rue du Square-Victoria]

Le rituel de la fée verte

29 Le **Sarah B**, bar de l'hôtel InterContinental, se distingue par une offre unique en ville : il se spécialise dans l'absinthe, aussi appelée la « fée verte ». Longtemps banni dans plusieurs pays, ce spiritueux contenait du méthanol, un composé neurotoxique, et certaines personnes prétendaient que l'absinthe causait l'épilepsie, la tuberculose et la démence. Pour déguster la fée verte, un rituel et plusieurs accessoires s'imposent : la fontaine à eau, le verre, la cuillère, le sucre… Les arômes sont complexes et varient d'une marque à l'autre : anis, fenouil, menthe, coriandre, verveine. Baptisé en l'honneur de Sarah Bernhardt, le bar est baigné d'une ambiance feutrée. Deux salons, qu'il est possible de privatiser, peuvent accueillir un petit groupe pour plus d'intimité. Allez-y avec modération : certains types d'absinthe ont une teneur en alcool de près de 90 %. [360, rue Saint-Antoine O.]

Normand Laprise : le précurseur

30 Si Montréal figure aujourd'hui parmi les plus importantes destinations gastronomiques du monde, c'est beaucoup grâce à lui. Le chef Normand Laprise a été le précurseur, le défricheur, le mentor, celui qui a tracé la voie et formé plusieurs chefs maintenant renommés, comme Martin Picard du Pied de Cochon, Frédéric Morin du Joe Beef et Charles-Antoine Crête du Montréal Plaza.

Avec son restaurant **Toqué!** ouvert en 1993, Laprise a été l'un des premiers à opter pour une philosophie résolument axée sur le produit, à défendre bec et ongles tout ce qui provient du Québec, des viandes sans hormones ni antibiotiques jusqu'aux légumes indigènes et aux herbes et champignons sauvages.

Celui qui est à la barre du meilleur restaurant du pays ne s'approvisionne qu'auprès d'agriculteurs, d'éleveurs et de pêcheurs d'ici. Il noue avec eux des liens de confiance, tout en les guidant afin d'obtenir la quintessence du produit. Et, ce produit, il l'honore du début à la fin et en utilise les moindres ressources. En effet, en plus de favoriser l'approvisionnement local, Normand Laprise a fait de la prévention du gaspillage alimentaire son cheval de bataille.

Comment décrire sa cuisine? Inventive et incroyablement raffinée, elle met magnifiquement en valeur des matières premières d'exception. Table Relais et Châteaux, certifié quatre diamants par l'AAA/CAA, Toqué! est un restaurant des grandes occasions. Pour vivre l'expérience complète, optez pour le menu dégustation, revu quotidiennement en fonction des arrivages. Fort d'un service remarquable,

comme on en voit rarement de nos jours, et d'une carte des vins audacieuse, le Toqué! est, selon moi, à essayer au moins une fois dans sa vie.

Cet homme d'une grande intégrité, qui a reçu l'Ordre national du Québec et l'Ordre du Canada pour sa contribution au développement de la gastronomie québécoise, a accepté de se prêter au jeu des raisons. Parmi ses raisons d'aimer Montréal, on compte les œuvres de **Claude Cormier** qui poussent un peu partout dans la ville (dont les Boules roses [voir raison 38] et la plage de l'Horloge [voir raison 8]), la papeterie **Nota Bene** pour ses papiers japonais ou scandinaves de très haute qualité et la **place des Festivals** (voir raison 52) durant un chaud après-midi d'été, avec le bruit des enfants, dont ses filles, qui s'amusent dans l'eau. En hiver, il apprécie l'installation **Luminothérapie**, un projet créatif qui concorde avec la personnalité de Montréal. Et, pour finir, les gens! «Ces gens à la base de notre culture, ces gens aux grandes et belles idées. Montréal est une ville bourrée d'entrepreneurs de tous les horizons.»

31A

Le grand Riopelle

31 Né à Montréal en 1923 et mort à 78 ans, Jean-Paul Riopelle est l'un des plus illustres peintres canadiens. En 2004, on aménagea une place publique en son honneur au cœur du Quartier international. La pièce maîtresse de la **place Jean-Paul Riopelle** est sans contredit la sculpture-fontaine signée de l'artiste et intitulée *La Joute* (A). En bronze coulé, constituée de 29 sculptures qui représentent des figures animales et mythiques réunies autour de la Tour de la Vie, l'œuvre comporte un cercle de feu qui se déploie le soir, de la mi-mai à la mi-octobre, dans une séquence scénographique d'eau, de feu et de brume. À voir. À l'entrée sud se dresse une sculpture grandeur nature, **Le grand Jean-Paul**, œuvre de Roseline Granet, une amie du peintre, qui représente Riopelle à l'âge de 45 ans. Du côté est, impossible de manquer la **verrière du Palais des congrès de Montréal** (B) [1001, place Jean-Paul-Riopelle], immense façade colorée qui rappelle un kaléidoscope. Par une journée ensoleillée, il faut absolument voir le jeu de lumières de l'intérieur.

Quartier chinois, Le Village, Quartier des spectacles

À l'est du centre-ville, il y a trois quartiers mitoyens aux personnalités bien distinctes : le Quartier chinois, le Village gai et le Quartier des spectacles. Trois secteurs festifs, bouillonnants d'activités, riches en culture et en divertissements. Il y a tant à voir, à faire, à explorer, à manger : nul ne s'ennuie dans cette zone, emplacement de l'ancien « Red Light », transformée au fil des ans en un foyer de création et en un levier économique majeur pour la ville. Bienvenue dans le cœur culturel de Montréal.

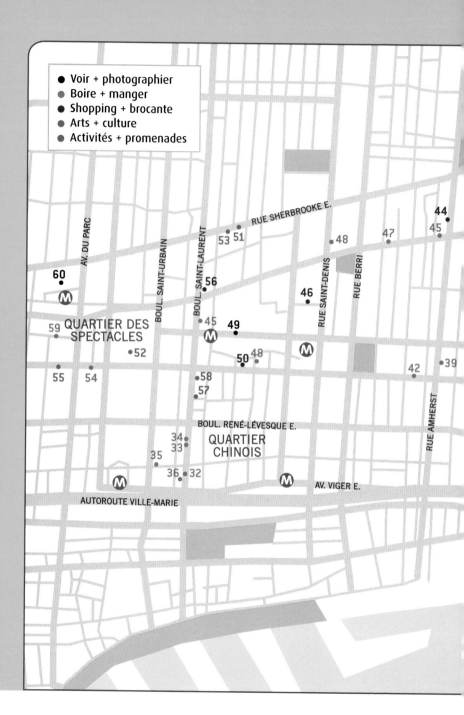

- Voir + photographier
- Boire + manger
- Shopping + brocante
- Arts + culture
- Activités + promenades

RUE SHERBROOKE E.

AV. DU PARC

BOUL. SAINT-URBAIN

BOUL. SAINT-LAURENT

RUE SAINT-DENIS

RUE BERRI

RUE AMHERST

44
45
47
48
53 51
60
56
46
59 QUARTIER DES SPECTACLES
45
49
52
50 48
55 54
58
57
42
39

BOUL. RENÉ-LÉVESQUE E.

34
33
QUARTIER CHINOIS
35
36 32

AV. VIGER E.

AUTOROUTE VILLE-MARIE

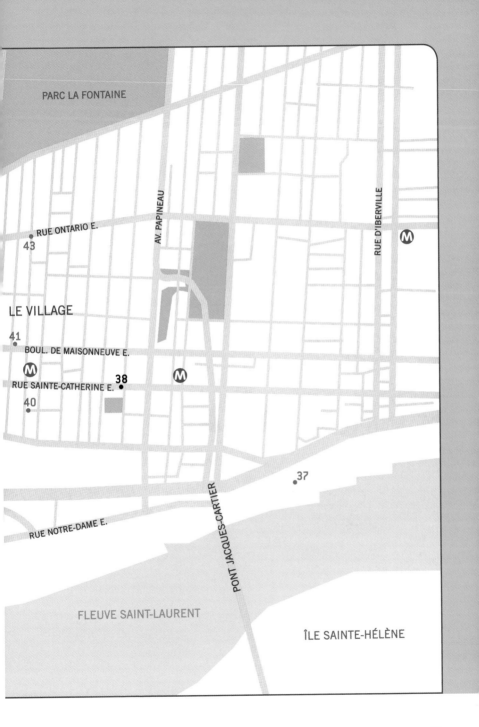

PARC LA FONTAINE

RUE ONTARIO E.
43

AV. PAPINEAU

RUE D'IBERVILLE

Ⓜ

LE VILLAGE

41

BOUL. DE MAISONNEUVE E.

Ⓜ

38

RUE SAINTE-CATHERINE E.

Ⓜ

40

37

PONT JACQUES-CARTIER

RUE NOTRE-DAME E.

FLEUVE SAINT-LAURENT

ÎLE SAINTE-HÉLÈNE

32A

Perles d'Asie

32 On se croirait dans une cabane à sucre... On est pourtant dans l'un des meilleurs restaurants coréens en ville. Les plats de **Chez Bong** (A) [1021, boul. Saint-Laurent] débordent de saveurs, et les bibimbaps sont servis dans un bol en pierre chauffé. Quant à l'**Orange Rouge** (B) [106, rue de la Gauchetière O.], c'est possiblement le restaurant le plus haut de gamme du Quartier chinois et aussi l'un des seuls dont les propriétaires ne viennent pas d'Asie. Dans un joli décor aux murs noirs, on découvre une cuisine asiatique réinventée. Salade de chrysanthèmes, riz frit au crabe à carapace molle et calmars, albacore cru accompagné de crème fraîche au kimchi... Des mets empreints de créativité.

Délectables tacos

33 C'est plutôt étonnant : la meilleure taqueria en ville se trouve... dans le Quartier chinois. **La Capital Tacos** est située à deux pas de l'**arche chinoise**, porte d'entrée du quartier, au coin des boulevards René-Lévesque et Saint-Laurent. Je vous recommande le chicharron de queso, un rouleau de fromage croustillant cuit sur une plaque, et la salade de betteraves grillées, vinaigrette à la lime. Fan finie de tacos al pastor (porc mariné, ananas et coriandre), je choisis toujours ce plat pour mesurer la qualité des restaurants mexicains que je visite. Et ceux du Capital Tacos se démarquent. Les deux petites touches qui font toute la différence : l'ananas est légèrement grillé ; et on les sert avec une sauce à l'avocat. [1096, boul. Saint-Laurent]

33

La météo fait partie intégrante des habitudes des Montréalais. Avec un temps aussi changeant, pas étonnant que le site Web de MétéoMédia soit le quatrième site de nouvelles et d'information en importance au pays.

Voyager sans passeport

34 Depuis la rue, le bar **Le Mal Nécessaire** [1106 B, boul. Saint-Laurent] serait pour ainsi dire totalement confidentiel, n'était l'ananas vert en néon qui éclaire l'escalier menant au bar. Ce n'est qu'un avant-goût de l'ambiance tiki sans égale qui vous attend à l'intérieur. Certains cocktails sont servis dans un ananas frais ou une noix de coco. On sent presque l'air chaud de la Polynésie ! Pour les fringales, on peut commander quelques bouchées chinoises du restaurant sis à l'étage.

Les desserts du bout du monde

35 C'est d'abord une agréable et subtile odeur de pain et de sucre qui nous charme lorsqu'on entre dans la **Pâtisserie Harmonie**, bien logée au cœur du Quartier chinois. Ensuite, c'est le dépaysement. Tous ces desserts venus de Chine nous sont, pour la majorité, inconnus. S'enchaînent des multitudes de pains sucrés farcis aux haricots rouges et à la noix de coco, de boules de pâte de riz au sésame ou au thé vert. Pour un peu plus d'un dollar par pâtisserie, allez-y gaiement. C'est beau, bon et merveilleusement moelleux. Comme croquer dans un nuage. [85, rue de la Gauchetière O.]

Sur le pouce : mon *best of* du Quartier chinois

36 Pour vous réchauffer ou vous remonter le moral, il n'y a pas meilleur plat que la soupe « Spécial » au bœuf du resto **Nouilles de Lan zhou** (A) [1006, boul. Saint-Laurent]. Un bouillon clair et savoureux, de fines tranches de bœuf, mais surtout, surtout, la texture irréprochable des nouilles faites maison. J'arrive toujours trop rapidement au fond du bol... Ah ! gourmandise, quand tu nous tiens !

Bien que le boui-boui vietnamien **Phở Bắc** [1016, boul. Saint-Laurent] soit apprécié pour les soupes phở (prononcez « feu »), je m'y rends plutôt pour le bò bún #25, un bol de vermicelles de riz, salade et légumes marinés garnis de bœuf sauté à la citronnelle. C'est le meilleur en ville. Et, comble du bonheur, ce plat comprend également les rouleaux impériaux. On paie comptant seulement.

Chaque fois, je sors repue et satisfaite de chez **Noodle Factory** [1018, rue Saint-Urbain]. J'ai un faible pour les dumplings maison, poêlés ou à la Hunan (nappés d'une exquise sauce aux arachides), et pour les nouilles sautées à la Singapour, légèrement piquantes. Le thé est offert gratuitement et les enfants sont les bienvenus. On paie comptant seulement.

Le village éphémère

37

Voilà un bel exemple de revitalisation urbaine et de réappropriation citoyenne. Le **Village au Pied-du-Courant** est une installation éphémère qui revit chaque année, de juin à la fin septembre. En bordure du fleuve, tout juste à l'est du pont Jacques-Cartier, cet espace rassembleur et festif, aménagé sur une vaste zone couverte de sable, est parsemé d'installations pour agrémenter vos soirées : hamacs, terrains de pétanque, baignoire de bulles (en plastique), mobilier ludique et original, camions de cuisine de rue, bars, etc. Allez-y entre amis ou en famille ; le site convient parfaitement aux enfants. C'est aussi l'endroit idéal pour voir l'International des Feux Loto-Québec, présenté à La Ronde en juillet. Accès gratuit. Prévoir de l'argent comptant pour les stands. Ouvert du jeudi au dimanche, et exceptionnellement les mercredis des feux d'artifice. [2100, rue Notre-Dame E.]

Rose bonbon

38

De mai à septembre, la rue Sainte-Catherine, entre Saint-Hubert et Papineau, devient piétonnière. Et pour délimiter le tronçon, on y accroche les **Boules roses** (photo pages suivantes), une œuvre de l'architecte-paysagiste Claude Cormier composée de 170 000 boules de résine roses suspendues par de minces câbles au-dessus de la rue. L'effet est saisissant et mémorable, tel un ruban rose ininterrompu de 1 kilomètre. L'installation des Boules roses marque aussi l'inauguration de dizaines de terrasses saisonnières que les restaurateurs et propriétaires de bar installent pour l'occasion.

37

Le calme de Sainte-Rose

40 Pour s'évader du brouhaha de la rue Sainte-Catherine, on peut se réfugier dans la charmante **rue Sainte-Rose**, une étroite rue résidentielle située au sud de la populaire artère animée. Ce petit trésor caché du Village est en grande partie piétonnier et devient même un parc à certains endroits. Commencez la promenade rue Beaudry et dirigez-vous vers l'est. Sur votre chemin, admirez les maisons basses en rangée, résidences modestes et ouvrières d'une autre époque. Remarquez les lucarnes, les portes cochères, les barrières en fer forgé. À la fin du parcours [au nᵒ 1671], juste avant l'avenue Papineau, vous découvrirez une jolie maison de pierre aux lucarnes à pignon, construite en 1870.

Barista top niveau

39 Pour déguster l'un des meilleurs cafés en ville (c'est mon préféré), rendez-vous chez **Pourquoi Pas espresso bar** [1447, rue Amherst]. On n'y sert que du café de terroir, d'origine, issu du commerce direct. Chaque jour, deux grains sont à l'honneur et l'ardoise indique le nom, l'origine et les particularités aromatiques de chacun : orange, cacao, crémeux, citron, jasmin, effervescent, etc. Plusieurs clients viennent de loin pour savourer leur lait maison coco-amande. Et vous serez heureux d'apprendre qu'ici, les baristas excellent dans le « latte art » ; des clichés irréprochables pour votre compte Instagram.

41A

Exotisme culinaire au Village

41 Pour découvrir la cuisine de rue vietnamienne, on se rend au **Red Tiger** (A), un petit pub *trendy* et abordable aux couleurs éclatantes. Les cocktails impressionnent par leur originalité et les plats sont tous plus savoureux les uns que les autres. Mes préférés : la salade de papaye verte au bœuf jerky maison, qu'on pimente soi-même selon le degré voulu ; les brochettes satay et coco ; le carpaccio de bœuf à la vietnamienne avec ses chips de crevettes ; et les côtes de porc braisées aux cinq épices. Des plats déroutants et authentiques. [1201, boul. De Maisonneuve E.]

Même par les journées les plus grises, il fait toujours beau chez **Agrikol**, un resto haïtien à l'ambiance tropicale et festive, où le rhum Barbancourt coule à flots. La musique plein les oreilles, on se croirait un vendredi soir à Port-au-Prince. En groupe, optez pour le service de Ti Ponch de un quart, une demie, ou une bouteille complète de rhum blanc, à doser soi-même avec le sirop de canne et la lime. Côté bouffe, un petit menu tout simple propose des plats typiques : accras de malanga, griot de porc mariné et bananes pesées (bananes plantains) pour lesquelles vous pourrez développer une dépendance. Notez qu'il n'y a pas de réservation possible. [1844, rue Amherst]

Ouvert il y a plus de 30 ans par la famille Martinez, **La Guadalupe Mexicaine** sert sans conteste les meilleures margaritas en ville. Vous devez absolument essayer le mole poblano, le poulet à la sauce au chocolat riche et onctueuse, préparée avec 30 épices et cinq sortes de piments séchés. Ici, tout est fait maison. [2345, rue Ontario E.]

41A

Le plus grivois des cafés

42

Bienvenue dans le café le plus déjanté en ville. Avec son slogan *Chaque graine est unique*, **La graine brûlée** (A) [921, rue Sainte-Catherine E.] ne laisse personne indifférent. La déco rappelle une fête foraine avec ses couleurs criardes. Nombre d'étudiants débarquent avec leur portable pour manger un repas léger (soupe, wrap, grilled cheese, chili végétarien, hot-dog). Notez qu'il y a une aire de jeu avec coussins, télé et Super Nintendo. Les propriétaires ont poussé les grivoiseries jusqu'au bout avec la création d'une ligne de produits dérivés qui comportent des messages à faire friser les oreilles des plus chastes. Ça fait jaser.

Un autre établissement qui détonne est certainement **Rage** [1436, rue Amherst], un centre de lancer de hache (vous avez bien lu). Dans ce champ de tir intérieur, vous pourrez vous défouler tout en améliorant votre concentration et votre précision. De quoi combler votre guerrier intérieur. Treize ans et plus.

43 A

Petits plaisirs rue Ontario

43

Avec ses murs blancs, son mobilier de petite école et les nombreuses plantes qui le décorent, le **Café Sfouf** (A) [1250, rue Ontario E.] respire la simplicité. Le menu propose des tartines salées et sucrées d'inspiration libanaise, dont la sublime chèvre, pistache et miel. Au dessert, essayez le sfouf, un gâteau à la semoule de blé parfumé au curcuma, décoré d'une noix de pin. Les enfants sont plus que bienvenus : tartines à moitié prix, stationnement pour poussettes et aire de jeux pour les tout-petits.

La porte d'à côté s'ouvre sur la meilleure pâtisserie-boulangerie italienne en dehors de la Petite Italie. Bien qu'**Arte e Farina** [1256, rue Ontario E.] se prête davantage aux commandes pour emporter, il est possible de s'asseoir au comptoir pour déguster pizza, focaccia, panettone, biscotti… Un vaste choix de plats, desserts (les beignets fourrés sont fabuleux) et autres délices italiens concoctés à la perfection.

42 A

Déco *sixties* dans la rue Amherst

44 Pour des meubles rétro et des accessoires colorés et excentriques, **Spoutnik** est un lieu de choix. On y trouve notamment une abondante sélection de luminaires, de décorations murales et de peits meubles tous styles confondus. Un véritable trip dans les *sixties*! [2120, rue Amherst]

45 A

L'art gastronomique fait au Québec

45 Haute voltige, paradis, coup de cœur : autant de qualificatifs approbateurs utilisés par les médias lors de l'ouverture du restaurant **Le Mousso** (A), fin 2015. Il suffit de suivre le compte Instagram du jeune chef propriétaire, Antonin Mousseau-Rivard, pour comprendre : le montage des plats émeut tellement c'est doux, tellement c'est beau. Le jeune prodige épate aussi niveau goût. Il faut dire qu'ici, on parle de gastronomie comme il s'en fait peu en ville. Utilisant des ingrédients presque exclusivement québécois, Mousseau-Rivard nous transporte avec sa cuisine moderne, inventive et audacieuse. Menu dégustation uniquement, de 7 à 10 services selon les saisons. Prix fixe. Laissez aller le chef, vous serez conquis. [1023, rue Ontario E.]

Le **Bouillon Bilk** [1595, boul. Saint-Laurent] fait aussi l'unanimité. Avec son décor minimaliste et ses plats audacieux, ce restaurant est un petit bijou caché entre deux magasins d'électronique. Le service est attentionné et le mélange des saveurs, toujours bien équilibré, épate à tous coups. Son petit frère plus récent, le restaurant **Cadet** [1431, boul. Saint-Laurent], propose des mets tout aussi exceptionnels. J'y ai mangé un plat de brocolis et spätzle absolument divin. Oui, j'ai bien mis les mots «brocoli» et «divin» dans la même phrase, c'est dire à quel point c'était réussi.

44

Les maîtres du thé

46 « On boit le thé pour oublier le bruit du monde », disait Lu Yu, auteur du *Classique du thé*. C'est effectivement un sentiment d'apaisement que je ressens quand je visite **Camellia Sinensis**. J'aime la grande classe de l'endroit, le professionnalisme des conseillers et la vaste sélection de thés (plus de 250!). Depuis 1998, les quatre dégustateurs de la maison parcourent l'Asie, à la recherche des meilleurs crus qu'ils distribuent ensuite en exclusivité en Occident. Parmi mes coups de cœur, le thé vert Perles du Dragon, délicatement parfumé au jasmin, et le Genmaicha, sencha et matcha avec grains de riz grillés et soufflés. [351, rue Émery]

À boire, aubergiste!

47 Première institution brassicole à obtenir le permis de producteur artisanal à Montréal en 1987, **Le Cheval Blanc** (A) [809, rue Ontario E.] est un précurseur de l'effervescence des microbrasseries qui abondent aujourd'hui dans la métropole. La taverne de la rue Ontario, qui ne vend que ce qui est brassé sur place, est demeurée le petit pub sans prétention qu'on aime revisiter. La blanche est un grand classique, mais osez quelques bières plus spéciales comme la Double Bonheur (une double IPA à l'azote) ou la Berliner Cerise, une bière de blé sûre aux griottes du Québec. **L'amère à boire** [2049, rue Saint-Denis], un autre irréductible brasseur, a su assouvir la soif de houblon de bien des étudiants, passants et passionnés depuis 1996. La carte comprend des bières d'inspiration tchèque, allemande, danoise et anglaise, dont les populaires Cerná et Stout Impérial.

Le bar énigmatique

48 C'est une excellente idée marketing : un bar dont l'adresse est secrète. Pour la connaître, il faut devenir membre en s'inscrivant sur un site Web. **Le 4ᵉ mur** est un *speakeasy* inspiré des bars clandestins de l'époque de la prohibition aux États-Unis, où les clients devaient «parler doucement» quand ils commandaient de l'alcool. Je ne vous dévoilerai pas l'adresse de ce bar reconnu pour sa carte de cocktails, son ambiance tamisée et son décor inspiré des Années folles. Inscrivez-vous et allez déguster l'un de leurs impressionnants cocktails signature, dont le «I Love Negroni». [le4emur.com].

Nostalgique de Tetris, Miss Pac-Man ou Mortal Kombat ? Dirigez-vous vers **Arcade MTL** [2031, rue Saint-Denis], un bar entièrement consacré aux jeux d'arcade et jeux vidéo rétro. Le tarif d'entrée vous donne accès à une quinzaine de machines d'arcade typiques des années 1980, une pinball et plusieurs consoles démodées, mais ô combien appréciées. Tout ça en sirotant votre cocktail préféré. Pour les gens âgés de 18 ans et plus.

En été, la terrasse du pub **Le Sainte-Élisabeth** (A) [1412, rue Sainte-Élisabeth] est parmi les plus impressionnantes en ville. Les édifices qui l'entourent forment une vaste enclave complètement tapissée de vignes sur plusieurs mètres de haut. Wow, particulièrement l'automne, quand les feuilles rougissent.

Les murales du changement

49 Amateurs de murales, faites le détour par les Habitations Jeanne-Mance où résident 1700 personnes issues de 70 pays, afin d'admirer les 13 murales et d'apprécier les efforts de l'organisme MU pour redynamiser et revaloriser les lieux. Approchez-vous de **L'Air du Temps** (A), visible de la rue Sanguinet, au coin de la rue Émery, et remarquez les détails du paysage urbain d'époque et l'omniprésence de l'anglais sur les affiches. J'adore aussi le clin d'œil plus actuel que sont les cônes de signalisation (les fameux «cônes orange»), au bas de la fresque, si représentatifs du Montréal d'aujourd'hui. Sur le chalet du parc Toussaint-Louverture se trouve une autre murale, **Entre ciel et terre**, réalisée en collaboration avec des jeunes résidents des HLM.

Non loin de là, à l'angle de l'avenue du Président-Kennedy et de la rue Jeanne-Mance, on peut voir la **plus ancienne murale** de Montréal. Œuvre de Jacques Sabourin et Claude Dagenais, elle a été peinte en 1972.

Tour du chapeau

50 Véritable institution, le chapelier **Henri Henri** couvre les têtes des gentlemen depuis 1932! À l'intérieur, le temps s'est arrêté aux années 1930 avec le mobilier et la décoration d'origine. Dans les années 1950 et 1960, la boutique prenait l'expression «tour du chapeau» au pied de la lettre et offrait un chapeau à tous les joueurs de hockey qui comptaient trois buts dans une même partie au Forum. Plusieurs couvre-chefs ont été remis à des légendes comme Maurice Richard, Bobby Hull et Phil Esposito. De nos jours, on y trouve des chapeaux et des accessoires de tous les styles, pour hommes principalement, mais aussi pour femmes: chapeaux Hustler, d'aviateur, de tweed, de feutre, de fourrure, de paille, western, et même quelques hauts-de-forme, panamas et melons. [189, rue Sainte-Catherine E.]

Dinu Bumbaru :
Monsieur Patrimoine

51 Diplômé en architecture et auteur de plusieurs publications, Dinu Bumbaru est directeur des politiques d'Héritage Montréal et, depuis de nombreuses années, il est le porte-parole de l'organisme. Avec plus de 500 entrevues à son actif à Montréal, au Canada et à l'étranger, il est gentiment surnommé « Monsieur Patrimoine ».

Depuis sa fondation en 1975, **Héritage Montréal** a grandement contribué à la mise en valeur et à la protection des patrimoines architectural, historique, naturel et culturel du Grand Montréal. Cet organisme à but non lucratif a joué un rôle clé dans le développement du **Vieux-Port**, dans la protection du **mont Royal** et dans la sauvegarde du **quartier Milton-Parc**, du **Monument National**, de la **gare Jean-Talon**, de la **pinte de lait** *Guaranteed Pure Milk* (voir raison 79), pour ne nommer que ceux-là. De nos jours, Héritage Montréal s'implique dans la réflexion sur l'avenir du **Silo n° 5** (voir raison 2), après avoir assuré sa sauvegarde en 1996.

En 40 ans, l'organisme a accompli un travail colossal, mais il reste tant à faire. « Le patrimoine, ce ne sont pas que quelques monuments ici et là, explique M. Bumbaru. Bien sûr, nous avons des édifices formidables et des lieux de culte à l'architecture splendide, mais nous avons aussi un paysage urbain marqué par l'œuvre d'artisans : les escaliers des forgerons, les corniches en tôle des ferblantiers, la brique, la pierre, le bois... Malheureusement, ces œuvres subissent une érosion terrible. »

Pour Dinu Bumbaru, Montréal se démarque par sa « promenabilité », par la mitoyenneté des quartiers qui crée des espaces continus intéressants, où il fait bon flâner. Pointe-Saint-Charles en est un bel exemple. Ce quartier modeste offre des vues magnifiques sur la ville et la montagne, et en se promenant le long du canal de Lachine, on se retrouve à Verdun ou dans la Petite-Bourgogne. « L'art de bâtir dans les quartiers modestes est fascinant. Il ne faut pas oublier que ce ne sont pas que les grandes demeures qui façonnent le patrimoine d'une métropole, c'est aussi la diversité de son architecture résidentielle. »

52A

Un concentré de culture

52 Le **Quartier des spectacles** s'étend sur 1 kilomètre carré et est délimité est-ouest par les rues Saint-Hubert et City Councillors, et nord-sud par la rue Sherbrooke et le boulevard René-Lévesque. Il englobe le Quartier latin et comprend, entre autres, la **place des Festivals** (A) et son parterre, la **promenade des Artistes** sur le boulevard De Maisonneuve, et la **place Émilie-Gamelin**, rue Berri. Concrètement, ce sont 80 lieux de diffusion culturelle, 28 000 sièges disposés dans 30 salles de spectacle, 450 entreprises liées à la culture, plus de 100 spectacles par mois et 40 festivals par année. La place des Festivals, un incontournable, comporte le plus grand jeu de fontaines animées et interactives du Canada. D'une superficie de plus de 6 000 mètres carrés, elle peut accueillir jusqu'à 25 000 personnes lors de spectacles d'envergure. Avec ses 7 millions de visiteurs par année, le Quartier des spectacles fait vibrer la métropole tout entière, hiver comme été. C'est sans l'ombre d'un doute la plus belle des vitrines pour la créativité montréalaise sur la scène internationale.

Démocratiser la musique classique

53 La **chapelle historique du Bon-Pasteur** est l'un des secrets les mieux gardés du Montréal musical. Le lieu, qui date du milieu du XIXᵉ siècle, offre aux mélomanes une acoustique exceptionnelle et une architecture religieuse conservée dans son état originel. La salle de 150 places est vouée à la musique sous toutes ses formes, mais se prête davantage aux récitals et aux concerts de musique de chambre. Considérée par plusieurs musiciens comme un tremplin inestimable et essentiel à leur carrière, la chapelle historique du Bon-Pasteur demeure l'un des rares bastions de l'accessibilité universelle de la culture. Atout prix : entrée gratuite à la majorité des concerts. [100, rue Sherbrooke E.]

À contre-courant

54 C'est un endroit fascinant avec vue sur la place des Festivals. Comme son nom l'indique, l'**Anticafé** n'est pas un café, bien au contraire. Il s'agit d'un espace ouvert à tous, résolument différent, où café, thé et biscuits sont gratuits et à volonté. En échange, un tarif horaire de quelques dollars (3 $ pour la première heure, 2 $ les heures additionnelles, pour un maximum de 9 $ par jour) est exigé à tous les convives pour la location de l'espace. Dans cet immense logement de 12 pièces s'entassent étudiants, travailleurs, voyageurs et passants, dans une harmonie et un laisser-aller caractéristiques des auberges de jeunesse. Il n'y a pas de service, chacun est autonome. On y vient pour travailler entre collègues, jaser entre amis, jouer à des jeux, pour lire ou étudier. Bienvenue chez vous. WiFi compris. [294, rue Sainte-Catherine O.]

25 galeries d'art sous le même toit

55 En plus de nombreux ateliers, studios d'art et écoles de danse, **Le Belgo** (A) [372, rue Sainte-Catherine O.] abrite pas moins de 25 galeries d'art et contiendrait la plus grande concentration d'œuvres d'art contemporain au Canada. Bien que chaque galerie ait son propre horaire, la plupart sont ouvertes du mercredi au samedi, de 12 h à 17 h. Errez dans les corridors à la recherche de surprenantes découvertes artistiques et discutez avec les exposants. Après la tournée, si vos désirs d'art contemporain ne sont toujours pas comblés, dirigez-vous au **Musée d'art contemporain** [185, rue Sainte-Catherine O.], le temple du genre au Québec.

56 A

Marginale au top

56 C'est sans contredit l'endroit le plus hétéroclite de Montréal: friperie, boutique rétro, café-bistro, cabaret et costumes s'y côtoient. Avec sa façade couverte de graffitis (ne vous laissez pas décourager par son aspect défraîchi), la boutique **Eva B.** (A) est un lieu résolument alternatif qui attire étudiants, artistes et *fashionistas* à la recherche de vêtements rétro, de pièces de collection ou de costumes d'Halloween. L'espace cabaret convie les artistes de la scène underground, issus du théâtre, de la musique ou des arts visuels, à dévoiler et exposer leur talent. Vous y trouverez ce que vous cherchiez... et assurément aussi quelques articles que vous ne cherchiez pas. [2015, boul. Saint-Laurent]

Pour le petit creux post-shopping, tournez-vous vers **Nougat & Nectarine** (B), une pâtisserie où le plaisir des yeux et des papilles l'emporte sur la culpabilité. Spécialisée dans les gâteaux et les cupcakes, la boutique propose aussi des menus «petit-déjeuner» et «midi», ainsi que des viennoiseries et des pâtisseries. La cuisine ouverte permet, à l'occasion, d'admirer les pâtissiers à l'œuvre dans le montage de gâteaux de mariage vertigineux et magnifiquement décorés. [2115, boul. Saint-Laurent]

56 B

57A

La Mecque du numérique

57 Haut lieu de créativité, la **Société des arts technologiques** (SAT) est un organisme à but non lucratif reconnu internationalement pour son rôle dans le développement de technologies numériques, que ce soit les expériences immersives, la réalité augmentée ou toutes formes d'art reliées aux nouvelles technologies. La **Satosphère**, un immense dôme destiné à la projection à 360 degrés d'œuvres audiovisuelles immersives, peut accueillir jusqu'à 350 spectateurs. Depuis sa fondation en 1996, la SAT permet aux non-initiés de découvrir la culture numérique. Il y a toujours quelque chose d'intéressant à y voir. À l'étage, le **Labo Culinaire** (A) propose un menu de saison et des vins nature, alors que la terrasse est magique en période estivale. Consultez le site Web pour la programmation complète. [1201, boul. Saint-Laurent]

Improvisation mixte ayant pour titre...

58 Peu de gens le savent : le concept des matchs d'improvisation a été inventé ici même, à Montréal, en 1977, par les comédiens Robert Gravel et Yvon Leduc. Souhaitant expérimenter de nouvelles formes théâtrales tout en cassant le côté élitiste, ils eurent l'idée d'amalgamer théâtre et hockey sur glace. Le concept s'est depuis développé dans plus de 30 pays. La **Ligue nationale d'improvisation**, la plus connue, présente ses matchs les dimanches et lundis soir au **Club Soda** [1225, boul. Saint-Laurent]. Quant à la **Ligue d'improvisation montréalaise** (A), réputée pour son approche expérimentale, elle se produit chaque dimanche au **Lion d'Or** [1676, rue Ontario E.]. Le **Théâtre Sainte-Catherine** [264, rue Sainte-Catherine E.] est l'hôte d'un atelier d'impro gratuit en anglais le dimanche, ainsi que des **Lundis d'impro** en français le lendemain. Pour les matchs de **LALIG**, c'est à l'**Abreuvoir** [403, rue Ontario E.] qu'on se rend les lundis.

58A

Zébulon Perron: la touche Zébulon

59 Y a-t-il une touche Zébulon? À croire que oui. Tous les restaurants, bars et cafés dont le design intérieur est signé par **Zébulon Perron** deviennent systématiquement des *hot spots*: **Buvette chez Simone, Grinder, Philémon Bar, Hachoir, Impasto, Tommy**, pour ne nommer que ceux-là.

L'unicité de ses réalisations inspire depuis quelques années la faune montréalaise passionnée de design, à un point tel que Zébulon est devenu le designer d'intérieur le plus convoité en ville. Ses réalisations se distinguent par un côté brut, sans chichi, convivial et rassembleur. De grandes tables communes regroupent les inconnus et forcent l'échange. Du bois, du verre, du métal, des meubles rétro; un mélange éclectique qui fonctionne. Sa force réside aussi dans la réutilisation de divers matériaux. On donne une seconde vie à des objets, mais pour un usage inattendu: l'intérieur d'un lit de bronzage devient une lampe aux propriétés réfléchissantes intéressantes, des panneaux d'inox usés décorent magnifiquement le dosseret d'un bar, etc.

Lorsque je lui ai demandé quelles étaient ses raisons d'aimer Montréal, il n'a pas hésité une seconde à nommer le **mont Royal**. «Peu de villes peuvent se targuer d'avoir une forêt en leur centre. C'est de toute beauté, peu importe la saison.» Il s'est ensuite empressé d'ajouter le **Mile End**, quartier où il a grandi. «Le Mile End est à l'image de tout ce qui me plaît à Montréal: multiculturel, faune variée, où les francos et les anglos cohabitent très bien, un élément important pour moi qui suis issu d'une famille bilingue.» Pour terminer, il insiste sur la qualité des restaurants d'ici: «**Joe Beef, Le Vin Papillon, Le Filet, Nora Gray, Foxy, Montréal Plaza, Impasto**... La liste est trop longue! Il y a du talent à Montréal. On est chanceux d'avoir tout ça.»

Tout récemment, il a ajouté une nouvelle corde à son arc en devenant copropriétaire d'un bar et d'un restaurant dont il a bien sûr réalisé le design intérieur. Succès phénoménal dès son ouverture, le **Furco** [425, rue Mayor] attire les professionnels du centre-ville pour un 5 à 7 bien mérité. Il tire son nom de l'ancienne vocation de l'édifice, l'entrepôt de la Canadian Fur Company. Le lieu est magistral: immenses fenêtres, matières brutes, savant mélange de béton, de bois, de cuir. Son petit frère, le **Café Parvis** [433, rue Mayor], situé tout juste derrière l'église unie Saint-James, a reçu les éloges du Tout-Montréal dès le jour 1. La déco est plus organique et rappelle la Méditerranée. Je m'y rends très – trop? – souvent le midi. Au menu, des pizzas romaines à la croûte plus épaisse et plus croustillante que celle de leurs consœurs napolitaines, et de magnifiques salades.

60 A

L'art public prend le métro

60 Véritable galerie d'art, le métro de Montréal renferme des dizaines de murales, mosaïques, sculptures et vitraux installés dans la plupart des 68 stations. À titre d'exemples, à la station Place-des-Arts se trouve la verrière illuminée du célèbre illustrateur Frédéric Back, *Histoire de la musique à Montréal* (1967) (A), qui évoque les plus importants maillons de l'histoire musicale de la ville et rend hommage à quelques grands musiciens.

À la station Berri-UQAM, surplombant la voie de la ligne verte, *Hommage aux fondateurs de la ville de Montréal*, réalisée en 1969 par Pierre Gaboriau et Pierre Osterrath, représente plus particulièrement les trois fondateurs, Jérôme Le Royer de La Dauversière, Jeanne Mance et Paul Chomedey de Maisonneuve. Pour l'anecdote, Gaboriau, le fils du conseiller artistique du métro de l'époque, Robert LaPalme, jugeait que l'approche

figurative imposée par son père était rétrograde et allait à l'encontre des courants artistiques du temps. Pour le défier, il s'est amusé à placer plusieurs éléments d'art abstrait dans son œuvre.

Considéré comme le chef-d'œuvre de l'artiste Marcelle Ferron, le **vitrail de l'édicule de la station Champ-de-Mars** est l'œuvre la plus connue et acclamée du réseau. De 60 mètres de long sur 9 mètres de haut, la verrière jette par temps ensoleillé ses couleurs éclatantes sur le quai.

«On s'attend sur la *puck*?» Surnommé ainsi par les Montréalais, du fait de sa ressemblance avec une rondelle de hockey sur glace, le grand banc circulaire de granit noir de deux mètres de diamètre, situé près des guichetiers de la station Berri-UQAM, fait souvent office de lieu de rendez-vous. On semble oublier qu'en son centre se trouve la **plaque commémorative de l'inauguration du métro de Montréal** (B), datée du 14 octobre 1966.

60 B

Centre-ville

Coincé entre le mont Royal et le fleuve Saint-Laurent, le centre-ville est unique en son genre : gratte-ciels y côtoient édifices historiques, boutiques et clochers d'église. Une incohérence propre à Montréal, dans un mélange assumé de styles et de cultures. C'est un lieu de convergence pour les entreprises, les principaux hôtels, les universités et les immeubles de bureaux. Et c'est le paradis pour le magasinage. Dans cet espace densément peuplé se trouvent la rue Sainte-Catherine, l'artère la plus animée au pays, et le célèbre réseau souterrain.

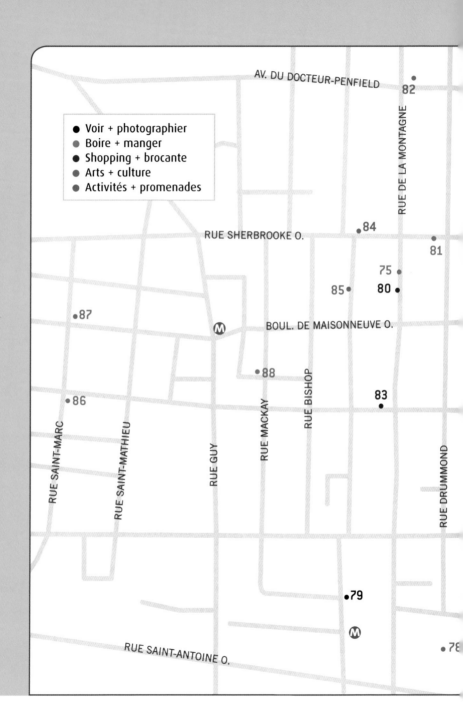

- Voir + photographier
- Boire + manger
- Shopping + brocante
- Arts + culture
- Activités + promenades

AV. DU DOCTEUR-PENFIELD

82

RUE DE LA MONTAGNE

RUE SHERBROOKE O.

84

81

75

85 80

87

BOUL. DE MAISONNEUVE O.

88

RUE BISHOP

83

86

RUE SAINT-MARC

RUE SAINT-MATHIEU

RUE GUY

RUE MACKAY

RUE DRUMMOND

79

78

RUE SAINT-ANTOINE O.

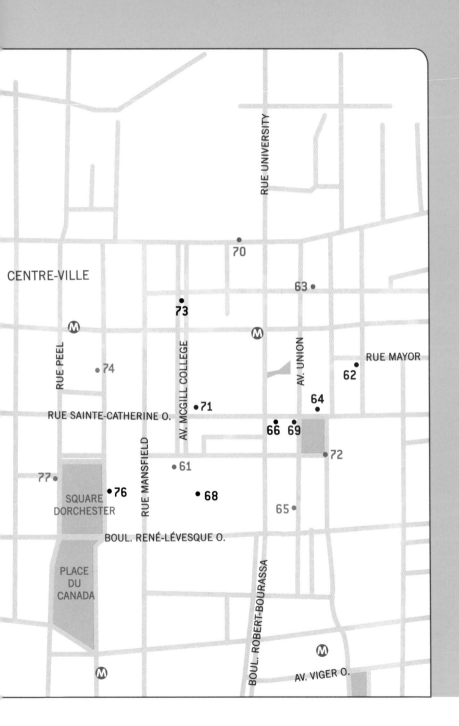

CENTRE-VILLE

RUE UNIVERSITY

RUE MAYOR

AV. UNION

AV. MCGILL COLLEGE

RUE PEEL

RUE MANSFIELD

RUE SAINTE-CATHERINE O.

BOUL. RENÉ-LÉVESQUE O.

BOUL. ROBERT-BOURASSA

AV. VIGER O.

SQUARE DORCHESTER

PLACE DU CANADA

70
63
73
74
62
64
71
66 69
72
61
77
76
68
65

70A

L'éden vinicole

62 La boutique **Vinum Design**, spécialisée dans les accessoires pour la dégustation et la conservation du vin, propose aux professionnels comme aux néophytes plus de 800 produits, dont la plus vaste sélection de verres en ville. Les spécialistes vous guideront dans le choix du verre idéal pour toutes les occasions. On y trouve aussi carafes, décanteurs, tire-bouchons, celliers d'appartement, ainsi qu'un service de conception et d'aménagement de cave à vin. [1480, rue City Councillors]

Une ville sous vos pieds

61 Pour la plupart des Montréalais, il ne s'agit que d'une enfilade de corridors qui relient les édifices du centre-ville. Pourtant, le **réseau souterrain de Montréal** (A), appelé **RÉSO**, mérite qu'on s'y attarde. Quelque 32 kilomètres de galeries piétonnes permettent quotidiennement à 500 000 personnes de circuler au centre-ville, à l'abri du froid et des intempéries. Avec ses 190 points d'entrée, ce réseau de tunnels et de galeries intérieures, le plus vaste complexe souterrain au monde, interconnecte 2000 commerces, 63 immeubles, dont 10 pavillons universitaires, 9 grands hôtels, 8 stations de métro et 5 gares et terminus.

Et partout, dans cette ville sous la ville, on trouve des œuvres d'art qui valent le détour, comme les **cercles de céramique de la station Peel**, œuvres du peintre Jean-Paul Mousseau (amusez-vous à chercher la signature de l'artiste dans chacun des cercles), ou *Nature légère*, l'immense forêt d'arbres roses de Claude Cormier au Palais des Congrès. Faire la tournée de ces œuvres d'art est une activité parfaite à prévoir par temps pluvieux ou trop froid. Quelques entreprises, par exemple Kaléidoscope et Guidatour, organisent des visites guidées, et le blogue *Mes Quartiers* (voir raison 214) propose aussi un itinéraire à faire par soi-même.

Soirée jazzée

63 Dans les années qui ont suivi la Seconde Guerre mondiale, les clubs de jazz montréalais, renommés mondialement, ont vu défiler des jazzmen locaux devenus des légendes, comme Oscar Peterson et Oliver Jones. De nos jours, la scène du jazz est toujours vivante et, pour une soirée mémorable, rendez-vous au resto-bar **Maison du Jazz** (A) [2060, rue Aylmer], reconnu pour son ambiance et son décor chic. Plus petit, le **Upstairs** [1254, rue Mackay] offre une atmosphère plus décontractée et l'une des meilleures programmations de jazz du Québec. Les deux endroits présentent des spectacles 7 jours sur 7.

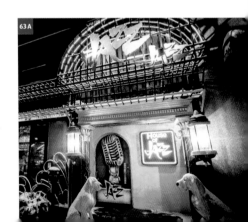

Parcours shopping, beau temps, mauvais temps

64

Pour quiconque aime le shopping, le centre-ville est la destination par excellence. Grâce au RÉSO (voir raison 61), il est possible de passer d'un centre commercial à un autre sans mettre le nez dehors. Par grand froid ou par un jour de pluie, mon parcours de prédilection commence à **La Baie d'Hudson** (A) [585, rue Sainte-Catherine O.], accessible par la station de métro McGill. Je me dirige ensuite vers les **Promenades Cathédrale** [625, rue Sainte-Catherine O.], puis vers le **Centre Eaton** [705, rue Sainte-Catherine O.], la **Place Montréal Trust** [1500, av. McGill College], le **Simons** [977, rue Sainte-Catherine O.], et finalement les **Cours Mont-Royal** [1455, rue Peel]. Cette promenade intérieure, qui vous amène jusqu'à la station Peel, vous donne accès à plus de 375 boutiques et restaurants. Fait inusité : elle vous conduit aussi jusqu'à une **exposition sur Barbie**, la plus grande du monde avec plus de 1000 poupées, au niveau 2 des Cours Mont-Royal. L'entrée est gratuite.

Calaveras et guacamole

65

Le restaurant mexicain **Escondite** (A) [1206, av. Union] est un endroit complètement éclaté, autant sur les plans du décor et de l'ambiance que dans l'assiette. Des *calaveras* partout (crânes richement décorés), des fresques colorées, des sombreros. C'est à la fois kitsch, chic et ludique. Côté nourriture, il faut essayer les « Nachos 2.0 », de petites tortillas farcies de Monterey Jack, préparées à la manière d'un dumpling, frites et servies avec un guacamole impeccable et un pico de gallo aux graines de grenade. La combinaison de saveurs et de textures est tout simplement sublime. Les tacos de morue croustillante, crème d'avocat et salade de chou figurent aussi parmi les plats à commander absolument. Les propriétaires possèdent deux autres établissements dans le quartier, où la même recette gagnante (déco éclatée + bonne bouffe) a été appliquée : le cubain **La Habanera** [1216, av. Union] et le japonais **Biiru** [1433, rue City Councillors]. Les trois restaurants sont réservés aux gens de 18 ans et plus.

64 A 65 A

Détente sous les gratte-ciels

66 Le centre-ville de Montréal est grouillant et animé. Il est toutefois possible de trouver un endroit plus tranquille pour se détendre ou déguster un repas sur le pouce, loin de la frénésie des rues achalandées. Derrière la **cathédrale Christ Church**, on a aménagé la **place Raoul-Wallenberg** (A) en l'honneur de ce diplomate suédois, héros de la Seconde Guerre mondiale, qui a porté secours à plusieurs dizaines de milliers de juifs hongrois en les aidant à fuir Budapest, alors sous occupation nazie. Avec sa fontaine, ses espaces fleuris et ses nombreux bancs, ce jardin est une oasis de paix parmi les gratte-ciels. [1444, av. Union]

Le **square Dorchester** a eu plusieurs vies. Autrefois cimetière, il est par la suite devenu un immense parc, le square Dominion, divisé en deux portions au style très différent : au nord, des axes symétriques au caractère formel ; au sud, une composition stylistique inspirée des jardins pittoresques anglais, aux allées sinueuses. Cette dernière partie est devenue la Place du Canada en 1967. Entouré des immeubles les plus prestigieux du centre-ville, ce square de 11 000 mètres carrés est sans contredit un des plus beaux de la ville. [Angle Peel et René-Lévesque]

Le **campus de l'université McGill** est un petit paradis calme et gazonné. Passez le portail Roddick, à l'extrémité nord de l'avenue McGill College, et faites comme beaucoup d'étudiants et de professionnels : relaxez-vous à l'ombre d'un arbre, partagez un pique-nique ou prenez un bain de soleil. Vous le méritez bien. [845, rue Sherbrooke O.]

66 A

Construit en 2002 sur un ancien stationnement, le **jardin Domtar** est un lieu paisible jouxtant le Quartier des spectacles. Le parc se divise en deux sections. La partie nord représente une forêt typique de l'est du Canada, composée de chênes, d'érables à sucre, de bouleaux, etc. La partie sud, plus urbaine, possède une terrasse en pierre naturelle et des rangées de plantations. [Angle Bleury et De Maisonneuve]

67

Montréal en altitude

68 Ouvert en 2016, l'observatoire **Au Sommet** (A) de la Place Ville Marie offre, du haut de ses 185 mètres (46 étages) un point de vue de Montréal) à 360°. Dans cette enceinte vitrée au design moderne et minimaliste, vous aimerez voir tous les attraits majeurs de la ville : le fleuve, le mont Royal, les ponts, le Stade olympique, etc. Il est possible de profiter de cette vue de l'extérieur en se rendant sur la terrasse, au 44e étage. Prévoyez suffisamment de temps pour visiter l'exposition **#MTLGO** (B) qui présente 55 portraits de Montréalais. Et pourquoi ne pas vous installer à la plus haute table en ville ? Le restaurant **Les Enfants Terribles** propose une cuisine québécoise réinventée tout en permettant de profiter pleinement du panorama spectaculaire. [13, Place Ville Marie]

Taxis nouvelle génération

67 Fondé par l'homme d'affaires montréalais Alexandre Taillefer, **Téo Taxi** (Téo : acronyme de « Transport écologique optimisé ») est résolument tourné vers l'avenir avec sa flotte de voitures 100 % électriques. On appelle un taxi par l'intermédiaire d'une application mobile. On peut donc connaître le délai d'attente, localiser la voiture assignée et obtenir une estimation du coût de la course. On règle par carte de crédit, via l'application. Les voitures sont propres et en excellente condition, WiFi compris. [teomtl.com]

69

68A

Le bijoutier chouchou des Montréalais

69 La célèbre **Maison Birks**, fondée à Montréal en 1879, a pignon sur rue depuis 125 ans dans l'édifice mythique au coin arrondi, sis au square Phillips. Depuis sa fondation, cinq générations de Birks ont travaillé dans l'entreprise de joaillerie, le plus important et prestigieux bijoutier canadien. [1240, sq. Phillips]

Forêt urbaine

70 Chaque année, pendant l'été, le **musée McCord** ferme la petite rue Victoria et la transforme en **Forêt urbaine** (A), un espace agréablement aménagé où il fait bon flâner, participer à une séance de yoga ou assister à un concert gratuit. Dynamique, le musée se démarque aussi par des expositions temporaires séduisantes. Et pour ponctuer ces expositions aux thèmes diversifiés, d'agréables 5 à 9 sont organisés avec, au programme, visite de l'expo, bouchées, DJ, bar et activités reliées à la thématique. On y passe toujours de belles soirées. [690, rue Sherbrooke O.]

68B

Pédaler en ville

72 À mon humble avis, **BIXI** est possiblement la meilleure chose qui soit arrivée à Montréal dans la dernière décennie. Le 15 avril de chaque année, des milliers de bixistes – j'en suis – attendent avec impatience l'installation des vélos en libre service pour la saison. BIXI est devenu, au fil du temps, bien plus qu'un simple mode de transport : c'est maintenant un emblème, une icône, une signature pour la ville. Lancé en mai 2009, le réseau BIXI compte aujourd'hui 5200 vélos et 460 stations sur le territoire montréalais. Le nom BIXI provient d'une contraction des mots « bicyclette » et « taxi ». De conception 100 % québécoise, ce produit de haut design est maintenant exporté dans le monde : Boston, Londres, Melbourne, New York, Toronto, Washington, etc.

Il vous en coûtera 5 $ pour une utilisation illimitée pour une période de 24 heures ; ou 89 $ pour l'année. Sachez que les BIXI ne sont pas destinés à la promenade du dimanche ; ce sont plutôt des vélos de transit. Les trajets doivent être de moins de 45 minutes ; on facture les minutes excédentaires. Que ce soit pour une courte balade ou pour se rendre du point A au point B, BIXI est bon pour la santé, pour le porte-monnaie et pour l'environnement. Se déplacer en ville pourrait difficilement être plus agréable. [montreal.bixi.com]

Le rêve devenu réalité d'un marchand de chaussures

71 En 1972, le jeune Aldo Bensadoun, fils d'un marchand de chaussures et petit-fils d'un cordonnier, ouvre le tout premier magasin **ALDO** au centre-ville de Montréal. Il ne pouvait se douter que, 45 ans plus tard, sa passion le propulserait à la tête d'un empire, chef de file mondial de l'industrie de la chaussure et de la mode. Le Groupe Aldo exploite aujourd'hui plus de 3000 points de vente dans le monde, emploie plus de 20 000 personnes et accueille près de 200 millions de clients dans ses magasins chaque année. Un succès bien montréalais dont on peut être fier. [Plusieurs points de vente]

73A

Rallye artistique dans une avenue prestigieuse

73 La plus belle rue du centre-ville est sans conteste l'**avenue McGill College** (A), superbe au printemps, lors de la floraison des pommiers et des tulipes, et l'hiver, avec les arbres décorés de lumières. Dans cette large avenue se trouvent des œuvres d'art qui méritent notre attention. Au sud, sur l'esplanade de la Place Ville Marie, la sculpture-fontaine **Female Landscape**, de Gerald Gladstone, est stratégiquement placée pour offrir comme toile de fond une belle perspective sur le mont Royal.

Devant le n° 1981, la sculpture **La Foule illuminée**, de l'artiste franco-britannique Raymond Mason, ne laisse personne indifférent. Avec ses 65 personnages de tout âge, de toutes races et conditions, elle représente la fragilité de l'espèce humaine.

Chaque été, dans le tronçon ouest de l'avenue, se tient une **exposition de photos en plein air** organisée par le musée McCord. Les passants peuvent découvrir des clichés choisis dans les impressionnantes archives du musée, lesquelles contiennent plus de 1,3 million de photographies documentant l'histoire sociale de Montréal.

Sushi en folie

74 On se rend chez **Shô-Dan** pour les sushis « Spécialités », remarquables créations du chef. Le Kiss Roll (crevette tempura, avocat, sisho, feuille de soja et thon rouge légèrement flambé), le Hamachi (thon à queue jaune légèrement flambé, sauce ponzu, graines de sésame), le Majesty (crabe royal légèrement pané et frit, sauce miel et citron), etc. Autant de petits plaisirs divins pour lesquels je me roulerais dans la boue. Shô-Dan est un grand restaurant du centre-ville, si vaste qu'il s'étend sur trois étages. Mon endroit de prédilection dans le quartier pour les repas de groupe. [2020, rue Metcalfe]

74

Les 1001 secrets d'un édifice de prestige

76

L'**édifice Sun Life** est, selon moi, le plus impressionnant et le plus prestigieux des immeubles du centre-ville. Dans un style architectural Beaux-Arts, il est composé de 60 200 blocs de granit et décoré de 114 colonnes. Peu de Montréalais savent que cet édifice a joué un rôle majeur lors d'une opération rocambolesque, baptisée *Fish* (poisson), en pleine Seconde Guerre mondiale. À cette occasion, la réserve d'or et les titres étrangers négociables du Royaume-Uni ont été secrètement empaquetés dans des caisses étiquetées « *Fish* » et expédiés au Canada. Débarqué à Halifax dans le plus grand secret, l'or a ensuite pris la direction d'Ottawa, et les titres ont été transférés dans une chambre forte, au troisième sous-sol de l'édifice Sun Life, tout cela à l'insu des 5000 employés de l'époque. Une fois cette périlleuse opération terminée, on a estimé que 2,5 milliards de dollars (l'équivalent de 37 milliards en dollars canadiens d'aujourd'hui) ont été expédiés du Royaume-Uni vers le Canada, soit le plus grand déplacement de richesse de l'histoire. [1155, rue Metcalfe]

L'élégance à l'once

75

Caché dans la boutique du même nom, spécialisée dans les vêtements sur mesure pour hommes, le bar **Cloakroom** est le petit joyau de la scène cocktail montréalaise. On y prépare des cocktails classiques, qui ont traversé les époques, et des cocktails sur mesure, selon les goûts des clients. Éclairage tamisé, miroirs, murs noirs : tout est conçu pour créer une atmosphère feutrée, élégante et sexy. Allez-y en semaine de préférence : il n'y a que 25 places et l'attente peut être longue les vendredis et samedis. [2175, rue de la Montagne]

Manger sur les chapeaux de roue

77 Les **camions de cuisine de rue** ont complètement disparu du paysage montréalais pendant plus d'un demi-siècle, principalement pour une question de salubrité. En 2012, compte tenu de la popularité grandissante des *food trucks* dans plusieurs villes d'Amérique du Nord, la cuisine de rue a été réintroduite – youpi! – dans un cadre réglementé. D'avril à fin octobre, une quarantaine de camions assurent une rotation dans les 30 sites autorisés, dont plusieurs au centre-ville, et proposent des mets variés, du gastronomique Europea Mobile à l'exotique Traiteur Guru, en passant par le gargantuesque Au pied de cochon. Consultez le calendrier officiel de la cuisine de rue montréalaise pour connaître en temps réel la position des camions. [camionderue.com]

Youppi!: mascotte des Canadiens et idole d'une ville

78 L'hiver, Montréal est entièrement vouée au hockey, et les matchs des **Canadiens de Montréal**, le club de la ville, rythment la vie de ses habitants et alimentent toutes les conversations. Le détour par le **Centre Bell** sera une expérience marquante pour ceux qui auront la chance (et les moyens) de se procurer des billets. Ce sera aussi l'occasion de faire la connaissance de **Youppi!**, la mascotte la plus aimée du sport professionnel. Celle-ci fit sa première apparition au Stade olympique, lors d'un match de baseball entre les Expos de Montréal et les Cubs de Chicago, le 14 avril 1979. Dix ans plus tard, Youppi! marqua l'histoire en devenant la première mascotte en Amérique du Nord à être expulsée d'un match pour avoir dansé sur l'abri des joueurs adverses. Ses manigances n'ont clairement pas plu au gérant des Dodgers de Los Angeles, Tommy Lasorda, qui s'en est plaint aux arbitres. Youppi! fut la figure emblématique des Expos jusqu'au dernier match de l'équipe, en septembre 2004. Un an plus tard, le 16 septembre 2005, on apprit la bonne nouvelle: Youppi! fut adopté par les Canadiens et devint la toute première mascotte de l'histoire du club de hockey (depuis 1909), en plus de devenir la première mascotte en Amérique du Nord à œuvrer dans deux ligues de sport professionnel. [1909, av. des Canadiens-de-Montréal]

Le savoir-faire d'une designer

80 **Marie Saint Pierre** dirige l'une des plus importantes maisons de couture au Québec, griffe reconnue pour sa féminité, son intemporalité et la qualité de sa confection. Toutes les pièces sont d'ailleurs imaginées, conçues et façonnées à Montréal. Marie Saint Pierre a créé sa première collection de prêt-à-porter à la fin des années 1980 ; elle demeure toujours au sommet de son art près de 30 ans plus tard, grâce à son savoir-faire et à ses créations avant-gardistes. [2081, rue de la Montagne]

La pinte de lait géante

79 Ce réservoir d'eau en forme de bouteille de lait, devenu l'une des icônes du paysage montréalais, est situé sur le toit de l'ancienne laiterie **Guaranteed Pure Milk**. Haut de près de 10 mètres, d'un poids de 6 tonnes et d'une capacité de 250 000 litres, ce réservoir a été complètement restauré en 2009 grâce aux efforts d'Héritage Montréal (voir raison 51) et de plusieurs partenaires, dont la Fédération des producteurs de lait du Québec, qui y voient le symbole de l'importance de l'industrie laitière dans le développement de Montréal. [1025, rue Lucien-L'Allier]

82 A · 82 B

Keep calm and drink tea

81 Pour un après-midi *sooooo british*, direction le **Ritz-Carlton** pour le «**Service du thé**» offert dans le plus grand respect de la tradition anglaise. Scones, crème Devonshire, petits sandwichs gourmets (dont le classique aux concombres) et pâtisseries sont présentés sur de délicats plateaux en porcelaine, de deux ou trois étages (l'ensemble s'appelle un «serviteur»). C'est dans la Cour des Palmiers, le somptueux hall élégamment meublé et décoré, que l'emblématique hôtel fait revivre l'*afternoon tea* deux fois par jour: de 13h à 16h; et de 16h30 à 19h. Pour les occasions spéciales, optez pour le Thé Royal accompagné de champagne. [1228, rue Sherbrooke O.]

81

Balade dorée

82 Petit territoire d'une superficie d'environ un mille carré (2,6 kilomètres carrés), délimité par l'avenue des Pins, le boulevard René-Lévesque, les rues Guy et University, le **Mille carré doré** a été, de 1850 à 1930, le principal quartier résidentiel de la grande bourgeoisie canadienne. On estime que 70% de la richesse du Canada y était concentrée. Bien que plusieurs de ses prestigieuses demeures aient été démolies, quelques beaux exemples subsistent. En voici cinq de mes préférées, qui appartiennent toutes à l'université McGill. La **Maison Charles-Rudolph-Hosmer** (A) [3630, promenade Sir-William-Osler] fut érigée en 1901 et est faite de grès rouge d'Écosse. Dans un style château français, la **Maison James-Ross** (B) [3644, rue Peel], aussi appelée *Chancellor Day Hall*, a été construite en 1892. Datant de 1897, la **Maison Lady Meredith** [1110, av. des Pins O.] est d'une grande élégance. La **Maison Duggan** [3724, rue McTavish], manoir néo-gothique construit en 1861, serait hantée par le fantôme de Simon McTavish. Quant à la **Maison Thomson** [3650, rue McTavish], achevée en 1935, elle fut le dernier manoir construit dans le quartier doré.

La grande dame de la rue Sainte-Catherine

83 C'est ainsi qu'on surnomme le magasin haut de gamme **Ogilvy**, fondé en 1866, réputé pour son vaste choix de marques de prêt-à-porter parmi les plus célèbres du monde. La **vitrine animée de Noël** (A), grandement attendue chaque année par la foule des passants, fait partie de la tradition des fêtes. Elle émerveille les petits et les grands, de la mi-novembre à la première semaine de janvier, avec plus de cent pièces mécaniques et de petits animaux en peluche faits à la main, dans des paysages enchanteurs. Une autre tradition d'Ogilvy est la parade à travers le magasin du **joueur de cornemuse** de la maison, tous les jours, entre midi et 13 heures. Installé sur le trottoir devant le magasin, le musicien ambulant **Cyrille Estève**, alias **Spoonman**, y joue de la cuillère de bois depuis 20 ans, au grand plaisir des passants et au grand dam de la grande dame. [1307, rue Sainte-Catherine O.]

83 A

Pour le plaisir des yeux et des oreilles

84 Musée d'art le plus visité au Canada, le **Musée des beaux-arts** [1380, rue Sherbrooke O.] est à voir, plusieurs fois plutôt qu'une. Cela dit, un trésor se cache dans la **salle Bourgie** (A) [1339, rue Sherbrooke O.], salle de concert du musée : 20 splendides vitraux de la célèbre maison Tiffany, sans contredit la plus importante collection du genre au pays. Lors des concerts dans cette église patrimoniale restaurée, les mélomanes peuvent pleinement apprécier ces vitraux grâce à un système de rétroéclairage permanent. La programmation musicale de cette salle de 460 places est une des plus intéressantes en ville.

Fausser en toute liberté

85 Je l'avoue, j'adore le karaoké. Puisque je n'ai pas eu la chance de naître avec les cordes vocales de Céline Dion, je préfère m'humilier devant des gens que je connais. Pour cette raison, je me rends au **Bar K Karaoke** [2110, rue Crescent] qui possède plusieurs salles privées, très colorées. Le personnel sympathique et les prix doux rendent la visite encore plus agréable. Autre bar aux salons privés, **Pang Pang Karaoké** [1226, rue Mackay] étonne avec ses énormes sofas, boules disco et lumières multicolores, une déco typique des bars de la Corée du Sud. Les salles peuvent accueillir de 2 à 22 personnes. Sachez qu'il n'y a aucune chanson en français dans ces deux établissements.

84 A

Tokyo, P.Q.

86 C'est le seul restaurant pour lequel j'accepte de faire la file, même en plein hiver! En effet, pour avoir la chance de savourer les plats exquis de **Kazu**, il faut parfois attendre 45 minutes. Mais ça vaut le coup! Le chef, Kazuo Akutsu, propose une cuisine nippone bien différente de celle des restos japonais « nord-américanisés », qui ébahit par son originalité, sa délicatesse et son goût. Je vous recommande le burger aux crevettes et le bol de tartare de thon et de saumon, le tout accompagné d'une bonne bière fraîche ou d'une bouteille de saké. Évitez d'y aller en groupe: en solo ou à deux, c'est beaucoup mieux. Le service très rapide rattrape le temps d'attente et en fait l'endroit idéal pour manger vite, mais délicieusement bien avant le cinoche. *Kanpai!* [1862, rue Sainte-Catherine O.]

À vos balais

87 Le plus ancien club sportif toujours actif de l'Amérique du Nord se trouve ici même, à Montréal. Étonnamment, il ne s'agit pas d'un club de hockey sur glace, mais bien de curling. Le **Club de curling Royal Montréal** a été fondé en 1807, alors que la ville ne comptait que 12 000 habitants. L'aréna abrite trois allées de jeu qu'il est possible de louer pour une période de deux heures, que ce soit pour un événement corporatif ou pour s'amuser entre amis. La location comprend l'équipement et une formation par un instructeur, membre du club. [1850, boul. De Maisonneuve O.]

Les grands petits cafés

88 Pour un café inégalé, visitez **Myriade** (A) [1432, rue Mackay], le précurseur de la révolution du café de spécialité. Ici, le café est une science: tout est mesuré, contrôlé, que ce soit la quantité de grains, la mouture ou la température de l'eau. On savoure le résultat chaque fois avec un plaisir renouvelé. Une autre merveille caféinée se cache dans le passage souterrain qui relie le Centre Eaton à la Place Ville Marie, le **Tunnel Espresso Bar**. Ce petit comptoir pour emporter sert la Cadillac du café. Enfoncez-vous sous terre, ça en vaut la peine. [1253, av. McGill College, niveau tunnel]

88 A

Griffintown, Petite-Bourgogne, Saint-Henri, Verdun

L'histoire des quartiers situés au sud-ouest du centre-ville est profondément marquée par le canal de Lachine, de sa construction, en 1824, jusqu'à la fin de la navigation commerciale sur ses eaux, au cours des années 1970. Vivre dans le Sud-Ouest et dans Verdun, c'est vivre dans un monde de disparités : la proximité du centre-ville contraste de façon spectaculaire avec l'accessibilité à l'eau et à la nature. Les quartiers ouvriers d'autrefois s'embourgeoisent tranquillement et l'offre culinaire y est l'une des plus convoitées (et dispendieuses) en ville.

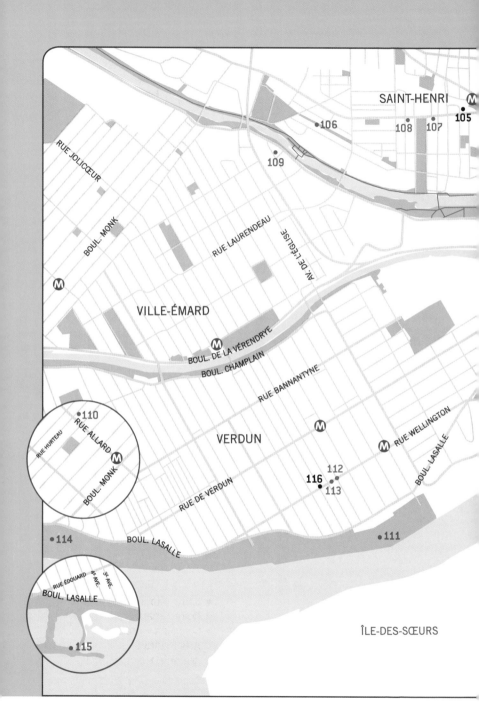

SAINT-HENRI

VILLE-ÉMARD

VERDUN

ÎLE-DES-SŒURS

RUE JOLICŒUR

BOUL. MONK

RUE LAURENDEAU

AV. DE L'ÉGLISE

BOUL. DE LA VÉRENDRYE

BOUL. CHAMPLAIN

RUE BANNANTYNE

RUE WELLINGTON

BOUL. LASALLE

RUE DE VERDUN

BOUL. LASALLE

RUE HURTEAU

RUE ALLARD

BOUL. MONK

RUE ÉDOUARD

4ᵉ AVE.

3ᵉ AVE.

BOUL. LASALLE

105
106
107
108
109
110
111
112
113
114
115
116

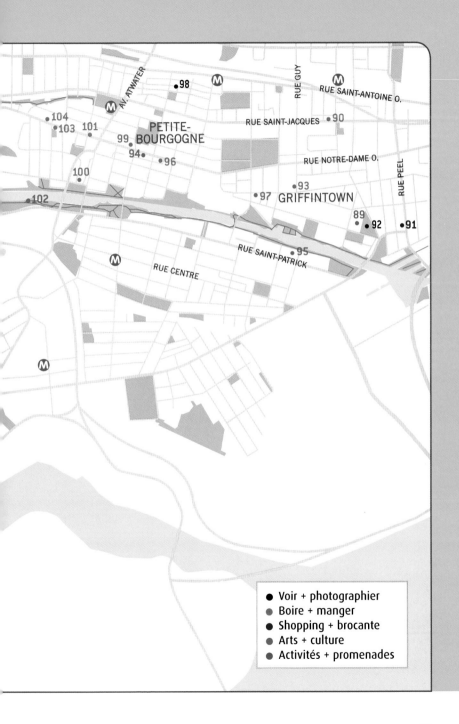

RUE GUY

RUE SAINT-ANTOINE O.

•98

AV. ATWATER

104
•103 101
99 PETITE-
94• BOURGOGNE
•96

100
•102

RUE SAINT-JACQUES •90

RUE NOTRE-DAME O.

RUE PEEL

•93
•97 GRIFFINTOWN

89
• •92 •91

RUE SAINT-PATRICK •95

RUE CENTRE

● Voir + photographier
● Boire + manger
● Shopping + brocante
● Arts + culture
● Activités + promenades

Un quartier en ébullition

89

Griffintown est délimité par la rue Notre-Dame au nord, le canal de Lachine au sud, l'autoroute Bonaventure à l'est et le boulevard Georges-Vanier à l'ouest. Avec ses nombreuses usines et manufactures et le creusage du canal de Lachine, Griffintown fut le berceau de la révolution industrielle de Montréal. Ancien quartier ouvrier, principalement peuplé d'Irlandais au début du XXᵉ siècle, on y vivait dans des conditions de pauvreté extrême. Dans les années 1960, la Ville de Montréal décida de raser le secteur afin d'y établir une zone industrielle. La construction de l'autoroute Bonaventure, en plein cœur du quartier, n'aida en rien sa cause. En 1971, on ne comptait plus que 800 habitants.

Depuis quelques années, Griffintown vit une réelle transformation : plus de 10 000 logements y ont été construits ou sont en construction. Les hautes tours de condos transforment désormais la ligne d'horizon. Deux bougies d'allumage de cette importante phase de revitalisation furent le déménagement de l'École de technologie supérieure (ETS) dans la rue Notre-Dame, dans les années 1990, et le projet immobilier Lowney, qui transforma l'ancienne usine de Cherry Blossom (la friandise au chocolat et à la cerise) en condos urbains huppés, au début des années 2000. Peu à peu, les commerçants s'installent à Griffintown et contribuent à créer une vie de quartier. Et le Projet Bonaventure, qui remplacera le tronçon surélevé de l'autoroute Bonaventure par un boulevard urbain au niveau du sol, détruira enfin cette barrière à la fois physique et psychologique qui isole ce quartier.

L'une des plus agréables façons de découvrir Griffintown est d'opter pour une visite guidée à pied, qui vous conduira de la rue Peel aux berges du canal de Lachine en passant par les rues étroites, vous racontera deux siècles d'histoire et vous fera voir les trésors patrimoniaux conservés, les fantômes du passé et les plus récentes innovations.

90

Merveilles siciliennes

90

Avec son élégante déco tout en bois inspirée des années 1960, le **Nora Gray** a rapidement conquis mon cœur. Confortablement assis sur des banquettes de cuir noir capitonnées, éclairé à la chandelle, on déguste une cuisine chic du sud de l'Italie, principalement sicilienne, et adaptée aux produits de saison bien de chez nous. La texture des pâtes fraîches est impeccable. Sautez sur la courge rôtie, farcie de ricotta de chèvre maison, si elle est au menu lors de votre visite. Et sur les cavatellis aux champignons sauvages. Un délice. [1391, rue Saint-Jacques]

Contrairement à l'usage en Europe, la plupart des restaurants et commerces montréalais sont ouverts le dimanche. En contrepartie, plusieurs sont fermés le lundi et quelques-uns, le mardi. Toujours vérifier les heures d'ouverture avant de vous déplacer.

Nadine Jazouli : changer de vie, une fleur à la fois

91 Après des études de droit et treize années passées dans une agence publicitaire à titre de directrice de compte, **Nadine Jazouli** est arrivée à la croisée des chemins. Même si ce métier lui plaisait, les longues heures de travail, le sentiment d'être prisonnière d'une tour de bureaux et la naissance de son premier garçon l'ont incitée à prendre un peu de répit pour rééquilibrer sa vie. Son premier congé de maternité lui a permis de prendre du recul, d'explorer et d'exprimer – enfin – sa créativité avec les fleurs, sa passion de toujours, dans un petit atelier qu'elle a aménagé dans le sous-sol de sa maison. Puis, après avoir exécuté quelques contrats d'arrangements floraux pour des mariages et des événements privés, elle a fondé **Prune les fleurs**.

En février 2016, on proposa à la fleuriste autodidacte d'ouvrir un comptoir Prune les fleurs chez **Must Société** [186, rue Peel], une nouvelle boutique concept du quartier Griffintown. Cette occasion concrétisa le virage entrepris quelques années auparavant par Nadine Jazouli, et sa passion devint officiellement profession.

Le succès de Prune les fleurs réside dans la sélection minutieuse des fleurs et dans les arrangements opulents, généreux et déstructurés qui en révèlent la beauté naturelle. Chaque mois, on donne, à la boutique, des ateliers qui permettent aux participants de manipuler les fleurs et la verdure, d'apprendre les techniques de base pour réaliser des bouquets organiques, de laisser libre cours à leur imagination et de repartir avec leur création.

Maintenant maman de trois garçons, Nadine incarne cette nouvelle génération d'entrepreneurs qui forgent Montréal, brisent les barrières et innovent dans de nouveaux concepts d'affaires, tout en tenant le cap sur l'équilibre et la vie familiale. Née à Montréal, elle est amoureuse de sa ville qu'elle qualifie gentiment de « bigarrée », et elle apprécie tout particulièrement ses habitants et la liberté dont on profite ici.

Le bistro et marché italien haut de gamme

93 Un look industriel chic, des plafonds vertigineux, de somptueux chandeliers : l'espace de 6000 pieds carrés est magnifique. Situé à côté du restaurant du même nom, **Le Richmond Marché Italien** est un petit joyau de Griffintown, à la fois bistro, comptoir prêt-à-manger et marché italien. Du côté bistro, le menu est composé d'une trentaine de plats : salades et sandwichs le midi, antipasti, poissons et viandes soigneusement apprêtés, pâtes et pizzas fines en soirée. Le marché, quant à lui, compte plus de 2000 produits fins, importés d'Italie ou locaux, soigneusement sélectionnés : pâtes, sauces, fromages, huiles d'olive, vinaigres balsamiques, café, épices, etc. Au comptoir prêt-à-manger, on se délecte d'abord avec les yeux devant la grande variété de salades colorées et de sandwichs de qualité. On peut aussi rapporter à la maison jarrets d'agneau, short ribs de bœuf, légumes d'accompagnement et autres plats cuisinés. [333, rue Richmond]

Un clin d'œil au passé

92 Au **parc du Faubourg-Sainte-Anne**, triangle formé par les rues Rioux, Basin et de la Montagne, se trouvent les vestiges de l'église Sainte-Anne qui était, au milieu du XIXᵉ siècle, au cœur de la communauté catholique irlandaise de Griffintown. Elle fut démolie en 1970. Bien qu'il ne reste qu'une partie des fondations, il est intéressant de constater que les bancs du parc ont été orientés comme l'étaient autrefois ceux de l'église. Le clin d'œil fait sourire. Remarquez le point de vue formé par l'ensemble des maisons ouvrières, alignées en bordure de la rue de la Montagne, avec, au loin, l'enseigne Farine Five Roses (voir raison n° 1). [Angle des rues Basin et de la Montagne]

Le vecteur du renouveau

94 Construit en 1912, le **Théâtre Corona**, alors appelé le Family Theatre, était le principal lieu de rassemblement des résidents de la Petite-Bourgogne, qui s'y rendaient pour voir vaudevilles et films muets. La façade, intéressante avec ses motifs cruciformes et son arc imposant, est typique des cinémas d'avant-guerre. La diminution de la fréquentation des salles entraîna la fermeture du théâtre en 1965. Après avoir été laissé à l'abandon des décennies durant, il rouvrit ses portes en 1998, à la suite d'importants travaux de rénovation. Le Théâtre Corona, qui accueille aujourd'hui artistes locaux et vedettes internationales, est devenu le vecteur du développement de la rue Notre-Dame Ouest, l'instigateur de la relance du quartier qu'on observe depuis une dizaine d'années. [2490, rue Notre-Dame O.]

Hop, hop, hop, grimpez!

95 Le centre d'escalade **Allez Up** est le plus apprécié du Grand Montréal. Plusieurs parcours de tous les degrés de difficulté plairont tant aux passionnés qu'aux néophytes. Les voies, d'une hauteur intéressante, sont modifiées régulièrement pour stimuler les grimpeurs fidèles. Les parcours extérieurs, sur d'anciens silos à grains hauts de 38 mètres (la plus haute structure artificielle d'escalade au Canada), constituent un défi supplémentaire. Un paradis pour les grimpeurs, les tout-petits comme les grands. Ouvert jusqu'à minuit la semaine; jusqu'à 22 heures les samedis et dimanches. [1555, rue Saint-Patrick]

Pâtisserie perfection

96 La boutique-restaurant **Patrice Pâtissier**, du célèbre pâtissier Patrice Demers, est un arrêt obligatoire pour tous ceux qui ont la dent sucrée. Que ce soit pour acheter des pâtisseries à emporter, s'attabler pour un léger lunch le midi ou pour le brunch du dimanche, c'est toujours un sans-faute ici. Le chou à la crème, chocolat, caramel et banane est bon à s'en confesser, tout comme les cannelés, les financiers à l'érable et les petits pots au citron, camomille et miel. De vrais péchés mignons, aussi beaux que délectables. [2360, rue Notre-Dame O.]

Un restaurant plein d'esprit

97

Petit bistro d'une trentaine de places, **Le Fantôme** [1832, rue William] est l'une des meilleures tables de Griffintown. Un décor sobre, des chandelles comme principale source d'éclairage, un service courtois et attentionné. Le menu se réinvente chaque semaine en fonction des arrivages du marché. Les produits frais, de saison et locaux sont privilégiés et merveilleusement mis en valeur. On opte pour le menu dégustation de 6 ou 8 services, selon son appétit.

Le restaurant tire son nom d'une légende qui hante Griffintown depuis plus d'un demi-siècle. On raconte que le 26 juin 1942, à l'angle des rues William et Murray, on aurait aperçu le fantôme d'une femme cherchant sa tête. Il s'agirait de Mary Gallagher, une prostituée sauvagement décapitée à la hache, 63 ans plus tôt, par son amie Susan Kennedy, une autre prostituée. Un client aurait préféré les charmes de Mary à ceux de Susan, ce qui aurait rendu cette dernière folle de rage. Depuis, la légende veut que le fantôme de Mary revienne tous les 7 ans à ce carrefour, le 26 juin, à la recherche de sa tête. Si vous êtes chasseur de fantômes, le prochain rendez-vous est fixé en 2019.

Les belles de la Petite-Bourgogne

98

Pour une jolie balade, dirigez-vous vers la **rue Coursol** pour admirer les petites maisons victoriennes colorées et les triplex en briques, tout aussi colorés, d'une homogénéité surprenante. Remarquez les escaliers droits, les marquises ouvragées, les portes de bois magnifiquement ornementées, les corniches, les lucarnes... Cet ancien quartier ouvrier, érigé à la fin du XIXe siècle, a pu conserver plusieurs de ses éléments architecturaux d'origine grâce à l'attention continue des propriétaires.

Paradis gastronomique rue Notre-Dame

99 Depuis que le **Joe Beef** (A) [2491, rue Notre-Dame O.], classé parmi les 100 meilleurs restaurants du monde, s'y est installé en 2005, la **rue Notre-Dame Ouest** s'est transformée en paradis pour les *foodies*. Plusieurs établissements du secteur frôlent la perfection, tant pour la cuisine que pour l'ambiance. Je dresse ici la liste de mes coups de cœur. Il peut être difficile d'obtenir une table dans l'un de ces restos ; il vaut mieux s'y prendre à l'avance.

Le **Liverpool House** (B) [2501, rue Notre-Dame O.], petit frère du Joe Beef, plus festif et lumineux, est devenu le repaire des gens du quartier. Il est à tort considéré comme le plan B quand le Joe Beef affiche complet. N'ayez crainte, il mérite incontestablement d'être votre plan A.

Toujours des mêmes propriétaires, **Le Vin Papillon** (C) [2519, rue Notre-Dame O.] est simplement magique. Ce petit bar à vin propose des bouteilles à rendre fou tout œnophile. En cuisine, on célèbre les légumes et la fraîcheur, sans pour autant être végétarien. C'est exceptionnellement bon. Si vous m'obligiez à choisir, il serait mon préféré de la fratrie. Seul bémol : pas de réservation possible ; premier arrivé, premier servi. Les trois restaurants possèdent une terrasse-jardin intime.

Foxy [1638, rue Notre-Dame O.] est la nouvelle adresse du duo derrière le toujours sublime Olive & Gourmando (voir raison 24). La spécialité de la maison : la cuisson au four à bois. La plupart du temps utilisé pour la cuisson des pizzas, ce four sert ici à cuire le pain, les viandes et les légumes. Irrésistible.

Avec une déco d'un blanc immaculé et un immense jardin sur la terrasse à l'arrière, le restaurant **HVOR** (D) [1414, rue Notre-Dame O.] nous fait vivre une expérience gastronomique mémorable, basée sur les produits locaux et de saison. Seuls des menus de dégustation sont proposés ; assurez-vous d'avoir faim.

Toujours dans la rue Notre-Dame Ouest, à Saint-Henri cette fois, **Tuck Shop** [au n° 4662], qu'on pourrait qualifier de « convivial chic », excelle sur tous les plans : ambiance, service, plats. Afin de mettre en valeur les produits les plus frais possible, le menu change quotidiennement, selon les arrivages du marché. Difficile, donc, de faire des recommandations. Dites-vous que, chaque fois, la magie opère, et qu'on y passe une très agréable soirée.

Farniente au marché

100 Lieu phare du Sud-Ouest, le **marché Atwater** (A) a été inauguré en 1933 dans un bâtiment de style Art déco, reconnaissable entre mille avec sa haute tour à horloge. Ouvert toute l'année, ce marché public est reconnu pour les étals des maraîchers, mais surtout pour les nombreuses boucheries et fromageries qu'il abrite. La charcuterie **Terrines & Pâtés**, à l'étage, vend les meilleures cuisses de canard confites de tout Montréal. Pour un cadeau ou pour se gâter, on visite la boutique **Les Douceurs du marché** avec sa vaste sélection de produits fins locaux et importés. On se rend par une belle journée au marché Atwater, idéalement situé près du canal de Lachine, et on en profite pour se balader dans les environs. [138, av. Atwater]

Amarré au quai du marché Atwater de mai à octobre, le **Canal Lounge** est le premier bar-café flottant à Montréal, une péniche comme on en voit beaucoup à Paris et à Amsterdam. Joliment décoré de fleurs fraîches, c'est l'endroit idéal pour terminer la journée en beauté. Pas de réservation. [22, av. Atwater]

100 A

Le casse-croûte éternel

101

101 Institution dans Saint-Henri, le **Greenspot** [3041, rue Notre-Dame O.] a ouvert ses portes dans les années 1940. Un casse-croûte comme il ne s'en fait plus, avec juke-box aux tables, napperons *Bienvenue/Welcome* en papier, banquettes de faux cuir, milk-shakes, etc. Juste du gros bonheur. On vient manger les succulentes frites maison, les hot-dogs juste assez beurrés, les club sandwichs bien garnis et les poutines (le menu poutine doit bien faire un mètre de long, sans exagérer, ou à peine). Les nostalgiques commanderont un hamburger steak ou un «hot hamburger». Bon et réconfortant.

La ville de Montréal s'est forgée au fil de nombreuses fusions de municipalités. Ne vous étonnez pas de voir plusieurs séries d'avenues porter les mêmes numéros. Il y a une 1re Avenue dans Rosemont, une autre dans Verdun, une autre à LaSalle, une autre à Lachine... Dans le doute, demandez le code postal pour vous diriger au bon endroit.

Le Montréal cyclable

102 Avec ses 730 kilomètres de **voies cyclables**, Montréal est indéniablement une ville où il fait bon rouler. Les autorités municipales ont d'ailleurs comme objectif d'ajouter au réseau 50 kilomètres de nouvelles pistes chaque année. Pour une promenade des plus bucoliques, pédalez jusqu'à la **piste du canal de Lachine**, ou encore vers les voies qui longent les berges du fleuve Saint-Laurent ou de la rivière des Prairies.

Selon le magazine américain *Time* (en 2009), les pistes cyclables du canal de Lachine (les plus anciennes de Montréal et les plus achalandées au Canada) et celles longeant les berges du Saint-Laurent se classaient au troisième rang mondial des meilleurs parcours urbains de vélo. Je vous recommande ce trajet de 22 kilomètres : partez du parc J.-Albert-Gariépy, à Verdun, descendez le long des berges du Saint-Laurent, parcourez le parc des Rapides, le parc du Canal-de-l'Aqueduc, le parc René-Lévesque à Lachine, et remontez le long du canal de Lachine jusqu'au marché Atwater. Comptez un peu plus d'une heure pour effectuer ce parcours.

Le goût des Mille et une nuits

103 Il y a de ces restos qui nous enchantent dès la première bouchée, et **Sumac** (A) [3618, rue Notre-Dame O.] est l'un de ceux-là. Ce petit restaurant de quartier aux prix abordables nous transporte avec sa cuisine inspirée du Moyen-Orient (Liban, surtout, mais aussi Syrie, Israël, Égypte). Après avoir passé la commande au comptoir, on s'attable et on attend que le festin soit servi. Si possible, on y va en groupe, ce qui permet de partager davantage de spécialités de la maison. On opte pour le labneh à l'ail, la salade cuite, les frites au houmous, les fallafels et le poulet shawarma qu'on rehausse de s'rug, un condiment maison fait de coriandre, ail et chili vert.

À quelques pas de là se trouve **Rasoï** [3459, rue Notre-Dame O.], le restaurant indien le plus éclaté en ville (le plafond est peint d'une immense fresque colorée). Pizza faite de pain naan au fromage et figues fraîches, poutine à l'agneau Madras, poulet tandoori sauce barbecue américaine, samosas de cerf : ça surprend. Les plus conservateurs y trouveront aussi des plats indiens classiques, comme l'aloo ghobi et le poulet au beurre. J'ai adoré le tandoori tikka paneer, un fromage frais dont la texture ressemble à du tofu, cuit au four tandoor, servi avec un chutney de coriandre et tamarin.

103A

Petit kiosque deviendra grand

104

Les frères Winnicki se sont d'abord fait connaître par leur kiosque de cuisine de rue singapourienne et malaisienne, au marché Atwater, **Satay Brothers** (A). Puis, le succès leur a permis d'avoir pignon sur rue [3721, rue Notre-Dame O.]. Leur cuisine est remplie de citronnelle, de lait de coco, de coriandre, de papaye, de piment, de hoisin et de gingembre. Un party pour les papilles ! Goûtez à tout, si vous le pouvez, le menu entier vaut le détour : brochettes de satay, buns vapeur au porc, salade de papaye verte, soupes laksa épicées à base de lait de coco, etc. Le kiosque du marché Atwater est ouvert de mai à octobre ; le restaurant, toute l'année.

Précurseur de la cuisine de rue à Montréal avec le tout premier camion en service, **Grumman '78** [630, rue de Courcelle] est rapidement devenu un incontournable, au point que les propriétaires ont dû transformer leur cuisine de production, aussi appelée le « quartier général », en un restaurant ouvert à longueur d'année. Un superbe endroit, souvent festif, surtout les soirs de match de hockey. Sautez sur les tacos de poisson ou ceux façon « Banh Mi » au porc. DÉ-LI-CIEUX. Le menu et les tacos changent selon les arrivages et l'humeur des chefs.

Chouette garde-manger

105

Le **Marché La Pantry** du quartier Saint-Henri remplit plusieurs fonctions : épicerie de quartier, boulangerie, sandwicherie et crémerie. Le matin, les sandwichs-déjeuners à la saucisse bio vous remettent « sur le piton » en moins de deux. Les « pop tarts » maison aux fraises, les beignes et les abricotines combleront votre rage de sucre. Au cours de la journée, le pain maison se transforme en décadents sandwichs garnis de légumes fraîchement cueillis au jardin. Les propriétaires cultivent aussi quelques variétés de fruits et légumes presque disparus, comme le fameux melon de Montréal (voir raison 121), en plus de produire leur propre miel. Le comptoir-fenêtre pour la crème glacée molle est follement « instagramgénique » [4211, rue Notre-Dame O.]

Un kilomètre de verdure

106 Concept néerlandais qui signifie «rue conviviale», le *woonerf* est un espace hybride entre le parc et la ruelle verte. Le tout premier de Montréal, le ***woonerf* Saint-Pierre** (A), a été aménagé dans le quartier Saint-Henri en 2012, à l'endroit où se trouvait le collecteur des eaux usées. C'est aujourd'hui un lieu convivial d'un kilomètre de long, où piétons, cyclistes et véhicules – la vitesse est limitée à 10 km/h – cohabitent en toute sécurité. On y a installé plusieurs bancs et chaises longues, et un éclairage abondant. Avec ses 7000 mètres carrés de verdure, sa centaine d'arbres et près de 2000 arbustes, le *woonerf* Saint-Pierre est devenu un lieu unique d'échange, de voisinage, de jeux d'enfants et de jardinage. Il commence au coin des rues Saint-Rémi et Sainte-Émilie.

Le premier chemin de fer construit en sol montréalais reliait Griffintown à Lachine, en passant par Saint-Henri, sur 12 kilomètres. C'était en 1847. Aujourd'hui démantelé, il a laissé place à un long parc linéaire, le **parc du Premier-Chemin-de-Fer**, qui s'étend de la station de métro Lionel-Groulx à la place Saint-Henri. Au départ de Lionel-Groulx, rendez-vous sur l'avenue Greene, entre les rues Saint-Jacques et Delisle. Pour un départ du métro Saint-Henri, allez à droite de la caserne des pompiers n° 23 [523, pl. Saint-Henri]. Il est agréable de parcourir à pied ou à vélo ce parc boisé d'un kilomètre de long.

Le petit soleil de Notre-Dame Ouest

107 Que j'aime ces bicoques qu'on découvre par hasard et qui ensoleillent nos journées par leur authenticité et leurs prix doux! **Tacos Frida** (A) [4350, rue Notre-Dame O.] est un de ces lieux. Dans ce minuscule restaurant mexicain, la famille Perez s'affaire aux fourneaux à concocter des tacos à 2,50 $ qu'on engouffre avec plaisir. Poulet effiloché, bœuf grillé, porc mariné... ils sont tous savoureux. Les options végétariennes aux cactus et champignons sont aussi très intéressantes. On accompagne le tout d'un guacamole parfait et on termine par un churro encore chaud. Une fois que vous êtes repu, une promenade dans le **square Sir-George-Étienne-Cartier** s'impose. Bordé d'arbres matures, ce parc est doté d'une jolie sculpture-fontaine qui fut inaugurée en 1912.

Le doublé Campanelli

108 Dans le Sud-Ouest, le maître des sandwichs est sans conteste le café italien **Campanelli** (A) [4634, rue Notre-Dame O.]. Confectionnés à la commande, ces sandwichs sont originaux et garnis à l'excès. Je ferais des kilomètres pour celui aux boulettes de viande et provolone. Du même propriétaire, la pizzeria **Adamo** [4629, rue Notre Dame O.] est aussi sans flafla. Pour emporter seulement, on opte pour une pizza complète ou à la pointe, à peine sortie du four, qu'on mange à la new-yorkaise, en la pliant. Les garnitures sont variées: pesto, rapini et ricotta, ananas «piquant», pepperoni, mozzarella et basilic. Il y en a pour tous les goûts.

109

Gin et vodka signés Montréal

109 Après l'ouverture de nombreux restaurants axés sur les produits d'ici, c'est au tour des microdistilleurs de proposer des spiritueux 100 % locaux. La distillerie **Cirka**, en bordure du canal de Lachine, a mis en marché une « vodka terroir » et un « gin sauvage » élaborés avec du maïs québécois. Les spiritueux sont entièrement produits dans les installations de la rue Cabot, du moût à l'embouteillage. On obtient une vodka aux arômes doux de réglisse et caramel, et un gin aux notes florales et de conifères. Des spiritueux avec de la personnalité ! Il est possible de visiter la microdistillerie ; la vue des alambics, dont le plus haut atteint sept mètres, est impressionnante. Notez qu'aucune vente des produits n'est autorisée sur les lieux ; dirigez-vous plutôt vers une succursale de la SAQ pour vous les procurer (mais vérifiez d'abord l'état des stocks sur le site Web de la SAQ). [2075, rue Cabot]

Plus de 85 ans de burgers à l'envers

110 Les hamburgers de **Dilallo** [2851, rue Allard] ont traversé le temps pour le bonheur des résidents du secteur. Ouvert depuis 1929, ce casse-croûte est devenu célèbre pour son Buck Burger – au moment de sa création, il coûtait 1 $, ou *one buck* – garni de fromage, capicollo et piments forts maison. Signature de la maison : il est servi à l'envers, la seule façon envisageable de le manger, selon le fondateur, Luigi Dilallo. Encore aujourd'hui, chaque hamburger est préparé selon la recette familiale, un savant mélange de bœuf, de porc, de veau et d'épices. Si vous vous demandez pourquoi plusieurs objets à l'effigie du célèbre hockeyeur **Mario Lemieux** tapissent les murs, c'est que Le Magnifique est né et a grandi dans ce quartier. Il y a une autre succursale dans la Petite-Bourgogne [2523, rue Notre-Dame O.] et un resto-bar dans le quartier Saint-Michel.

110

La *trail* du bas

111 Les résidents de Verdun vous le confirmeront : le plus bel attribut du quartier est incontestablement la proximité du fleuve. Les Verdunois profitent toute l'année de 15 kilomètres de berges aménagées, que ce soit pour se promener ou faire du vélo. Pour le summum de l'expérience, descendez le plus près possible de la rive, dans les sentiers pédestres que les Verdunois appellent simplement la *trail* **du bas**, où se côtoient végétation en friche et canards. Le silence nous déroute et l'impression de ne plus être en plein cœur d'une grande ville est complètement dépaysante. Vous trouverez facilement les sentiers à partir de la marina. [5150, boul. LaSalle]

Les gaufres de Copette

112 Chaque dimanche, une agréable odeur de sucre se répand dans la rue Wellington. Ne cherchez plus, elle provient de la **Fromagerie Copette & cie** qui propose des gaufres maison divines, caramélisées à la perfection, croustillantes et tendres à la fois. Croyez-moi, elles valent le détour. Avec un service attentionné, une belle variété de fromages, dont la majorité proviennent de producteurs québécois, et des conseils judicieux, cette fromagerie fait l'unanimité : on aime ! [4650, rue Wellington]

Le restaurant qu'on veut garder pour soi

113 **L'In-Time** (A) [4619, rue Wellington] est une petite trouvaille qu'on voudrait garder pour soi. La salle ne contient qu'une vingtaine de places ; l'atmosphère chaleureuse convient donc parfaitement aux soirées entre amoureux. Et, comble de bonheur, c'est un « Apportez votre vin ». Simple et sans prétention, la carte se compose de pâtes et de moules, affichant aussi des classiques tels que les escargots à l'ail et le tartare de saumon. Le service est toujours attentionné et la chef-propriétaire se soucie chaque soir du bonheur de ses convives. Bref, c'est sympathique, agréable, bon et abordable. Nous le garderons pour nous, d'accord ? Argent comptant seulement.

Dans la même rue, le **Wellington** [3629, rue Wellington] est aussi un « Apportez votre vin ». On y propose un menu classique de bistro français : boudin maison, moules et frites, magret de canard, tartare de bœuf. Tout est bien fait, avec une mention spéciale pour le foie de veau poêlé.

114

Tous à l'eau

114 Première piscine publique extérieure de Montréal et la plus grande du Canada au moment de sa construction, le **Natatorium** a été inauguré en grande pompe en juillet 1940. Le complexe aquatique d'architecture Art déco est constitué d'une immense piscine, pouvant accueillir jusqu'à 1150 baigneurs, et d'une pataugeoire chauffée pour les tout-petits. Entrée libre. Au quai flottant situé derrière le Natatorium, on peut louer kayaks et *paddleboards* pour faire une excursion unique sur le fleuve. [6500, boul. LaSalle]

La nature en ville

115 Pour s'évader sans avoir à quitter la ville, rien de mieux que le **parc des Rapides**, un grand parc de 30 hectares animé toute l'année par des naturalistes, disponibles pour répondre à toutes les questions que vous pourriez vous poser sur la faune, la flore et l'histoire des lieux. Non seulement le site est idéal pour admirer les rapides de Lachine, mais il est aussi reconnu comme un important refuge d'oiseaux migrateurs, où l'on peut observer plus de 225 espèces, dont la plus grande colonie de hérons du Québec après celle du lac Saint-Pierre. S'ajoutent 66 espèces de poissons, des tortues, des renards, des visons, des campagnols et des plantes rares. Le parc comporte des sentiers de randonnée et des pistes de ski de fond. [À l'angle du boul. LaSalle et de la 7e Avenue à LaSalle]

115

116A

Le pouvoir des livres

116

Aménagée dans un vaste local de 600 mètres carrés, **La Librairie de Verdun** (A) [4750, rue Wellington] réinvente le concept des librairies traditionnelles indépendantes en accueillant sous son toit la très jolie boutique d'accessoires de cuisine **Réunion** et le **Café de la troisième**. L'espace lumineux et aéré invite à bouquiner pendant des heures, alors que les libraires compétents guident judicieusement les clients. La littérature jeunesse est bien mise en valeur dans une zone vivante et invitante.

Dans Saint-Henri se trouve la librairie **Crossover Comics** [3560, rue Notre-Dame O.], consacrée à la bande dessinée. L'impressionnante sélection permet autant aux néophytes qu'aux connaisseurs d'y trouver leur compte. Axée principalement sur les BD nord-américaines, l'offre s'étend aussi à des albums rares en provenance de l'international et à une panoplie de produits dérivés, comme des t-shirts de super-héros et des figurines (dont quelques-unes grandeur nature !).

116A

Westmount, Notre-Dame-de-Grâce, Côte-des-Neiges

D'abord, Westmount, cette ville aux charmes anglais, enclavée dans la ville de Montréal. Ensuite, l'arrondissement Côte-des-Neiges–Notre-Dame-de-Grâce, le plus populeux de la métropole, le plus jeune avec ses milliers d'étudiants, et le plus multiculturel avec 75 groupes ethniques. Soixante-seize pour cent de ses citoyens sont nés à l'étranger ou ont au moins un de leurs parents né hors du Canada. Un secteur vivant qui bénéficie d'une situation exceptionnelle sur le flanc ouest du mont Royal.

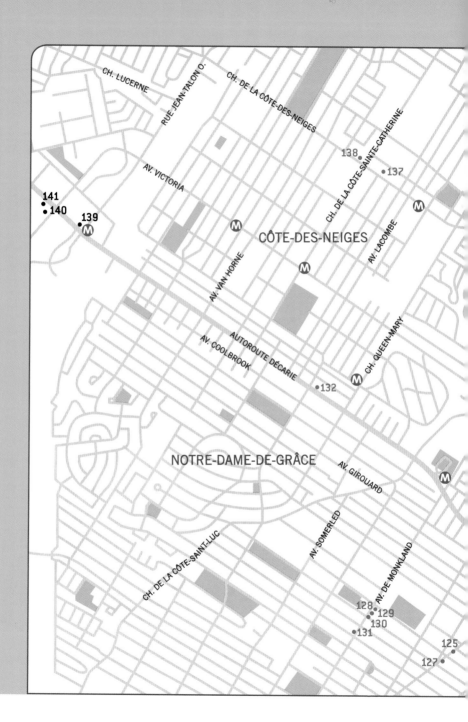

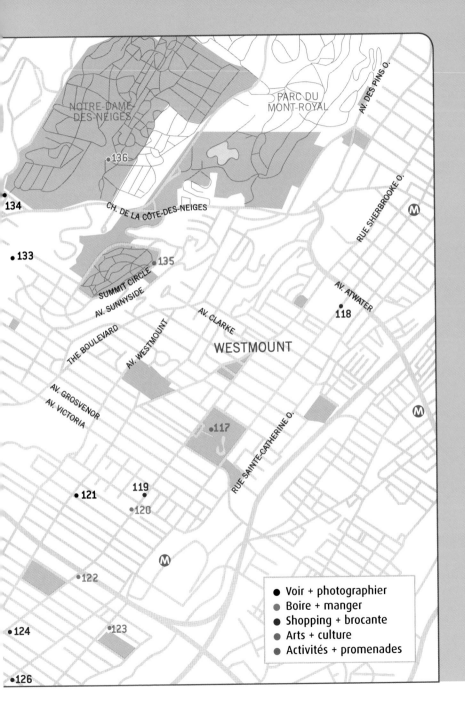

NOTRE-DAME-DES-NEIGES

PARC DU MONT-ROYAL

AV. DES PINS O.

•136

•134

CH. DE LA CÔTE-DES-NEIGES

RUE SHERBROOKE O.

Ⓜ

•133

•135

SUMMIT CIRCLE

AV. SUNNYSIDE

THE BOULEVARD

AV. WESTMOUNT

AV. CLARKE

AV. ATWATER

118

WESTMOUNT

AV. GROSVENOR

AV. VICTORIA

•117

RUE SAINTE-CATHERINE O.

Ⓜ

•121

119

•120

Ⓜ

•122

•124

•123

● Voir + photographier
● Boire + manger
● Shopping + brocante
● Arts + culture
● Activités + promenades

•126

117A

Charme à l'anglaise

117 La première fois que je suis passée dans le **parc Westmount** (A), je quittais le centre-ville pour me rendre en vélo dans Notre-Dame-de-Grâce par la piste cyclable du boulevard De Maisonneuve. Passé l'avenue Melville, je me suis retrouvée dans un parc digne de *La Société des poètes disparus* : verdure luxuriante, plan d'eau bucolique, jeunes qui jouaient au soccer, clocher néo-gothique de la **Westmount Park United Church** [4695, boul. De Maisonneuve O.]... La campagne anglaise en pleine ville ! Dans la partie nord du parc se trouve la **Bibliothèque publique de Westmount** [4574, rue Sherbrooke O.], la première bibliothèque municipale du Québec, érigée en 1899.

Le plus festif des pubs japonais

118 L'*izakaya* **Imadake** est l'endroit tout désigné pour permettre aux groupes de passer une soirée réussie. La faune est jeune, l'ambiance, géniale, et les petits plats impressionnants. On y déguste morue noire poêlée au miso, boulettes de pieuvre, tataki de bœuf, crevettes tempura ou ramen, tout ça à prix doux. Ce pub ultra-sympathique met tout en œuvre pour créer une atmosphère de fête. On peut y boire le sake bomb, shooter de saké en équilibre sur des baguettes, que l'on fait tomber dans un verre de bière en tapant sur la table. On doit ensuite boire ce cocktail sans attendre, d'un seul trait. [4006, rue Sainte-Catherine]

Certaines mauvaises langues prétendent que Montréal est un mot amérindien qui signifie « ville où l'on ne peut jamais tourner à gauche ». Quinze minutes de conduite dans Montréal vous feront croire que c'est peut-être vrai.

119 A

Salades décadentes

120 Les salades gourmandes de **Mandy's**, des sœurs Rebecca et Mandy Wolfe, sont copieuses et rassasiantes. Bourrées d'ingrédients frais, remplies de saveurs et très colorées, elles n'ont pas la prétention d'être faibles en calories. Qu'importe ! Dans ce bar à salade, on peut créer la sienne sur mesure. Personnellement, je préfère celles préparées par Mandy, comme le «bol Wolfe» composé de laitue, roquette, chou frisé, riz brun, tomates-cerises, noix de Grenoble, avocat, parmesan, carottes râpées, graines de sésame rôties et vinaigrette au tamari. La déco, élaborée par Rebecca, brille dans un croisement de styles, alliant rustique, vintage et chic. C'est aussi beau que bon. [5033, rue Sherbrooke O.] Deux autres succursales : 2067, rue Crescent ; et 201, av. Laurier O.

Pour des cadeaux sympas

119 Rue Sherbrooke Ouest, deux sympathiques boutiques proposent une sélection intéressante d'articles déco et de cadeaux originaux. Chandelles, articles de table, verres, sacs et porte-monnaie, cadres, literie, grand nombre de coussins et même quelques pièces de vêtements en cachemire font partie des vastes stocks de **Ben & Tournesol** (A) [4915, rue Sherbrooke O.]. Vous serez accueilli par les mascottes des lieux, une gentille (et grande !) leonberg et un petit chihuahua. Votre chien est d'ailleurs le bienvenu. La **quincaillerie Hogg** [4855, rue Sherbrooke O.] propose pour sa part bien plus que des outils et des matériaux de rénovation. La qualité du service et la diversité des produits en font un lieu de choix pour tout ce qui touche la maison : articles de cuisine, objets déco, idées cadeaux en tout genre, linge de maison et même des craquelins et marmelades importés de la Grande-Bretagne.

120

121A

Melons et maisons d'autrefois

121

Au tournant des années 1900, le territoire aujourd'hui occupé par le quartier Notre-Dame-de-Grâce était surnommé le « verger de Montréal ». Le **melon de Montréal**, fruit à chair verte et au léger goût de muscade, était un produit de luxe qu'on exportait aux États-Unis. La famille Décarie en était l'un des plus gros producteurs, sur les terres où passe aujourd'hui l'autoroute portant son nom. Dans les années 1950, sous l'impulsion du maire Jean Drapeau, Montréal entreprend un virage international : les fermes sont absorbées par l'urbanisation et le melon de Montréal tombe dans l'oubli. Des années plus tard, un journaliste passionné par cette histoire aurait retrouvé des graines du fameux melon dans une

banque de semences de l'Ohio, mais on ne peut jurer de leur authenticité. Quelques vestiges de ce passé agricole subsistent dans le quartier, notamment des maisons rurales, comme la **maison Descaris** (A) [5138, ch. de la Côte-Saint-Antoine], surnommée la « maison rose », construite en 1698 (l'une des plus anciennes de la ville), et la **maison Joseph-Décary** [3761, av. de Vendôme], érigée en 1869, dont la façade était autrefois tournée vers le chemin de la Côte-Saint-Antoine. Remarquez l'orthographe flottante du nom de famille. Les trois frères Décarie de l'époque avaient opté pour une orthographe propre à chacun afin de se distinguer les uns des autres, principalement pour faciliter le tri du courrier.

122

Il est tout à fait acceptable, voire recommandé, afin d'éviter le gaspillage alimentaire, de demander un *doggy bag* quand votre portion au restaurant est plus grosse que votre appétit. Vous pourrez ainsi emporter les restes de votre repas, pour votre chien ou pour vous-même.

Le secret est dans la sauce

123 Dès que vous goûterez aux sous-marins italiens de **Momesso**, vous comprendrez pourquoi cet établissement est toujours bondé, même après 40 ans d'existence. Le sous-marin à la saucisse italienne (préparée par un boucher du quartier) mérite à lui seul le détour. Celui au poulet grillé ne donne pas sa place non plus. La sauce piquante maison est la petite touche qui change tout. Un pur délice, elle rehausse merveilleusement les sous-marins d'un petit je-ne-sais-quoi. Il est d'ailleurs possible d'en acheter des pots sur place. [5562, ch. Upper Lachine]

Un classique de la cuisine québécoise

122 Le menu du **Chalet Bar-B-Q** n'affiche que du poulet, en portion poitrine ou cuisse, en salade et en sandwich chaud. La force de cette rôtisserie fondée il y a 75 ans réside dans la constance et dans le fait d'avoir toujours misé sur ce qu'elle fait de mieux. Le poulet rôti lentement dans les fours en briques, sur charbon de bois d'érable, est tendre et juteux. La peau est bien croustillante et le tout est accompagné de bonnes frites maison, d'une salade de chou et d'une sauce barbecue qui rend accro. À déguster dans un décor inchangé depuis 1944. [5456, rue Sherbrooke O.]

123

Merveilles d'Iwaki

125 Le petit restaurant japonais **Jardin Iwaki** pourrait bien être le trésor caché de Notre-Dame-de-Grâce. Un chef, une seule personne au service, une douzaine de places. Un menu fixe de sept services (on ne choisit pas le contenu des assiettes), des mets d'une qualité exceptionnelle, et tout ça à un prix étonnamment abordable. S'enfilent petites bouchées japonaises, salade de nouilles soba, tataki de thon, mini okonomiyaki (omelette japonaise), etc. On se laisse emporter par les créations du chef tout en finesse et en équilibre, qui arrivent les unes à la suite des autres dans un rythme lent, idéal pour un souper romantique. Réservation obligatoire. [5887, rue Sherbrooke O.]

124

125

Houblon et sauces piquantes

124 Tout bon vivant qui se respecte doit obligatoirement faire un arrêt à l'**Épicerie 1668** pour la remarquable sélection de bières artisanales québécoises et pour le « mur » de sauces piquantes, un éventail impressionnant de toute provenance, allant de « doux » à « extrême ». Au comptoir du boucher, on concocte des sandwichs décadents, dont les très généreux sandwichs au rosbif ou au porc fumé maison. [5854, rue Sherbrooke O.]

Beau Kavanagh :
de guitariste blues à antiquaire

126 De son propre aveu, **Beau Kavanagh** a toujours aimé «les vieilles affaires». Fils d'un antiquaire et membre d'un groupe de blues, il sillonnait en tournée les routes de l'Amérique du Nord et de l'Europe et dénichait çà et là de petits trésors : vêtements vintage, guitares de collection, amplificateurs rétro. Rapidement, sa passion s'est reportée sur les meubles anciens et les lampes d'époque, au point que son appartement ne suffisait plus pour tout contenir. C'est alors qu'il a décidé d'ouvrir boutique.

Ce trentenaire achète d'abord avec ses yeux : il doit impérativement avoir un coup de cœur pour l'objet. Et il refuse de s'enfermer dans un carcan, préférant mélanger les styles : antiquités, rétro et industriel. Que ce soit une vieille affiche, une horloge en néon, une lampe de métal, un meuble de teck *mid-century*, l'important, c'est d'aimer ce qu'il voit. Et c'est ce qu'on trouve chez **Encans Kavanagh** [6059, boul. De Maisonneuve O.] : des meubles, des objets déco, des pièces de collection, des vêtements uniques, des articles qui le font *triper*. Les stocks sont constamment en mutation, mais toujours à son image. Sur les lieux se tiennent aussi, une ou deux fois par mois, des ventes aux enchères où Beau est l'encanteur. Chaque soir d'encan, ce sont près de 300 objets rares, articles de grande qualité ou de collection, dénichés par Beau et son partenaire d'affaires, Angus Tasker, qui trouvent preneurs.

Le jeune antiquaire, qui est né et a grandi ici, apprécie particulièrement la mixité de Montréal. «L'immigration, qui a façonné la ville, a amené avec elle son lot de trésors qui proviennent des quatre coins du monde. C'est fou tout ce qu'on peut trouver dans les appartements des familles immigrées ! La chasse aux antiquités est passionnante dans une ville comme Montréal.»

127 | 129 A

Le mouton végé

127 Dans un mignon local, le comptoir prêt-à-manger **Mouton Vert** propose des mets végétariens et végétaliens d'inspiration méditerranéenne, fraîchement préparés et débordants de légumes locaux et biologiques. La sympathique propriétaire d'origine grecque, Maggie Barakaris, concocte des sandwichs fallafels, cigares au chou, salades, pizzas, poivrons farcis, tous délicieux et sains. Côté sucré, il faut impérativement goûter au baklava. Quelques tables permettent de manger sur place, et, l'été, la petite terrasse à l'avant, agrémentée de plantes et d'herbes en pot, est franchement chouette. [6000, rue Sherbrooke O.]

Poivre et merveilles

128 Avec sa cuisine sichuanaise aux accents taïwanais, **Gia Ba** est assurément le meilleur restaurant chinois du quartier. Parmi les incontournables, notons les aubergines Yu Xiang, le poisson cuit deux fois, les burgers vapeur au porc à la taïwanaise, le bœuf aux brocolis chinois et le chou chinois aigre-doux au poivre du Sichuan. Tout est savoureux, bien assaisonné et agréablement épicé. [5766, av. de Monkland]

Pour de vrais bons scones

129 Il n'est pas toujours facile de trouver de vrais bons scones. Comme ces petits cakes durcissent rapidement, il faut les manger frais du jour. Deux adresses sur Monkland proposent des scones dignes de mention. Au salon de thé **Gryphon d'Or** (A) [5968, av. de Monkland], on déguste les scones lors des décadents brunchs ou du service du thé. La maison concocte aussi de délicieux repas réconfortants. Le café **MELK** [5612, av. de Monkland] cuisine chaque jour muffins, biscuits et autres délices maison, dont leurs réputés scones (pommes, canneberges-chocolat, abricot-pacanes, etc.). L'accompagnement parfait pour les excellents cafés préparés avec les grains du torréfacteur de Vancouver, *49th Parallel*.

128

130 A

Monkland à l'italienne

131

Le concept « deux dans un » de la boutique spécialisée **Garde-Manger Italien** (A) et du **Bistro Amerigo** [6127, av. de Monkland] est paradisiaque pour une *foodie* comme moi. Du côté épicerie fine, on fait le plein de produits importés, judicieusement sélectionnés, comme les huiles d'olive, vinaigres balsamiques, pestos, sauces tomate, panettone, etc. On en profite aussi pour ravitailler notre frigo de plats maison fraîchement cuisinés ou de produits frais comme des fromages italiens, des charcuteries, des boulettes de viande, des arancini, de la lasagne, des pâtes fraîches et des sauces. Du côté bistro, on s'attable pour déguster des plats classiques qui nous transportent illico en Italie, cuisinés à la perfection et sans prétention.

On traverse ensuite l'avenue de Monkland pour se rendre au **Café de' Mercanti** [au n° 6128], où les habitués se retrouvent presque quotidiennement pour une dose de caféine à l'italienne. Un espresso, capuccino, macchiato ou americano, qu'on boit au bar et qu'on accompagne d'une petite dolci, de cannolis, biscottis, croissants et autres gâteries. L'été, gelato et affogato sont très tentants.

Le Mexique à l'honneur

130

Vous pourriez passer cent fois devant lui sans le remarquer. Niché au sous-sol, le restaurant mexicain **Amaranto** (A) [5974, av. de Monkland] accueille les convives dans une ambiance familiale et authentique. Je vous recommande l'agua de Jamaica, une eau fraîche à la fleur d'hibiscus, sucrée et acidulée à la fois. Prenez aussi la soupe à l'avocat, un potage pour le moins original à base de bouillon de poulet, purée d'avocat, lime, graines de grenade et lanières de tortillas frites – une combinaison étrange, mais remarquable. Le guacamole est parfait, tout comme les tacos de chorizo. S'il vous reste de la place, passez à la pâtisserie **Che Churro** [6543, av. Somerled] pour les churros croustillants au dulce de leche. Les propriétaires sont archi-sympas.

131 A   132

Un deli comme dans le temps

132

C'est dans un décor un brin rétro, aux banquettes et murs roses, qu'on s'attaque aux généreux sandwichs à la viande fumée de **Delisnowdon**. Pour l'expérience suprême, on commande la coupe « *old fashioned* » avec frites maison, cornichon à l'aneth et... un Coke aux cerises, obligatoire selon le propriétaire pour un mariage parfait des saveurs. La viande fumée est si tendre qu'elle fond littéralement dans la bouche. Ouvert en 1946 par Abe et Joe Morantz, Delisnowdon est toujours resté une affaire de famille, et une troisième génération de Morantz y travaille encore aujourd'hui. Certains habitués viennent au deli depuis plus de 60 ans. Une telle fidélité est le plus éloquent gage de qualité. [5265, boul. Décarie]

Le plus haut des cent clochers

133

Chaque année, deux millions de personnes visitent l'**Oratoire Saint-Joseph**, la plus grande église du Canada. Construit sur le flanc nord-ouest du mont Royal, le site est majestueux. Cette situation permet à la croix qui surmonte le large dôme d'être le point culminant de Montréal. C'est d'ailleurs le seul édifice de la ville qui dépasse le sommet du mont Royal. Du chemin Queen-Mary au portique de la basilique, on compte 283 marches. Les 99 marches en bois sont réservées aux pèlerins qui désirent monter à genoux. N'ayez crainte, un service de navette est à la disposition des visiteurs. Le site est aussi constitué de **magnifiques jardins** représentant un chemin de croix. Le boisé entourant l'oratoire a été fait **réserve naturelle** afin de le préserver. Ressourcement garanti. [3800, ch. Queen-Mary]

133

Hommage à quatorze reines

134

Inaugurée en 1999, l'œuvre **Nef pour quatorze reines** de l'artiste Rose-Marie Goulet rend hommage aux victimes de la tragédie de l'École polytechnique qui a secoué Montréal et le Québec tout entier le 6 décembre 1989. Entre deux rangées d'arbres, le mémorial se déploie en sept arcs de cercle symbolisant l'onde de choc qu'a provoqué cet événement. Le nom des 14 femmes tuées ce soir-là à l'Université de Montréal est inscrit de manière que leur lecture exige un temps d'arrêt, ce qui incite au recueillement. Cette sculpture-paysage iconique, puissante, rappelle les valeurs de non-violence et de respect, et rend un hommage individuel touchant aux 14 jeunes femmes, afin qu'aucune d'elles ne tombe jamais dans l'oubli.

134

135 A

La forêt au sommet

135 Le **bois Summit**, une forêt mature ceinturée par la rue Summit Circle, est étonnamment méconnu, peut-être parce que son accès est plus difficile que les autres parcs de la ville. Il faut y aller en voiture, il n'y a aucune station de métro à proximité, et, vu le dénivelé, le vélo est un défi de taille. Il est situé sur l'un des trois sommets du mont Royal, surnommé la « petite montagne » ou « mont Westmount ». On compte dix points d'entrée au parc tout au long de la rue Summit Circle, mais le **belvédère Westmount** [36, Summit Circle] est un excellent point de départ et l'endroit idéal pour se garer. Sillonnez ensuite les nombreux sentiers idylliques où s'entremêlent flore indigène, grands chênes et chants des oiseaux. En quittant le boisé, profitez-en pour passer par la rue **Surrey Gardens** et par **Summit Crescent**, jusqu'au cul-de-sac, afin d'observer le dôme de l'Oratoire Saint-Joseph depuis l'arrière.

136 A

136 B

Calme et recueillement

136 Fondé en 1854, le **cimetière Notre-Dame-des-Neiges** (A) est le plus grand du Canada et le troisième de l'Amérique du Nord. Dans ce lieu enchanteur, sis sur l'un des versants du mont Royal, reposent les plus illustres personnalités québécoises : Émile Nelligan, Mary Travers dite La Bolduc, Maurice Richard, Sir George-Étienne Cartier, Robert Bourassa, Pierre Falardeau, Jean-Paul Riopelle, Thérèse Casgrain, René Angelil, Jean Drapeau, etc. Lors d'une balade, on découvre des œuvres artistiques funéraires magistrales, comme la sculpture *Le saut de l'ange* (B) d'Édith Croft, et les arbres centenaires qui ornent les sentiers sinueux. Tout au nord du cimetière, une petite entrée débouche sur le **chemin de Ceinture**, un sentier pédestre récemment aménagé, et sur un **promontoire de pierre** surplombant l'Université de Montréal, qui offre un panorama impressionnant sur le nord de Montréal et la région. [4601, ch. de la Côte-des-Neiges]

Thaïlande-des-Neiges

137 Les repas du restaurant **Tuk Tuk** (A) [5619A, ch. de la Côte-des-Neiges] nous envoûtent par l'exotisme de leurs parfums et par leurs saveurs venues de la Thaïlande et du Cambodge. Ce sympathique « Apportez votre vin » ravit tous les sens, en plus d'être franchement abordable. Essayez la salade de mangue, poulet et crevettes, ou le larb tuk tuk, une salade de poulet ou bœuf émincé et assaisonné, rehaussée de jus de lime et d'oignon vert, qu'on mange en utilisant des feuilles de laitue. Comme plat principal, laissez-vous tenter par le cha du Chef, un sauté cambodgien bien relevé avec bœuf, poulet et crevettes. L'amok au poisson, et sa sauce riche au lait de coco et à la citronnelle, est un incontournable. Gardez-vous une place pour le borbor tnaot, un pouding de tapioca, lait de coco et fruits de palmier.

Un autre thaïlandais tout aussi abordable est le **Talay Thaï**, littéralement la « rivière thaïe ». La soupe tom yum aux crevettes est particulièrement succulente avec ses arômes de citronnelle, de lime et de coriandre. On y revient toujours pour le pad thaï, le plat le plus populaire de la maison, et pour le panang nuer, des tranches de bœuf au cari rouge et au lait de coco, rehaussées d'une savoureuse sauce aux arachides. [5697, ch. de la Côte-des-Neiges]

137 A

Station spatiale

139 Œuvre de Pierre Granche, *Système* est une immense et impressionnante sculpture spatiale suspendue dans la station de métro Namur. Par son grand volume, elle remplit les hauteurs de la mezzanine, s'étend dans toutes les directions et sert même de support à l'éclairage. Il est impossible de ne pas remarquer cette œuvre composée de 28 unités modulaires en aluminium, chaque unité comportant 12 hexagones et 6 carrés. Son aspect futuriste et l'originalité de sa composition géométrique et tridimensionnelle la classent parmi les œuvres les plus intéressantes à photographier. Les fins observateurs remarqueront le rappel de la forme géométrique de l'œuvre dans le fini du plancher.

Orange kitsch

140 Icône du patrimoine kitsch, la sphère du restaurant **Gibeau Orange Julep** fait plus de 12 mètres de diamètre, l'équivalent d'un immeuble de trois étages. Le restaurant, fondé en 1932 – la boule actuelle, pour sa part, date de 1966 –, permettait au fondateur, Hermas Gibeau, de vendre son fameux « jus d'orange » à la texture laiteuse, fait d'oranges fraîches et de lait. La recette aurait été conçue pour réduire la quantité d'oranges utilisées dans chaque jus. À mon humble avis, on va chez Orange Julep davantage pour son architecture insolite que pour sa bouffe de casse-croûte. Sachez qu'il n'y a pas de salle à manger ; on prend pour emporter ou on savoure son hot-dog–poutine–jus sur l'une des nombreuses tables à pique-nique dès que le beau temps arrive. [7700, boul. Décarie]

À la recherche du meilleur phở

138 Le quartier Côte-des-Neiges peut se targuer d'avoir les meilleures soupes tonkinoises en ville. Qu'est-ce qui caractérise un bon phở (prononcez à peu près comme « feu »)? Le bouillon de bœuf (bien savoureux, dégraissé, avec des arômes subtils et équilibrés d'anis étoilé, de cannelle, de clou de girofle et de cardamome) et la fraîcheur des garnitures. Pour une soupe généreuse et incroyablement parfumée, je vous recommande **Phở Lien** (A) [5703, ch. de la Côte-des-Neiges], **Nguyen Phi** [6260, ch. de la Côte-des-Neiges] et **Sen Vàng** [5690, av. Victoria].

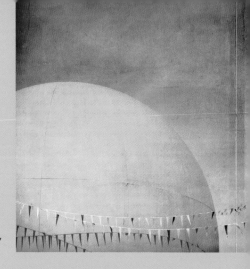

Jane Heller:
poétiser Montréal

141 Voici l'Orange Julep comme l'a perçue la photographe montréalaise **Jane Heller** (1964-2014). Empreinte de nostalgie et marquant l'imaginaire, cette photo fait partie de la série *Monumentalove*, douze clichés qui rendent hommage aux plus célèbres emblèmes architecturaux de la métropole, l'enseigne Farine Five Roses, Habitat 67, le pont Jacques-Cartier, etc. Par leur composition originale, leur cadrage serré et leur traitement singulier, ces photos magnifient ces monuments qu'on ne voit plus, soulignent ce détail qu'on n'avait jamais remarqué. Elles révèlent aussi l'amour qu'avait la photographe pour sa ville et dépeint du même coup l'essence de l'identité montréalaise.

Lorsque j'ai su que j'allais écrire ce livre, j'ai immédiatement voulu faire le portrait de Jane Heller, pour l'impact qu'a eu sa série sur ma perception de Montréal. Lors de mes démarches pour la contacter, j'ai appris qu'elle était décédée d'un foudroyant cancer du sein. Mère célibataire d'une fillette de 10 ans, Jane Heller avait le don de voir la beauté dans tout ce qui nous entoure, le don d'immortaliser les nuances de la vie, l'ombre et la lumière, l'humour, la mélancolie...

Toujours inspirante et actuelle, son œuvre transcende sa disparition. C'est pourquoi sa famille et ses amis ont pris en charge la boutique en ligne de la photographe et versent les bénéfices en fiducie à sa fille, Béatrice. On y déniche plusieurs articles déco, reproductions, coussins, cartes postales à l'effigie de la collection, pour un souvenir de Montréal indémodable et design, à des années-lumière des babioles vendues dans les boutiques-souvenirs. [monumentalove.com]

139

Outremont, Mile End, le Plateau-Mont-Royal

C'est au pied du flanc est du mont Royal qu'on trouve la plus forte densité de population à Montréal, soit 12 300 habitants au kilomètre carré. Reconnu depuis quelques années comme l'un des principaux lieux culturels et artistiques du Québec, le Plateau renfermerait même la plus grande concentration d'artistes au Canada. Théâtres, galeries d'art et salles de musique émergente se côtoient dans ces quartiers riches en histoire, d'une grande variété architecturale, particulièrement d'un point de vue résidentiel. Et pour l'apprécier pleinement, on déambule dans les rues à pied.

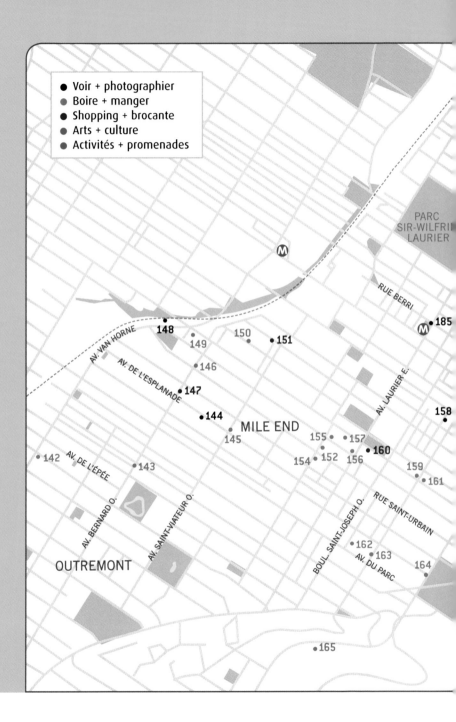

- Voir + photographier
- Boire + manger
- Shopping + brocante
- Arts + culture
- Activités + promenades

PARC
SIR-WILFRID
LAURIER

RUE BERRI

148

149

150

151

185

AV. VAN HORNE

AV. DE L'ESPLANADE

146

147

144

145

MILE END

155

157

160

154

152

156

158

AV. LAURIER E.

142

AV. DE L'ÉPÉE

143

159

161

AV. BERNARD O.

AV. SAINT-VIATEUR O.

OUTREMONT

BOUL. SAINT-JOSEPH O.

RUE SAINT-URBAIN

162

163

AV. DU PARC

164

165

143

Le trésor de Van Horne

142

Plafond rouge, plancher aux motifs moyen-orientaux, lanternes suspendues; on entre dans le restaurant **Damas** avec autant de plaisir qu'on a à voyager. Le dépaysement frappe aussi en bouche. Serait-on dans un des meilleurs restaurants de Montréal? Peut-être bien. Les saveurs de la Syrie sont riches, prenantes, une cuisine remplie de sumac, de grenade, de pignons de pin, d'agneau, de yogourt, de tahini et de menthe. La salade fattouch, bien acidulée, parsemée de graines de grenade et de chips de pita; le kabab bil karaz, un kabab d'agneau aux griottes; le maqlouba, un riz au safran, aubergine et short rib de bœuf ou épaule d'agneau: tout ça frise la perfection. Les repas sont copieux. Réservation recommandée. [1201, av. Van Horne]

Le meilleur smoked meat

143

La lutte pour le titre du meilleur smoked meat de Montréal est féroce et attise les passions. Bien que la technique de préparation reste à peu près la même d'un deli à l'autre (saumurage, fumage), chacun a une recette d'épices qui lui est propre. Et chaque Montréalais a son endroit de prédilection qu'il défend bec et ongles. Mon cœur penche du côté de **Lester's Deli** pour la qualité irréprochable de sa viande, mais aussi pour sa moutarde maison, ses banquettes brunes, son service aimable et l'absence de file d'attente. Les murs sont ornés de *memorabilias*, un décor immuable depuis 1951. Pourquoi changer un cheval gagnant? L'été, c'est sur la terrasse, à l'avant, qu'on savoure notre sandwich « viande médium » accompagné d'une bière servie dans un verre gelé. [1057, av. Bernard]

142

Patsy Van Roost : la touche magique d'une fée

144

Tout a commencé lors du temps des fêtes de 2012. **Patsy Van Roost** s'est demandé si on pouvait encore créer de la magie à Noël, fête qu'elle déteste. Elle habitait alors le Mile End depuis 23 ans. Bien qu'elle adore son quartier, elle ne connaissait pas ses voisins et croisait tous les jours de nombreuses personnes sans jamais vraiment leur parler. Sans le sou, l'artiste multidisciplinaire n'avait pas le choix : il lui fallait trouver un projet qui ne lui coûterait presque rien. Elle avait du papier, des enveloppes et sa machine à coudre. Elle préfère le fil à la colle : « Le fil unit, relie, allie, solidarise et répare. Il y a là-dedans toute ma démarche », précise-t-elle. Et elle a lancé son projet, intitulé *La Petite Fille aux allumettes sur Waverly*, qui consistait à distribuer aléatoirement des extraits du célèbre conte, une page à la fois, dans 25 boîtes aux lettres de maison, accompagnés d'un mot demandant aux résidents d'afficher l'extrait à l'extérieur, pour que les passants découvrent cette touchante histoire au fil des jours, en attendant Noël. La réponse des habitants de la rue Waverly a été surprenante. À un point tel que Patsy Van Roost s'est retrouvée à la une du journal *Le Devoir*. Pour la première fois, on la surnommait la « Fée du Mile End ».

L'artiste a décidé de poursuivre sa démarche dans cette voie, de semer la magie dès qu'elle le pouvait. Elle a ciblé les fêtes dites « commerciales », pour lesquelles on achète plein de choses, mais où on ne fête plus rien. À la Saint-Valentin, elle a demandé à 1400 résidents de partager avec elle leurs « recettes » pour cultiver l'amour à la maison. Elle a reçu

144A

Vous êtes là où tout est encore possible.

des centaines de réponses ! Armée de sa machine à coudre, elle a ensuite fabriqué 150 pochettes, chacune contenant, écrite sur un carton, la recette de chaque maison où l'on « cultivait l'amour ». Par la suite, elle a installé chacune de ces pochettes devant son foyer respectif, chacune d'elles contenant 200 exemplaires de la recette des habitants du lieu. Les passants pouvaient lire sur les pochettes « L'amour fleurit ici » et y glisser la main pour en tirer la fameuse recette de l'amour. Ainsi, en ce jour de la Saint-Valentin, la Fée du Mile End a créé une cartographie de l'amour dans son quartier.

Ont suivi la fête des Mères, la fête des Pères, le jour du Souvenir… Cela fait cinq ans que Patsy travaille exclusivement comme « fée ». Ses projets peuvent sembler anodins à première vue, mais ils ont considérablement changé la fibre sociale du quartier, lui redonnant un esprit de communauté. Depuis, elle donne des conférences, dirige des ateliers dans les écoles, et a même enseigné à l'université. Cette fée du logis a grandi tout naturellement et est devenue une fée urbaine, répandant maintenant sa magie bien au-delà de son quartier chéri.

Je lui ai demandé ce que Montréal représente pour elle. « Pour moi, Montréal, c'est depuis 27 ans le Mile End, m'a-t-elle répondu. C'est ici que je suis née pour la deuxième fois de ma vie. C'est ici que je suis devenue femme, maman et fée. Le Mile End est un petit village où l'on croise toujours les mêmes gens, où l'on tisse des liens sur des années, où l'on voit les enfants grandir. Le Mile End, c'est un café comme le **Club Social** (voir raison 145) où l'on va rencontrer ses voisins, ceux qu'on connaît et ceux qu'on va bientôt découvrir, c'est le **Café Olimpico** [124, rue Saint-

Viateur O.] où l'on va collaborer sur des projets, et **Le Dépanneur Café** [206, rue Bernard O.] où l'on va pour y voir le soleil un jour de pluie. Le Mile End, c'est aussi le **Jardin du Crépuscule** de Glen LeMesurier [à l'est du 101, av. Van Horne] et ses sculptures qui poussent un peu partout devant les maisons. C'est aussi la plus belle librairie, **Drawn & Quarterly** [211, rue Bernard O.], où je vais quand je me sens perdue, et le **Champ des Possibles** (A) [avenue Henri-Julien, près de la rue du Laos]. »

145A 146

Bien plus qu'un club

145 Dans le Mile End, deux cafés se partagent le cœur des résidents. On dirait qu'il faut absolument choisir... Le **Club Social** (A) ou le **Café Olimpico** ? Pourquoi cette compétition ? Possiblement parce qu'il s'agit de deux cafés italiens situés à quelques mètres à peine l'un de l'autre. Sans vouloir rien enlever à l'Olimpico, je penche du côté du Club Social. Simplement parce que je m'y sens bien. Et pour le grand arbre qui surplombe la terrasse. J'aime être témoin des échanges entre voisins, de l'expérience sociologique en accéléré où trois générations se côtoient, toutes nationalités confondues. On échange en italien, en français ou en anglais, dans le plus grand respect. Le café au lait est servi dans un verre et coûte trois fois moins cher que dans les cafés à la mode. Et pourquoi ce nom ? Parce que c'est réellement un club. Pour consommer de l'alcool, il faut souscrire un abonnement annuel. Autrement, pour les cafés et la nourriture, chacun est le bienvenu, membre ou non. [180, rue Saint-Viateur O.]

Divin choochee

146 Je me plais à retourner encore et toujours au restaurant **Thaïlande**, ouvert depuis des lustres au cœur du Mile End. C'est une valeur sûre, où le service est courtois et les plats, remplis de saveurs. J'opte presque toujours pour la salade de mangue, fraîche et piquante à la fois, un plaisir pour les papilles. Et pour le kaeng choochee, un cari (poulet, crevettes, poisson ou tofu) bien relevé au lait de coco, feuilles de lime kaffir, et garni à la dernière minute de feuilles de basilic frites. Il faut impérativement commander du riz collant, un riz trempé pendant des heures, cuit ensuite à la vapeur dans un panier conique en bambou. On le façonne des doigts en petites boules qu'on trempe dans la sauce choochee. Un régal. [88, rue Bernard O.]

Tamey Lau : la fleuriste du Mile End

147

Dragon Flowers n'est pas un fleuriste comme les autres. Ici, c'est la générosité déconcertante et la gentillesse de la propriétaire qui font toute la différence. « Hello'morning », lance-t-elle doucement à ceux qui passent devant sa boutique. Cette dame à l'énergie inépuisable – elle élève seule ses 14 enfants ! – travaille constamment, tout sourire, à préparer des bouquets magnifiques pour toutes les occasions.

Depuis 25 ans, **Tamey Lau** enjolive la façade de son commerce avec des centaines de fleurs et des dizaines de cages d'oiseaux blanches. Et elle ensoleille le cœur de ses clients. « C'est pourquoi, ces fleurs ? » demande-t-elle à l'occasion. « Pour votre mère ? Je vous en rajoute quelques-unes. » Sans frais supplémentaires, vous l'aurez deviné. Ses fréquents et touchants dons de fleurs et ses bonbons offerts à de nombreux enfants, à l'insu des parents, lui ont valu l'amour de sa communauté.

Par un triste soir d'avril 2013, le feu a dévasté sa boutique. Un véritable cauchemar pour cette dame au cœur d'or. Le Mile End au complet était affligé par la nouvelle. Il n'en fallait pas plus pour qu'une vague d'empathie déferle sur le quartier ; des voisins et clients ont rapidement organisé une collecte de fonds pour lui témoigner leur amour et l'aider à se remettre sur pied. En une seule journée, on a amassé plus de 15 000 $! Et, au grand bonheur de tout le monde, la boutique a rouvert ses portes neuf mois plus tard.

Depuis, l'attachante Tamey poursuit ce qu'elle fait de mieux : travailler sans relâche pour nourrir ses « petits monstres » tout en égayant un quartier tout entier.
[159, rue Bernard O.]

M

Silhouette industrielle

148

Icône du patrimoine industriel du Mile End, l'immeuble du **St. Lawrence Warehousing Co.** (A) [1, av. Van Horne], aussi connu sous le nom d'Entrepôt Van Horne, est remarquable pour son immense château d'eau de métal posé sur le toit. Érigé en 1924, cet imposant bâtiment de 7 étages et de près de 16 000 mètres carrés est encore utilisé de nos jours. Il épouse la forme du terrain, coincé entre le boulevard Saint-Laurent, l'avenue Van Horne et les rails du chemin de fer. Sa silhouette, sa forme insolite et son allure imposante en font un témoin architectural significatif et distinct de Montréal. Pour le prendre en photo, empruntez le viaduc Rosemont-Van Horne par son accès au coin de la rue Clark ou par les marches du boulevard Saint-Laurent.

Sous le viaduc, à l'intersection des rues Clark et de l'Arcade, l'arrondissement a aménagé en 2016 le **parc «sans nom»** (B) à l'est du **parc Lhasa-De Sela**. C'est un très bel exemple de mise en valeur réussie d'un ancien terrain vague. Décontamination des sols, remplacement des surfaces asphaltées par des enduits colorés et du gazon, et ajout de mobilier : rien n'a été laissé au hasard pour la création de ces aires de jeux et de détente colorées.

Joli bouton d'or

149

Charmant espace mixte aux limites des quartiers Mile End et Rosemont, à la fois café, restaurant et boutique, le **Butterblume** a poussé comme une fleur délicate dans cette section du boulevard Saint-Laurent. Le nom allemand désigne la renoncule communément appelée bouton-d'or. Murs blancs et déco tout en douceur, l'endroit jouit d'un bel éclairage naturel grâce à une grande porte de garage qu'on ouvre l'été. En cuisine, on prépare des collations et des repas légers tout en saveur, à la présentation recherchée. Pain, yogourt et granola maison rivalisent avec les veloutés et les tartines. Les vendredi, samedi et dimanche, l'équipe propose un menu brunch créatif des plus appétissants, inspiré du marché. On y vient pour un café, un goûter, un brunch, pour l'apéro (belle sélection de vins) ou encore pour se procurer des fleurs fraîches à la tige. [5836, boul. Saint-Laurent]

Ça roule, ça brasse!

150 De l'action, il y en a à revendre lors des matchs des ligues **Montréal Roller Derby** et **Montréal Roller Derby Masculin** (respectivement ligue féminine et masculine), présentés dans le Mile End, à l'aréna Saint-Louis [5633, rue Saint-Dominique]. Ce sport de contact se pratique sur une piste ovale, en patins à quatre roues disposées sur deux essieux, appelés «quads». Le but du jeu est simple: le «jammer» ou la «jammeuse» doit dépasser les «bloqueurs» ou les «bloqueuses» adverses pour marquer des points, et ce, sans se faire projeter au sol ou sortir de piste. Technique et très exigeant physiquement, le roller derby marie sport et spectacle. Lors d'un match, d'une durée de 60 minutes, l'ambiance est complètement déchaînée et familiale à la fois. Bière et musique sont au rendez-vous! Les premiers matchs de l'année ont lieu en février et mars au Taz (voir raison 284). La saison régulière commence à la fin du mois d'avril et se déroule jusqu'en août. Vous pouvez vous procurer des billets le jour même à la billetterie. Consultez le site Web pour prendre connaissance du calendrier de la saison. [mtlrollerderby.com et mrdmontreal.com]

Des jeans pour les fins et les fous

151 Pour dénicher LE jean qu'il vous faut, dirigez-vous chez **Jeans Jeans Jeans** (A) [5575, av. Casgrain], une boutique complètement confidentielle au cœur de l'ancien quartier des manufactures textiles. Dans ce demi-sous-sol se trouvent possiblement toutes les marques de jeans sur le marché, dont bon nombre parmi les plus réputées au monde. Vous serez pris en main par un employé comme nulle part ailleurs pour trouver le jean qui vous convient. Entrez dans la cabine d'essayage, et les experts vous apporteront des dizaines de modèles. De plus, l'ourlet de votre pantalon sera ajusté sans frais, pendant que vous passerez à la caisse. Impossible de quitter ce magasin sans une paire de jeans qui vous fait à la perfection.

Pour un petit *boost* post-magasinage, on se rend au **Café Le Falco** [5605, av. de Gaspé]. Le design intérieur est absolument réussi et la lumière naturelle, inégalée. On prépare ici le café au siphon, méthode pour le moins impressionnante, qui donne un café clair, sans résidus, léger au goût. On peut aussi y déguster de légers plats japonais.

150

Bagels à la onzaine

152 Impossible d'écrire un ouvrage sur Montréal sans parler des bagels. Roulés à la main, ils sont bouillis dans une eau sucrée au miel, ce qui les distingue des bagels new-yorkais, plus gros, moins sucrés et moins denses. Ils sont ensuite passés dans des graines de sésame, puis mis à cuire au four à bois à l'aide de la shiba, un long bâton d'érable de plus de trois mètres. Les deux adresses les plus populaires, à 700 mètres l'une de l'autre, sont **Fairmount Bagel** [74, av. Fairmount O.], la toute première boulangerie de bagels à avoir vu le jour à Montréal, en 1919, et **St-Viateur Bagel** (A) [263, rue Saint-Viateur O.], fondée en 1957. La différence ? Les bagels de St-Viateur me semblent plus moelleux et légèrement moins sucrés que ceux de Fairmount. Mais pour être bien honnête, les deux se valent et sont sublimes. Visitez les deux et jugez par vous-même. Pour l'anecdote, jamais un sac de 12 bagels ne s'est rendu intact à la maison. Je suis incapable de résister à l'odeur des bagels encore tout chauds. Au point que les membres de ma famille sont persuadés que les bagels se vendent à la « onzaine ». Ouverts 24 heures sur 24, 7 jours sur 7. Argent comptant seulement.

Les quatre saisons

153 Outre Moscou, aucune autre métropole du monde ne peut se targuer de vivre **les quatre saisons** de façon si distincte et si spectaculaire, avec un mercure pouvant dépasser 30 °C l'été et descendre sous la barre de -30 °C en hiver. Des canicules de juillet aux grands froids de janvier, les Montréalais vivent au rythme de la météo et s'adaptent, simplement. Le cycle des saisons est vivifiant et entraîne un constant renouvellement des activités et des loisirs. Bien sûr, les grands froids d'hiver peuvent être rigoureux et pas toujours amusants. Mais tout le monde vous le dira : il faut passer au travers de ces vagues de froid pour apprécier davantage les premières journées chaudes du printemps. Si vous visitez la ville en avril ou en mai, vous aurez peut-être la chance d'être témoin de cette première journée de beau temps où les Montréalais sortent de leur « hibernation » : les rues sont bondées, les terrasses se remplissent, les sourires illuminent tous les visages. C'est une des plus belles journées de l'année !

153

La micromanufacture de sauce tomate

154 C'est dans un espace réduit de 300 pieds carrés que Franco Gattuso a décidé d'installer sa manufacture de sauce tomate, la **Drogheria Fine** (A) [68, av. Fairmount O.]. Pour ce faire, il a dû diviser le local en deux : la cuisine, à l'arrière, où l'on prépare la salsa della nonna ; et la boutique, à l'avant, où on la vend. Et ça fonctionne à merveille ! Franco y produit plus de 300 litres de sauce tomate par jour d'après la recette de sa maman, une sauce toute simple (tomates, basilic, huile d'olive, sel de mer), parfaite, typique de la Calabre. L'été, il ouvre sa petite fenêtre sur rue, installe un comptoir et vend aux passants des gnocchis à la sauce tomate, 5 $, dans un carton pour mets chinois.

Une fois les gnocchis dévorés, offrez-vous une glace à la porte voisine. Le glacier artisanal **Kem CoBa** (B) [60, av. Fairmount O.] a bâti sa réputation sur ses torsades de crème glacée molle deux saveurs, aux parfums étonnants : bleuet et miel ; vanille de Madagascar et fruit de la passion ; dulce de leche et mangue ; lait d'amande et griotte… Les glaces et sorbets sont aussi délectables, comme la populaire glace au beurre salé, et le rafraîchissant sorbet lime-menthe. Ouvert d'avril à octobre.

Les sens uniques peuvent rendre exaspérante la conduite à Montréal. La rue Clark, qui change de direction à cinq reprises, en est un bon exemple.

Le sandwich qui a traversé le temps

155 Fondé en 1932, **Wilensky** est un deli juif familial qui ne badine pas avec les traditions. Son sandwich grillé Spécial Wilensky, tout simple, au salami et bologne, créé en pleine crise économique pour son faible coût, ne sera jamais servi sans moutarde ni coupé en deux, même si vous suppliez les employés. Sur une affiche faite main, on peut lire : « Ne vous posez pas de questions, c'est vraiment pour le mieux. C'est comme ça qu'on le fait depuis 1932. » Sur une autre affiche, on peut voir la progression du prix du sandwich qui a fait la renommée du restaurant : de 0,12 $ en 1932 à 4,09 $ au moment où j'écris ces lignes. Rien n'a changé dans le local depuis 1952, année où le commerce a emménagé à son emplacement actuel. Vous ne trouverez ici aucune boisson gazeuse du commerce : on les prépare comme à l'époque, avec un sirop et de l'eau gazeuse. Essayez le parfum vedette, le cerise-cola. [34, av. Fairmount O.]

Broue céleste

156 Le succès est arrivé rapidement pour la microbrasserie **Dieu du Ciel !**, fondée en 1998. Tellement que le petit broue-pub de l'avenue Laurier ne suffisait plus à la demande : une usine de production a été aménagée en 2007 à Saint-Jérôme, permettant de faire passer la production de 80 000 à 1 300 000 litres. Un succès qui n'étonne personne vu la qualité des bières audacieuses, dont deux, l'Aphrodisiaque (stout au cacao et à la vanille) et la Péché Mortel (stout au café), figuraient en 2016 parmi les meilleures au monde sur le fameux site RateBeer.com. Malgré ces succès, le pub a su garder son côté décontracté et propose à sa clientèle une belle variété de bières brassées sur place et des repas légers. Le choix de bière change tous les jours en fonction des stocks. Une adresse à ne pas manquer pour les amateurs de bières artisanales. [29, av. Laurier O.]

157A 159A

La multiplication des pains

157

Ce que j'aime de la **Boulangerie Guillaume** (A) [5134, boul. Saint-Laurent], c'est la variété des pains qu'on y propose. Plus de 80 produits confectionnés chaque jour, souvent avec des ingrédients rarement utilisés en boulangerie. Je fais d'énormes détours pour la miche cheddar et patate (vous avez bien lu), qui doit descendre du ciel tellement elle est moelleuse, et pour les petits pains au fromage bleu – offrez-en à ceux qui prétendent ne pas aimer le bleu, juste pour voir... Que dire enfin des bâtards figues-noisettes-miel, champignons-chocolat blanc, tournesol-tamari ! Un choix exceptionnel.

Quelques rues plus bas, à la boulangerie **Hof Kelsten** [4524, boul. Saint-Laurent], Jeffrey Finkelstein nous impressionne par son parcours : Per Se à New York, Toqué ! à Montréal, El Bulli en Espagne, et même le Noma, au Danemark, élu à quelques reprises « meilleur restaurant au monde ». De retour dans la métropole après des années de formation, il s'installe dans la cuisine de sa mère, développe LA recette de baguette et commence à distribuer son pain dans quelques restaurants. Il devient rapidement le boulanger des plus grands établissements, sans même avoir sa boulangerie. C'est en 2013 qu'il décide enfin d'avoir pignon sur rue et ouvre Hof Kelsten. On vient y chercher des croissants, des pains au levain, au tournesol ou au carvi et seigle, des plats juifs traditionnels ou des panettones dans le temps des fêtes.

Oasis fleurie

158

On se croirait dans une ruelle champêtre, mais il s'agit bel et bien d'une rue, puisqu'elle porte un nom officiel et que des maisons y affichent une adresse civique, dont une, magnifique et ancestrale, jaune, toujours habitée. Le tronçon de la **rue Demers**, entre les avenues Henri-Julien et de l'Hôtel-de-Ville, au nord de la rue Villeneuve Est, n'est pas accessible aux automobiles. C'est l'une des rues les plus charmantes de Montréal, avec son aménagement exceptionnel et sa végétation luxuriante.

158

160 A 160 B

Manger au comptoir

159

La qualité est au rendez-vous au **Comptoir charcuteries et vins** (A) [4807, boul. Saint-Laurent]. On y partage un petit ou un grand plateau de charcuteries, spécialité de la maison, qui présente quelques-unes des créations du chef, toujours exécutées à la perfection : saucisson sec au fenouil, pancetta, terrine, guanciale, ou encore l'extraordinaire jambon de canard. Le service est convivial et les plats sont toujours réussis, inspirés d'une cuisine de saison, et franchement abordables compte tenu de la qualité d'exécution. La carte des vins ferait pâlir d'envie Bacchus lui-même. Les brunchs du samedi et du dimanche (de 10 h à 14 h) valent le détour. [4807, boul. Saint-Laurent]

Autre valeur sûre du quartier, où il fait bon s'installer au comptoir, le restaurant **La Salle à Manger** [1302, av. du Mont-Royal E.] propose lui aussi une cuisine élaborée en fonction des arrivages et quelques plats classiques adorés de sa clientèle, comme le carpaccio, le tartare de veau et le potage à la courge, l'un des meilleurs que j'ai mangés. Je suis allée à La Salle à Manger souvent (très souvent) et j'y ai toujours passé de mémorables soirées, arrosées de très bons vins.

Shopping déco sur Saint-Lau

160

Dans la portion du boulevard Saint-Laurent située entre le boulevard Saint-Joseph et la rue Bernard se trouvent bon nombre de boutiques de déco super sympas. Commencez votre périple chez **VdeV** [5042, boul. Saint-Laurent] pour leur superbe sélection d'objets décoratifs vintage et industriels. Quelques pas plus haut, entrez chez **Jamais Assez** (A) [n° 5155], une boutique vouée au meilleur du design québécois et international appliqué aux objets de tous les jours. Continuez chez **Vestibule** (B) [n° 5157], un incontournable dans l'art de vivre, avec sa vaste sélection d'accessoires de décoration, de vaisselle, de vêtements et de bijoux intemporels au style épuré. Un arrêt s'impose aussi chez **Piorra Maison** [n° 5377], à la fois boutique et atelier créatif, qui propose de tout pour la maison, dans un style *shabby chic* (objets décoratifs, articles de cuisine, literie, vêtements), et plusieurs ateliers de relooking de meubles. Pour terminer la tournée, dirigez-vous chez **Style Labo** [n° 5595], un laboratoire de tendances en décoration vintage et industrielle.

Pour le pourboire, la norme est de laisser 15 % du total de l'addition avant les taxes. Pour faciliter votre calcul, sachez que les deux taxes qui apparaissent sur votre facture (la TVQ et la TPS) ont un taux combiné de 15 %. Additionnez ces deux chiffres et vous saurez aussitôt quelle somme laisser en pourboire.

161

Buvons à la Buvette

162 Une buvette, c'est plus convivial qu'un «bar à vin». Et c'est exactement ce qu'on ressent à la **Buvette Chez Simone**, ouverte en 2008, plus actuelle que jamais et toujours sans prétention : on y est bien. Le design signé Zébulon Perron (voir raison 59), avec tables communes, lampes basses et grand bar, a été conçu pour rapprocher les gens et favoriser les conversations. On y va pour prendre un verre. Ou pour manger et prendre deux verres (ou trois). Toujours plein sans jamais être bondé, le bar propose une belle sélection de vins abordables, ainsi qu'un menu de petits plats, bien exécutés, pas compliqués. Merci, Simone, pour la belle soirée. On se revoit bientôt ! [4869, av. du Parc]

Le resto qui a le cœur sur la main

161 Voilà maintenant 11 ans que le restaurant **Robin des Bois** verse tous ses profits à des organismes de bienfaisance afin de vaincre la solitude, l'isolement social et la pauvreté. Dans ce restaurant unique, on peut donner son argent, en s'attablant et en dégustant un repas, ou son temps en devenant bénévole. Les bénévoles prêtent main forte à l'équipe permanente et contribuent à la préparation du repas ou au service aux tables. Une fois votre profil créé en ligne, vous pourrez réserver vos quarts de travail directement par votre fiche. L'expérience n'est pas nécessaire : la seule exigence est le désir de poser un geste généreux et gratifiant. Le chef fait évidemment partie de l'équipe ; son rôle est crucial pour assurer une constance dans la qualité des plats. Et chez Robin des Bois, on mange bien. Pour une bonne cause. [4653, boul. Saint-Laurent]

162

Comme les gâteaux de grand-maman

163 J'adore **Cocoa Locale** (A) [4807, av. du Parc], cette charmante petite boutique de gâteaux. Oubliez les gâteaux confectionnés industriellement, remplis d'additifs, de sucre et d'agents de conservation. Ceux de la jeune propriétaire Reema Singh goûtent exactement comme les gâteaux que cuisinaient nos grand-mères, mais avec des parfums bien actuels : chocolat et lavande, citron et noix de coco, chocolat-chaï, Red Velvet au jus de betterave, citron et huile d'olive... Seule aux fourneaux, Reema peut en confectionner jusqu'à 50 les jours les plus animés. Et sa production s'écoule quotidiennement. Pour être certain d'y trouver le gâteau de votre choix, mieux vaut le réserver la veille ou le matin même.

Traversez l'avenue pour aller déguster des tourtières australiennes, feuilletées à la perfection, chez **Ta pies** [4520, av. du Parc]. À la fois comptoir pour emporter, boutique et petit restaurant, cette adresse propose un menu australien réconfortant, composé d'une variété de tourtières à la viande ou végétariennes, de feuilletés à la saucisse et de desserts presque inconnus de ce côté-ci de la planète.

164

À la mémoire de Monsieur Hà

164 Le restaurant **Hà** rend hommage au chef Hong Hà Nguyen, aujourd'hui décédé, qui a occupé les lieux avec son propre restaurant pendant plus de 20 ans. Un endroit vibrant, un plaisir pour les yeux et les papilles, un menu d'inspiration vietnamienne qui puise aussi dans les cuisines thaïlandaise, malaisienne et laotienne. La déco moderne est très réussie (ah ! ces lampes !), tout comme les plats qu'on partage, originaux à souhait : ailes de poulet au soja et citronnelle laquées et épicées, débordantes de saveur ; rouleaux impériaux qui se mangent enrobés d'une feuille de salade et de menthe ; buns vapeur au porc braisé (ou crevettes croustillantes) préparés à l'encre de seiche. La vodka est remplacée par le saké dans les traditionnels Bloody Caesar. La terrasse est superbe les beaux jours d'été, située en face du parc Jeanne-Mance. [243, av. du Mont-Royal O.]

163 A

LA raison d'aimer Montréal

165 Si l'on devait choisir une seule raison d'aimer Montréal parmi les milliers de raisons possibles, ce serait assurément le **mont Royal** qui sortirait vainqueur. Les Montréalais le nieront, mais leur montagne chérie n'est en fait qu'une colline, l'une des dix collines montérégiennes du sud de la province. Elle possède trois sommets : le sommet Mont-Royal (233 mètres), le sommet Outremont (211 mètres) et le sommet Westmount (201 mètres). Elle a été nommée ainsi par Jacques Cartier en 1535, ému par l'immensité du paysage, en l'honneur du roi de France François Ier. Dessiné par Frederick Law Olmsted, l'architecte-paysagiste américain qui conçut le Central Park de New York, le **parc du Mont-Royal** fut pour sa part inauguré en 1876. Sa **croix monumentale** (A), l'un des principaux symboles de la ville, rappelle la croix de bois qu'avait érigée Paul de Chomedey de Maisonneuve en 1643 pour remercier Dieu d'avoir épargné une inondation dévastatrice à la colonie de Ville-Marie (au temps des balbutiements de Montréal). La

165 A

croix actuelle a été construite en 1924. On va au mont Royal pour une promenade, pour s'entraîner à la course ou en vélo, pour les **tam-tams** les dimanches d'été (photo page 128), pour se prélasser au **lac aux Castors** (B). On y va pour le patin, le ski de fond et la glissade en hiver. Les mycologues vont y cueillir des morilles au printemps. Le mont Royal est assurément ce que Montréal a de plus précieux.

165 B

Un shooter avec les autruches

166

Nommé en l'honneur d'un petit bar de la République tchèque, le **Bily Kun** (A) [354, av. du Mont-Royal E.] a été le pionnier de la «taverne chic» dans le secteur lors de son ouverture en 1998. La déco est un heureux mélange de styles, alliant le *look* taverne française (hauts plafonds, plancher à mosaïques hexagonales) et... la taxidermie! Les têtes d'autruche empaillées qui ornent les murs surprennent à la première visite, mais rapidement on les trouve fort sympathiques. À boire, on opte pour une bière tchèque ou pour un shooter de becherovka, la boisson aux herbes emblématique de la République tchèque. On dit de ce spiritueux qu'il facilite la digestion et tranquillise le système nerveux.

En face se trouve le **Plan B** [327, av. du Mont-Royal E.], une autre valeur sûre. La carte des bières, cocktails et spiritueux est suffisamment variée pour plaire à tous. Les prix sont raisonnables et le personnel est accueillant. Son joyau demeure sa terrasse, à l'arrière, intime et chauffée, qu'on inaugure tôt au printemps et ferme tard à l'automne.

Le **Rouge Gorge** [1234, av. du Mont-Royal E.], le premier bar à vin de l'avenue du Mont-Royal, enchante par sa déco et sa carte impressionnante. Des vins français pour la plupart, mais aussi de belles propositions d'Europe et du Nouveau Monde. On y fait des trouvailles, dont certaines fort accessibles.

Délices bretons pur beurre

167

Le kouign-amann est une viennoiserie bretonne à laquelle il est facile de développer une dépendance. C'est un mélange cochon et assumé de pâte à pain, de sucre et de – beaucoup – de beurre salé, qui, une fois cuit, exhale un incomparable goût de caramel salé. **Kouign Amann**, une pâtisserie-boulangerie du Plateau, porte le nom de ce délice tendre et feuilleté et en a fait sa spécialité. Et tant qu'à être dans le «pur beurre», l'établissement concocte aussi de redoutables croissants et tartes Tatin. [322, av. du Mont-Royal E.]

La quintessence du poulet

169 La rôtisserie portugaise **Romados** (A) [115, rue Rachel E.] prépare rien de moins que la quintessence du poulet. À voir la file d'attente qui se forme chaque soir, je ne suis pas la seule à le penser! Doucement grillé sur charbon de bois, le poulet de Romados est tendre et juteux, avec un petit goût de piment et de fumée. Pour le summum, on le prend badigeonné de la sauce épicée maison, dont la recette est un secret bien gardé. Les repas combo généreux (quart de poulet, frites et salade) présentent un excellent rapport qualité-quantité-prix. Bien qu'il y ait sur place deux ou trois tables et tabourets, il est préférable d'emporter votre repas. Appelez pour faire préparer votre commande ou pour demander une livraison. Au dessert, rien ne bat les tartelettes aux œufs portugaises, les pastéis de nata. Les meilleures se trouvent tout près, à la **Pâtisserie du Rosaire** [227, rue Rachel E.]

L'obsession du champignon

168 Une boutique consacrée uniquement aux champignons, voilà le rêve devenu réalité du propriétaire de la **Mycoboutique**, Pierre Noël, un mycologue aguerri et passionné. De son propre aveu, ça tourne même parfois à l'obsession! Grâce à lui, des amateurs comme moi découvrent avec grand intérêt un univers mystérieux. Non seulement sa boutique est un lieu d'approvisionnement exceptionnel en champignons séchés et frais (morilles, chanterelles, cèpes, matsutakes, lactaires à odeur d'érable, etc.), mais elle propose aussi plusieurs cours et sorties pour initier les aficionados en devenir. Fait intéressant, plusieurs plats sont cuisinés sur place et mettent en valeur les vertus gastronomiques de cet aliment: velouté de champignons sauvages, fougasse aux trompettes de la mort et de surprenants sablés aux cèpes. Magique. [4324, rue Saint-Denis]

171

Irrésistibles beignets de pieuvre

170 Impossible de ne pas tomber amoureux de **Noren**, un micro-resto japonais tenu par Élyse Garand et Hidenori Tsuda, un couple québéco-nippon revenu s'installer au Québec après sept ans au pays du Soleil Levant. «Micro» parce qu'on ne compte que dix places et parce que le menu n'affiche que trois plats : les takoyakis (beignets de pieuvre), les okonomiyakis (omelette de chou au porc) et un plat de la semaine. Mais quels plats ! Les beignets sont préparés à la commande dans des moules chauffés sur une plaque, tournés à l'aide de baguettes lors de la cuisson pour former de petites boules. On les sert bouillants, et leur texture pourrait sembler à moitié cuite, puis on les saupoudre de flocons de poisson séché que la chaleur émanant des beignets fait valser. Je n'avais jamais rien mangé de tel. Les plats de la semaine sont toujours fabuleux. Un bien grand bonheur pour un si petit prix. Attention : horaire atypique. Aucune réservation. [77, rue Rachel O.]

Le bar éclairé aux chandelles

171 Un petit caractère japonais orne la porte de ce bar du boulevard Saint-Laurent, c'est tout. Aucune enseigne, même pas d'adresse. Le mystère persiste une fois le seuil franchi : un étroit corridor mène à un lourd rideau. J'adore l'aspect confidentiel du bar **Big In Japan**, spécialisé dans les whiskys japonais : on a l'impression d'entrer dans un bar privé ou clandestin. À l'intérieur, l'ambiance est tamisée et intimiste avec des chandelles comme seul éclairage. Je préfère m'y rendre à l'ouverture ou les soirs de semaine, quand c'est moins achalandé, pour profiter pleinement de l'atmosphère feutrée et romantique. [4175, boul. Saint-Laurent]

170

172

173 B

173 A

Murales magistrales

173 Depuis plusieurs années, plusieurs organismes et festivals prennent l'initiative de transformer Montréal en musée à ciel ouvert. Partout dans la ville, des œuvres magistrales, souvent colorées, tantôt abstraites, mais toujours vivantes et étonnantes, ornent les murs des immeubles. Qu'on les aime ou non, ces murales transmettent une énergie créative et contribuent à la diffusion de l'art et au développement économique et social de la ville. L'art se réapproprie l'espace public, pour le bonheur des passants.

Le **festival Mural** (A) est devenu en quelques années seulement le plus important événement d'art urbain en Amérique du Nord. En juin, le boulevard Saint-Laurent, entre la rue Sherbrooke et l'avenue du Mont-Royal, est littéralement transformé grâce au talent de dizaines d'artistes locaux et internationaux. Depuis sa création en 2013, le festival a légué des dizaines de murales dans le quartier, qu'on peut apprécier lors d'une promenade à pied, dont *Barré* de l'Espagnol Escif [3495, rue Saint-Dominique, mur nord, édition 2013]; la *mamie chic* du collectif montréalais A'Shop [angle boul. Saint-Laurent et av. des Pins, édition 2013] et la *murale pop art* (B) de l'Anglais D*face [3550, rue Saint-Dominique, mur sud, édition 2016].

La murale *Germaine* de l'artiste montréalais Rafael Sottolichio, sur le mur latéral du 4625 de la rue Saint-Dominique, rend hommage à l'œuvre du dramaturge Michel Tremblay et fait partie de la série *Hommage aux bâtisseurs culturels montréalais*, lancée par l'organisme MU en 2010. On y voit plusieurs personnages tirés de l'imaginaire de l'auteur, dont Germaine Lauzon, des *Belles-Sœurs*, qui a donné son nom à la murale.

Décadents sandwichs en terrasse

172 Les gargantuesques sandwichs sur pain maison du **Café Santropol** font la réputation de l'établissement depuis maintenant 40 ans. Particulièrement ceux au fromage à la crème, si gigantesques, si décadents qu'on a peine à ouvrir la bouche assez grand pour les dévorer. Essayez la Tomate Meurtrière, dont le fromage à la crème a été rehaussé de tomates séchées, avec tomates fraîches, basilic et ail. Un régal à déguster sur la plus luxuriante terrasse du quartier. [3990, rue Saint-Urbain]

174A 174B

Éclectisme architectural

174 La richesse architecturale du Plateau est indéniable. C'est vers le début du XXᵉ siècle que sont érigés la plupart des plus beaux bâtiments qui font aujourd'hui sa réputation. Ce qui caractérise le secteur, c'est son éclectisme, la variété dans les façades, les corniches, les escaliers, les couleurs, les balcons, etc. Pour un safari photo, faites le tour du **square Saint-Louis** (A) et poursuivez ensuite sur l'**avenue Laval**, entre la rue Sherbrooke et l'avenue Duluth. Vous serez charmé non seulement par les nombreux escaliers de fer forgé, mais aussi par les superbes maisons victoriennes. Deux d'entre elles sont classées «immeubles de valeur patrimoniale exceptionnelle» par la Ville : les nᵒˢ **3470** et **3500** de l'**avenue Laval**. Dans la **rue de Bullion**, entre les rues Roy et Napoléon, vous verrez d'une quinzaine de jolies maisons patrimoniales de différentes couleurs, aux toitures en fausses mansardes.

Une promenade dans le quartier ne serait pas complète sans un détour par la **maison Coloniale** [4333, av. Coloniale], une maison-culte contemporaine conçue par Jacques Rousseau. Ce véritable ovni architectural, fait de fenêtres et de béton, ne laisse personne indifférent.

À mes yeux, le secteur triangulaire formé des **rues Gilford** et **Villeneuve** et de l'**avenue Henri-Julien** est exceptionnel. Aux nᵒˢ **4660-4664 de la rue de Grand-Pré** (B), deux maisons jumelées de style Second Empire, remarquables par leur tourelle, auraient été construites avant 1880. Remarquez la publicité peinte sur le mur, à gauche, datant du siècle dernier, écrite en français et en anglais. Puis, à droite, commence une **rangée de magnifiques maisons** (C) dignes d'intérêt, avec fausses mansardes d'ardoise et lucarnes, aux vérandas de bois richement travaillées et aux petits balcons de fer forgé à l'étage. La rue Gilford, en diagonale, contraste avec les rues en quadrillé du quartier. Il en résulte de bien jolies maisons en coin, comme celles à l'angle de Grand-Pré ou de la rue Drolet (photo page 161) [369 et 344, rue Gilford].

174C

Plus qu'une simple ruelle

175 Le meilleur moyen de sentir le pouls de Montréal et de ses résidents est de parcourir les ruelles, ces passages calmes, et d'être témoin de rencontres entre voisins et de matchs de hockey endiablés, d'entendre rire les enfants, d'admirer les jardins et les petits coins de paradis que les Montréalais se sont créés au fil des années.

Historiquement, les ruelles sont apparues avec la multiplication des logements en rangée, résultat d'une importante croissance démographique, qui a obligé les propriétaires à créer des voies de service donnant accès aux cours arrière. Dans les années 1950, ces ruelles ont bien mauvaise réputation. Souvent non éclairées, truffées de hangars vétustes et délabrés, elles deviennent des lieux parfois insalubres où règnent la vermine et la criminalité. Le changement de cap se produit au début des années 1980, alors que le maire, Jean Drapeau, met sur pied deux programmes de revitalisation qui prévoient la démolition des hangars et la transformation des ruelles en petits parcs. Puis, au milieu des années 1990 apparaissent les **ruelles vertes** (A) aménagées par des résidents volontaires, en collaboration avec le Regroupement des éco-quartiers et les arrondissements, dans le but de se réapproprier l'espace et d'améliorer leur qualité de vie.

La première ruelle verte a vu le jour sur le Plateau-Mont-Royal en 1997. En 2016, on comptait pas moins de 312 ruelles vertes dans 11 arrondissements; environ 63 kilomètres, soit 13 % des ruelles de Montréal, ont été verdis jusqu'à maintenant. Le site Web des éco-quartiers recense d'ailleurs ces ruelles [eco-quartiers.org/ruelle_verte]. Découvrez-les! Il y en a de très jolies, comme celle qui relie l'avenue Christophe-Colomb et la rue de La Roche, entre l'avenue Laurier et le boulevard Saint-Joseph, ou celle des rues Dorion et de Bordeaux, entre les rues Rachel et Gauthier.

Mieux encore que la ruelle verte, il y a la **ruelle champêtre** (B), complètement dénuée d'asphalte. La première, inaugurée en 2006, se trouve entre la rue Drolet et l'avenue Henri-Julien, et va du square Saint-Louis jusqu'au manège des Fusiliers Mont-Royal, avenue des Pins. Dans ce havre de paix, on trouve plus d'une centaine de variétés de plantes (annuelles et vivaces) et arbustes, et même quelques plantes tropicales (gardées à l'intérieur des résidences lors de la saison froide). À voir absolument.

175 B

Émile Nelligan
Poète
1879-1941

176 **177 A**

Le poète chéri

176 Avec sa poésie d'une grande intensité, sa jeunesse, sa beauté et son destin tragique, **Émile Nelligan**, mort en 1941 à l'âge de 61 ans, est une figure mythique de la poésie québécoise. Avant d'être interné à l'aube de ses 20 ans pour des problèmes de santé mentale, il habitait avenue Laval. Une **plaque commémorative** se trouve d'ailleurs au n° 3686. Un monument en son honneur est aussi érigé dans la partie ouest du **square Saint-Louis**, un **buste** réalisé par la sculptrice Roseline Granet.

L'Afghanistan dans votre assiette

177 On trouve sur le Plateau deux restaurants afghans franchement bons en plus d'être des «Apportez votre vin». Je fréquente le **Khyber Pass** (A) [506, av. Duluth E.] depuis 20 ans et n'ai jamais été déçue. L'établissement ressemble à un appartement divisé en pièces, avec une déco typique, sans chichi. Les petites entrées sont savoureuses; pour le plat principal, on sert de copieuses assiettes d'agneau ou de filet mignon accompagné de riz merveilleusement parfumé. Je vous recommande la table d'hôte (soupe ou salade, entrée, plat de résistance, dessert, thé ou café) qui vous fera goûter à tout pour moins de 30 $. Dur à battre. En été, la terrasse est très agréable. Plus récent, **Fenêtre sur Kaboul** [901, rue Rachel E.] est moins connu, mais offre une cuisine tout aussi copieuse et assaisonnée, dans une déco plus classique aux nappes blanches.

175 A

RUELLE
VERTE
Le Plateau-Mont-Royal
Montréal

178A | 179

Poutine, poutine

178

Le Plateau est choyé côté poutine, ne serait-ce que parce qu'il compte sur son territoire **La Banquise** (A) [994, rue Rachel E.], qui, selon plusieurs – dont moi –, propose la meilleure poutine en ville. Ouvert 24 heures, ce resto est aussi reconnu pour sa variété et propose 26 sortes de poutines au menu. *Bon, les Portugais font de la poutine !* – ce n'est pas moi qui le dis, c'est plutôt le nom amusant de la poutine préparée chez **Ma Poule Mouillée** [969, rue Rachel E.], au fromage São Jorge, poulet et chorizo grillés. Le petit piquant de l'assaisonnement du poulet et du chorizo donne du mordant à cette poutine. D'ailleurs, tout le menu de ce petit resto portugais est à essayer, selon moi. Et pour le summum du *greasy spoon*, on opte pour une poutine au pogo **Chez Claudette** [351, av. Laurier E.], une institution dans le quartier, ouvert 24 heures du jeudi au samedi. On pourrait difficilement faire plus réconfortant. En sortant, remarquez la murale de 700 mètres carrés intitulée *Les Conteurs*, qui rend hommage aux disciplines enseignées à l'École nationale de théâtre, sur laquelle la murale a été peinte.

Chloé, ses chocolats, son caramel

179

Les parfums des **Chocolats de Chloé** sont alléchants : figue et vinaigre balsamique, cardamome, basilic, vieux rhum et raisin, poivre de Sichuan... Les bonbons chocolatés, qui revisitent certains classiques de notre enfance, le sont tout autant : tortelines (pacane, caramel et chocolat), Monsieur Croquant (tire-éponge maison et chocolat noir) et guimauves maison à la vanille fraîche enrobées de chocolat noir. Ce qui me fait chavirer par-dessus tout : le caramel au beurre salé, crémeux, vanillé à souhait, que je mange à la cuillère en toute impunité. Dans le temps des fêtes, ce caramel est si populaire que les stocks s'envolent souvent avant la fin de la journée. [546, av. Duluth E.]

180

181A

Le secret le mieux gardé du Plateau

180

Si vous n'habitez pas tout près, il est presque impossible que vous connaissiez l'existence de cette petite perle de restaurant asiatique, située en retrait des artères animées du Plateau. **Le Caractère Chinois** est l'archétype du parfait petit resto de quartier, discret, sympa, sans prétention, offrant une cuisine savoureuse à un prix plus qu'abordable. Pour en ajouter une couche, c'est un «Apportez votre vin». On n'est pas ici dans l'authentique chinois, plutôt dans la fusion de plusieurs pays asiatiques, mais c'est franchement bon. Le rouleau au canard, les raviolis chinois sauce aux arachides, la soupe aigre et piquante, le poulet Général Tao et le pad thaï sont tous des plats très bien présentés, aux saveurs parfaitement équilibrées. Votre repas vous coûtera environ 20 $, un excellent rapport qualité-prix. [1870, rue Gauthier]

Pique-nique au parc

181

Inauguré en 1874 sous le nom de parc Logan, le **parc La Fontaine** (A) a été rebaptisé en 1901 en hommage au premier ministre Louis-Hippolyte La Fontaine. Sa superficie de près de 350 000 mètres carrés et ses deux larges étangs artificiels en font un lieu de détente et de rassemblement très prisé des Montréalais. On y trouve une aire de jeux pour enfants, une aire d'exercices pour chiens, des terrains de tennis, de baseball, de minisoccer, de volleyball et de pétanque. L'hiver, on patine sur l'étang gelé (accès gratuit). Au nord du parc, *Debout!*, une statue de bronze de Roger Langevin (1990), rend hommage à Félix Leclerc, le père de la chanson québécoise.

Construit sur deux anciennes carrières, le **parc Sir-Wilfrid-Laurier** est trois fois plus petit que son grand frère La Fontaine, mais n'en est pas moins agréable. Il y a quelque chose d'exceptionnel dans la lumière de ce parc en fin d'après-midi. La grande piscine publique a récemment été rénovée et la zone pour les tout-petits est très bien aménagée.

Sauces diaboliques

182

La sauce Gorgon de **Diabolissimo**, une boutique spécialisée dans les pâtes fraîches et sauces maison, est tout simplement MA-LA-DE. Cette sauce riche, au gorgonzola et noisettes, est sublime sur des pâtes longues ; elle reste gravée dans notre mémoire longtemps. Les pestos sont aussi renversants. Essayez le mélange pâtes au cari et pesto Rosso, un pesto aux tomates séchées haut en saveurs. Je suis une fan finie de la sauce à la saucisse italienne, avec poivrons rouges, pistaches et graines de fenouil, au point d'en lécher le fond de l'assiette. Un paradis pour les épicuriens en manque de temps pour cuisiner. Également épicerie fine, la boutique propose huiles d'olive, vinaigres, pâtes sèches importées d'Italie, confitures de qualité, plusieurs cafés réputés et des charcuteries de choix. [1256, av. du Mont-Royal E.]

Le pari du 5 $

183

Pour attirer les clients, le restaurant **L'Entrepôt Mont-Royal** a fait le pari d'offrir tous les repas à un seul et même bas prix : 4,95 $, sans exception (mais la maison propose aussi beaucoup de petits extras à 1-2 $). Dans une déco inspirée d'un chalet d'après-ski, musique et ambiance festive en prime, on savoure burgers, pâtes, poutines, sandwichs, perogies, tortillas ou salades-repas. Un menu varié, proposant même quelques options végétariennes, une quantité et une qualité surprenantes pour le prix. On peut donc dire «mission accomplie». Avec des prix si concurrentiels, vous aurez deviné que L'Entrepôt est très populaire, particulièrement auprès de la faune étudiante. Si votre horaire le permet, arrivez tôt pour éviter la file d'attente. Aucune réservation. [1019, av. du Mont-Royal E.]

Porcelaine et dentelle

184 Les céramistes de grand talent Maya Ersan et Jaimie Robson ont installé leur atelier-boutique sur le Plateau en 2013. Les pièces de porcelaine d'**Atelier Make** (A) [1241, rue Gilford] se distinguent par la pureté de leurs lignes et par leurs couleurs douces. Bols de service, tasses, lanternes, plateaux de service, crémiers : de délicats objets faits à la main pour la table et la déco, à offrir (ou à s'offrir). La boutique est ouverte le samedi seulement, de 11 h à 17 h. Il est possible de prendre rendez-vous pour une visite en semaine.

Le gros bouton doré qui surplombe la porte d'entrée annonce une boutique unique en son genre. **Rix Rax** [801, rue Gilford], située au coin des rues Gilford et Saint-Hubert, est une mercerie où l'on déniche boutons, rubans, fils, plumes, boucles, fleurs, dentelles, boucles de ceinture, tous ces accessoires qui entourent la couture et la création de costumes. Les stocks sont pour le moins impressionnants ; on reste sans mots devant les boutons de tous styles, textures et formes, classés par couleur. Attardez-vous devant la magnifique caisse enregistreuse de 1882, toujours fonctionnelle.

Retour en 1870

185 Vers la fin du XIXe siècle, le secteur au nord de la station de métro Laurier s'appelait le Coteau-Saint-Louis. Ce village était habité principalement par des carriers, qu'on appelait alors les « pieds-noirs », qui travaillaient à extraire la pierre calcaire de la grande carrière où se situe aujourd'hui le parc Sir-Wilfrid-Laurier. Ces pierres grises ont servi à construire plusieurs édifices de prestige et églises de la ville, ainsi que bon nombre de demeures du Plateau. Des vestiges de cette architecture villageoise, maintenant rare à Montréal, subsistent, par exemple au **483 rue Lagarde** (A), de même qu'aux nos **5208**, **5257** (B) et **5280** de la **rue Berri**. Ces maisons contrastent avec les condos neufs des alentours. La **place du Coteau-Saint-Louis**, qui entoure l'édicule nord de la station de métro Laurier, évoque cette partie de l'histoire du quartier dans un design résolument tourné vers l'avenir.

Les escaliers de Montréal

186

Qu'ils soient droits, courbés, en spirale, en colimaçon, en forme de L, de S ou de T, les **escaliers extérieurs** sont un élément architectural distinctif de Montréal, possiblement LE symbole le plus représentatif. On ne voit nulle part ailleurs tant de longues successions d'escaliers en fer forgé de toutes formes. On les trouve dans plusieurs quartiers, dont Rosemont, Villeray, Verdun, Hochelaga, mais c'est sur le Plateau-Mont-Royal qu'ils sont en plus grand nombre.

Pour la petite histoire, les escaliers extérieurs font leur apparition dans la seconde moitié du XIXe siècle. Dans les quartiers ouvriers, on construit alors un grand nombre d'appartements en rangée, sur deux et trois étages, étroits et tout en profondeur. C'est ce qu'on appelle aujourd'hui les « duplex » et les « triplex ». Pour assurer à ces quartiers un minimum de verdure, les autorités municipales obligent les propriétaires à laisser un espace vert à l'avant des immeubles, ce qui a comme conséquence de réduire la superficie habitable des logements. L'escalier menant aux étages est alors déplacé à l'extérieur afin de récupérer quelques mètres carrés, mais aussi par souci d'économie, puisque les propriétaires étaient peu enclins à chauffer les espaces intérieurs communs.

187

L'ensorcelante pâtisserie

187
La pâtissière Stéphanie Labelle, de chez **Rhubarbe**, crée rien de moins que de petites œuvres d'art sucrées. Ses pâtisseries charment au premier coup d'œil et les saveurs sont à la hauteur du coup de foudre visuel. La Tarte Citron, la Panna Cotta aux fèves tonka, oranges sanguines et crumble de cardamome, l'étagé pamplemousse-pistache... Tant de petits plaisirs à s'offrir à chaque visite (les créations de la pâtissière changent périodiquement). Le dimanche, la pâtisserie ouvre ses portes pour le brunch. Par la finesse et la qualité des plats servis, cet établissement est devenu l'une des meilleures adresses en ville. Rhubarbe, la meilleure pâtisserie en Amérique du Nord? C'est possible! [5091, rue De Lanaudière]

L'Iran, le temps d'un thé

188
Le dépaysement opère dès qu'on y met les pieds. Les arômes de safran et de cardamome qui flottent dans l'air du **Byblos Le petit café** nous plongent au cœur des mille et une nuits. Je fréquente l'endroit pour ses déjeuners originaux servis avec du thé iranien. Je raffole de l'omelette à la féta, généreusement saupoudrée d'aneth, qu'on accompagne de petits pains sucrés. Et j'adore les confitures maison: pétales de rose et pistaches, ananas et gingembre, fleurs d'oranger, lime et nectarine. [1499, av. Laurier E.]

188

Top déco

189 Ce genre de boutique me fait chavirer à la première visite. Tout est beau chez **BUK & NOLA** où l'on trouve des produits déco rares et recherchés, soigneusement sélectionnés. Coussins, affiches (je les achèterais toutes!), petits meubles peints à la main, papiers peints, linge de table, chandelles et autres accessoires chics et désinvoltes qui ajouteront une touche décisive à votre décor. [1593, av. Laurier E.]

Bienvenue chez Fred

190 C'est un endroit unique, minuscule. On se croirait dans un appartement privé. Ce qui n'est pas tout à fait faux: en choisissant avec soin son local, sa déco, et en optant de cuisiner sur une cuisinière domestique, le chef-propriétaire du **Sain Bol**, Frédéric Houtin, souhaitait recréer l'ambiance chaleureuse de la maison. Dans cet antre du plat santé, le bio et les aliments locaux et de saison sont à l'honneur. Au menu: omelette, grilled-cheese, salade, soupe, gravlax et autres repas légers, préparés avec des ingrédients différents chaque jour et en fonction des demandes particulières (allergie, intolérance, végétalien, etc.). Ouvert la semaine (sauf le mercredi) pour le lunch, et le week-end pour le brunch. Vendredi soir sur réservation. Coup de cœur assuré pour ce petit resto santé et réellement savoureux. [5095, rue Fabre]

Repu comme un Sieur

191 Les microbrasseries québécoises sont très bien représentées à la brasserie **Le Sieur d'Iberville**, avec 18 bières en fût et plus de 30 marques à la bouteille. En plus de bien boire dans cette taverne chic de l'extrémité est du Plateau, on y mange bien. Très bien, même. Le Sieur ne se contente pas d'être un excellent tavernier ; il est aussi un rôtisseur émérite. Le poulet est d'abord saumuré, puis rôti sur feu de bois, avant de passer dans le fumoir maison. Il en résulte une chair juteuse et tendre, avec un petit goût de camping qu'on n'oublie pas de sitôt. Les burgers sont pour leur part généreux, amplement garnis, et la viande est hachée à la commande, ce qui permet de la servir rosée. La déco est chaleureuse, le bar est gigantesque et les tabourets rembourrés comportent un dossier (alléluia !). Et, comme dans toute bonne taverne qui se respecte, on y diffuse les matchs des Canadiens. [2490, av. du Mont-Royal E.]

Ménick : le barbier des sportifs

192 Lieu culte, le salon de barbier **Chez Ménick**, ouvert en 1959, n'a pas changé depuis des décennies. On se croirait dans un musée sportif avec ses murs tapissés de photos de joueurs des Canadiens ou des Expos et son plancher transformé en patinoire. Le sport, c'est une véritable passion pour **Ménick** qui a choisi de devenir barbier à l'âge de 14 ans. Ami de plusieurs hockeyeurs, il fréquentait les

arénas. « De fil en aiguille, les gens ont commencé à dire : "C'est lui, le barbier des sportifs." J'ai décidé d'appeler mon salon comme ça et les gens se sont mis à venir ici. » Les nostalgiques se souviendront de son talk-show, *Ménick reçoit*, diffusé à l'antenne de TQS à la fin des années 1980, dans lequel il rencontrait et coiffait des vedettes sportives québécoises. Cette émission a grandement contribué à la notoriété du salon et de son populaire barbier. Plusieurs grandes vedettes du cinéma et du sport ont passé sous les rasoirs de Ménick : Hulk Hogan, Chuck Norris, Jean Béliveau, Maurice Richard, Guy Lafleur, Brandon Prust, Sidney Crosby, pour ne nommer que ceux-là. Si l'expérience vous plaît, présentez-vous simplement. Aucune réservation n'est nécessaire pour venir dans ce salon mythique. [1960, rue Masson]

Hochelaga-Maisonneuve

Cet ancien quartier ouvrier francophone, surnommé Hochelag ou HoMa, se caractérise par une grande mixité sociale (des étudiants, des personnes âgées, des petites familles, des gens plus pauvres ou plus aisés). Les usines qui ont déserté le territoire ont laissé des installations que l'on convertit vitesse grand V en habitations accessibles. Il n'est pas rare d'y croiser des résidents qui y ont vécu toute leur vie, déménageant quelques fois, mais dans une rue voisine. L'impression d'être dans un village est bien présente, et les mots « coopération », « entraide » et « solidarité » sont ancrés dans la culture populaire. Un quartier qui a beaucoup à offrir : le Parc olympique, le marché Maisonneuve, plusieurs centres culturels, des dizaines de parcs et des bâtiments historiques d'une grande beauté.

195A

Échappée belle

193
Située dans le quadrilatère formé par les rues Wurtele, Florian, de Rouen et Ontario, l'**Échappée belle** est la plus grande ruelle verte de Montréal. Inaugurée en août 2011, elle a nécessité plus de 18 mois de travaux et 316 mètres carrés d'excavation. Longue de 363 mètres, elle a été garnie de 57 arbres, 156 arbustes et 190 plantes vivaces. Au centre de la ruelle, on a peint un jeu de marelle très coloré en forme de poisson, image emblématique de cette longue bande naturalisée.

L'Orient de l'Est

194
Voilà maintenant plus de dix ans que **Sata Sushi** comble les besoins de poissons crus du quartier. Petit lieu chaleureux à l'éclairage tamisé, le bois y règne en maître : les murs sont en pruche et le comptoir, en bois de grange. Les sushis, d'une fraîcheur impeccable, sont fins et créatifs, comme le Neige, un maki de crevette, avocat et noix de coco. Le Sata, sur feuille de riz, marie pétoncle, caviar, patate douce et avocat. Étonnant. Et que dire de la spécialité, les makis et nigiris « gratinés » ? Aucun fromage en vue ici : « gratiner » consiste plutôt à saisir à la torche saumon, thon blanc, pétoncles ou tofu, sur feuilles de nori ou de soja, jusqu'à consistance mi-cuite. C'est vraiment un délice. [3349, rue Ontario E.]

Le paradis du graffiti

195
Tel un arc-en-ciel, le mur de cannettes de peinture de la boutique **Le Sino** (A) [2817, rue Ontario E.] se décline dans toutes les couleurs imaginables. Des centaines de teintes, classées harmonieusement, indiquent qu'on est bel et bien dans un haut lieu du graffiti à Montréal. Peintures en aérosol, marqueurs de qualité, accessoires de protection, ouvrages de référence ; les artistes de la rue dénichent ici tout ce dont ils ont besoin. Il existe quelques murs « légaux » à Montréal, des endroits où les graffiteurs peuvent exprimer leur créativité et perfectionner leur technique dans un cadre autorisé. On en comptait quatre sur l'île en 2016. Le **mur de Rouen** [sous le viaduc ferroviaire de la rue de Rouen, entre les rues Lespérance et Moreau], le plus populaire et le plus grand, se trouve à quelques rues de la boutique. Passez voir ces œuvres éphémères qui se renouvellent continuellement.

Dr Julien : docteur d'une communauté

196 Il faut tout un village pour élever un enfant, dit le proverbe africain. Le pédiatre Gilles Julien, mieux connu sous le nom de **Dr Julien**, en sait quelque chose. Il a développé la pédiatrie sociale de communauté, une approche interdisciplinaire qui réunit les expertises de la médecine, du droit et du travail social afin de soutenir les enfants vulnérables. Selon cette méthode, on soigne les jeunes différemment, pas seulement avec des solutions médicales, mais aussi sociales et légales, afin que les enfants issus de milieux socio-économiques précaires puissent développer leur plein potentiel.

C'est en 1997 que le Dr Julien fonde un premier centre de pédiatrie sociale dans l'arrondissement Hochelaga-Maisonneuve. Un second centre voit le jour cinq ans plus tard dans Côte-des-Neiges. Dans ces centres, le climat est amical, confortable et non intimidant. Les enfants ne sont pas que « soignés » ; ils sont aussi suivis par un cercle de professionnels qui établissent un diagnostic complet, tant physique qu'émotionnel, mental et sociétal, et proposent des outils pour aider l'enfant et sa famille. La Fondation du Dr Julien a été mise sur pied en 2005 dans le but de promouvoir la pédiatrie sociale, d'assurer la pérennité du modèle clinique et de soutenir son déploiement.

Dans les deux centres (en plus du Garage à musique, un centre spécialisé où l'on favorise l'épanouissement des jeunes par l'apprentissage de la musique), le Dr Julien et son équipe soignent et accompagnent annuellement plus de 2000 enfants et leur famille. Très actif sur le terrain, M. Julien a bien compris que pour régler un problème, il faut intervenir à la source. Qu'à tenter de guérir uniquement par la médication, on ne corrige rien et on ne va nulle part. Permettre à des enfants de prendre leur place dans la société est une stratégie gagnante, puisque, un jour, ces enfants deviendront des adultes qui seront appelés à leur tour à contribuer à la communauté. [fondationdrjulien.org]

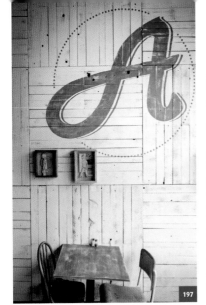

La grand-messe du samedi

198 Véritable phénomène de société, la **lutte** connaît son âge d'or au Québec entre les années 1950 et 1980 grâce à la télédiffusion de combats à Radio-Canada. À la fin des années 1950, chaque épisode attire en moyenne 1 495 000 téléspectateurs. De nos jours, bien que la lutte ait quitté le petit écran, elle est toujours pratiquée dans les salles communautaires et les sous-sols d'église, comme le samedi à l'**église du Très-Saint-Rédempteur** où des combats sont organisés par l'Inter Championship Wrestling. Devant une foule en délire d'environ 200 personnes, ces galas mettent en scène des bons et des méchants, une distinction rigoureusement maintenue pour son aspect théâtral. Des personnages aux noms évocateurs, comme Big Fat Seb, Bulldozer, Crazy Dan et Magic Mike, s'affrontent dans des spectacles à grand déploiement, où descentes du coude et marteau-pilon sont à l'honneur, autant que les insultes et le langage grossier. Il ne faut pas se leurrer : la lutte restera toujours la lutte. [Entrer sur le côté de l'église, au 1550, rue Joliette]

L'antidote végétal

197 Ouverte en 2014, l'épicerie-café-comptoir **Antidote** a pour mission de démystifier le végétalisme intégral, de le rendre cool et accessible, et de faciliter l'achat de produits 100 % végétaliens, biologiques et sans gluten. On trouve chez Antidote une petite section épicerie, des jus pressés à froid, des smoothies de superaliments, du café, des pâtisseries et des repas prêts-à-manger végétaliens. En outre, depuis son ouverture, l'épicerie s'est transformée au fil des mois en un attachant bistro de quartier. Par leur cuisine, leurs plats délectables et archi-goûteux, les gens de chez Antidote prouvent que le végétalisme n'est pas une privation. Et attention, les mets végétaliens ne se résument pas au quinoa et aux lentilles, bien au contraire ! On y mange des burgers au bacon et cheddar, du pad thaï, du poulet Général Tao, des salades orientales complètement détonantes, et tout ça préparé avec des substituts 100 % végétaliens. De quoi convaincre même les plus réticents ! De plus, il est possible d'accompagner son repas d'un vin « végane » (certains produits animaliers peuvent être utilisés pour la clarification du vin). [3459, rue Ontario E.]

Boutiques-ateliers de charme

200

Ce sont les vêtements et accessoires pour enfants les plus cool en ville. Les entrepreneurs derrière la boutique-atelier **Electrik Kidz** (A) sont de jeunes parents, un couple, qui ont d'abord confectionné quelques accessoires pratiques pour leur garçon. Est venue ensuite l'idée de créer une ligne de vêtements pour les 0-5 ans, à leur image, moderne, urbaine, au design tendance qui plaira aussi aux parents. Lancée en 2010, la boutique a connu un succès instantané. En plus de contrer les stéréotypes masculins et féminins, les vêtements sont fabriqués de manière à réduire le plus possible l'impact sur l'environnement. Une belle marque bien de chez nous. Du lundi au vendredi. [3921, rue Sainte-Catherine E.]

À quelques mètres de là, dans un grand local magnifiquement décoré, se trouve **Bigarade**, à la fois café et boutique-atelier. Ce qui attire l'attention, c'est l'élégance et l'excellence des produits proposés : de la fine literie et des accessoires de maison conçus avec des tissus nobles et fabriqués ici même à l'atelier. La qualité de la confection et des tissus choisis permet à l'entreprise de garantir ses créations à vie, rien de moins. La jeune entrepreneure derrière Bigarade est Geneviève Lorange, une designer en textile fortement influencée par les courtepointes de sa grand-mère. Elle recycle des lots de tissus oubliés de grande qualité, récupère d'anciennes nappes pour leur donner une seconde vie, reproduit des motifs de broderies fines en les numérisant et en les imprimant sur de la fibre naturelle. Geneviève et son équipe personnalisent chaque produit en signant l'étiquette de leur main. [3889, rue Sainte-Catherine E.]

Esprit vintage

199

Les amoureux du teck se rendent chez **Montréal Moderne** [3975, rue Sainte-Catherine E.] pour la plus grande sélection de meubles scandinaves en ville. La réputation de cette boutique, ouverte en 2001, n'est plus à faire. Difficile de rester de glace devant la quantité de meubles *mid-century*, plus spécifiquement de style *Danish Modern*, aux lignes intemporelles et à la facture de qualité.

Un peu plus au nord, à deux pas du métro Joliette, se trouve le paradis des amateurs de vintage, la boutique **Kitsch à l'os... ou pas** (A) [3439, rue Hochelaga], un vaste appartement de près de 200 mètres carrés rempli d'accessoires et de meubles antiques et rétro, du début du siècle dernier aux années 1990. Dans les huit salons thématiques surchargés, on déniche vaisselle, bijoux, petits meubles, tableaux, objets décoratifs et autres trésors (en très bon état) d'une époque révolue. Prévoyez du temps ! La boutique est plus grande qu'elle n'y paraît de l'extérieur.

201 202

Les as bouchers

201 À la **Boucherie Beaubien**, le client est roi. Derrière le comptoir, celui que tout le monde appelle gentiment « Gros Dan », un ancien culturiste, a pris possession de la boucherie en 2000 (elle est ouverte depuis 90 ans). La clientèle du quartier, de plus en plus soucieuse de ce qu'elle met dans son assiette, est maintenant prête à payer un peu plus cher pour une viande sans antibiotiques, sans hormones, et dont elle peut connaître la provenance. Plusieurs viandes sont déjà marinées, prêtes à être grillées sur le barbecue ou prêtes à manger, comme le pulled pork et les côtes levées. Si vous ne trouvez pas ce que vous cherchez, ces bouchers se feront un plaisir de vous le préparer. Avant de partir, jetez un coup d'œil à l'incroyable variété de sauces piquantes et de marinades. Une sélection si grande qu'elle vaut à Gros Dan un second surnom : le Roi de la sauce. [3748, rue Ontario E.]

Il faut une maîtrise en urbanisme pour décoder les panneaux de signalisation relatifs au stationnement. Dans l'incertitude, demandez à un résident.

La pierre angulaire du nouveau HoMa

202 L'aménagement de la **place Simon-Valois**, à l'angle de la rue Ontario et de l'avenue Valois, a été le coup d'envoi d'une revitalisation sans précédent de ce quartier qui a connu, depuis, un véritable boom immobilier. En plus de dynamiser le secteur, cette place publique a attiré de nombreux commerces, dont la fabuleuse boulangerie **ArHoma** (ahhh, ces croissants aux pistaches !), le saucissier **William J. Walter** et le restaurant **Le Valois** (voir raison 203). Cette place se situe au centre d'un parc linéaire établi sur le tracé d'une ancienne voie ferrée, la **promenade Luc-Larivée**, qui s'étend de la rue Joliette à l'avenue Jeanne-d'Arc, sur une distance de 637 mètres, où il fait bon marcher et se promener à vélo pour découvrir de magnifiques points de vue de la tour du Stade olympique. Si vous y êtes, faites un petit détour pour aller voir un superbe exemple de transformation et de mise en valeur d'un bâtiment industriel, très bien intégré à son quartier, converti en coopérative d'habitation. Il s'agit de la **Station n° 1** (2111, av. d'Orléans), la première station de relais hydroélectrique à Montréal, dont vous pouvez apercevoir, en entrant dans la cour intérieure, l'ancien pont roulant suspendu et son imposant crochet, conservés comme témoins du passé.

203 A | 204 A

Destination brunch

203

Avec son immense terrasse (120 places!) donnant sur la place Simon-Valois, le restaurant **Le Valois** (A) [25, pl. Simon-Valois] jouit d'un emplacement de choix. Ouvert pour le déjeuner, le lunch, le souper et les brunchs du week-end dès 9 h, ce restaurant pousse l'audace jusqu'à proposer un menu de fin de soirée, dès 21 h 30, avec entrée et plat principal pour 24 $. À croire qu'il ne ferme jamais. On y sert une cuisine classique française adaptée aux ingrédients de saison : tartares, boudin noir maison, onglet de bœuf, frites maison, etc. Les brunchs sont les plus sophistiqués du quartier. Je vous recommande la croquette d'œuf, un œuf parfaitement poché et coulant, transformé en croquette grâce à la panure de panko, servi sur des blinis et du saumon fumé maison. Un régal.

Une autre adresse pour le brunch jouit aussi d'une situation exceptionnelle, à deux pas du marché Maisonneuve : le bistro **Bagatelle** [4323, rue Ontario E.], un «Apportez votre vin» ouvert également pour le déjeuner, le midi et en soirée. Le menu déjeuner est si long que tout le monde y trouve son compte : œufs, fritatas, pains dorés, crêpes, baguettes ouvertes garnies, croissants, etc. Les portions sont généreuses.

Destination brunch par excellence, le populaire bistro **Les Affamés** [4137, rue Sainte-Catherine E.] propose un menu inventif pour ce repas de fin de matinée. Boudin, gravlax, bavette de wapiti et porc effiloché figurent sur la carte, mais sont apprêtés façon déjeuner, accompagnés d'œufs. Ces plats copieux sauront satisfaire les plus gourmands.

Murs de faïence

204

Depuis 2009, l'artiste peintre et muraliste montréalais **Laurent Gascon** immortalise des icônes du domaine culturel de la métropole sur des murales uniques, faites d'une mosaïque de céramique. À l'heure d'écrire ces lignes, il en avait réalisé huit, qu'une simple promenade dans la rue Ontario Est, au départ de l'avenue Bourbonnière, permet d'admirer. La plus grande de toutes, mesurant 10 mètres sur 5 et comportant plus de 4500 pièces de faïence, rend hommage au chanteur et poète **Gilles Vigneault** (A), sur le mur est du n° 3845. En continuant vers l'ouest, on découvre **Plume Latraverse**, chanteur, auteur et compositeur (n° 2915), l'affichiste de grand talent **Vittorio Fiorucci** (2059, rue Florian, coin Ontario), la chanteuse et compositrice **Pauline Julien** (n° 2743), **Robert Gravel**, le fondateur de la LNI (voir raison 58) (n° 2371), **Marjo**, la chanteuse, compositrice et monument du rock québécois (n° 2222), **Raymond Lévesque**, grand chansonnier, auteur de *Quand les hommes vivront d'amour* (n° 1969), et **Paul Buissonneau**, comédien et metteur en scène (n° 1223). Ces œuvres non seulement enjolivent la rue Ontario, mais rendent aussi hommage à ces personnages qui ont marqué profondément l'histoire de Montréal. De la première murale à la dernière, cette balade exige un peu moins d'une heure à pied.

Pub irlandais, brasserie américaine

205 Pour une bonne pinte entre amis, on se rend au **Trèfle** (A) [3971, rue Ontario E.], une taverne irlandaise à l'atmosphère chaleureuse, à la déco tout bois et au bar en cuivre. Plus d'une centaine de bières sur la carte, dont environ la moitié provient du Québec, et le reste, de Belgique, d'Écosse, du Danemark, des États-Unis et, bien sûr, d'Irlande! Le choix de scotchs et de whiskeys est tout aussi impressionnant: on en compte plus d'une soixantaine. Amateurs de sport, vous serez heureux d'apprendre qu'on y présente tous les grands matchs de hockey, de soccer et de football. La cuisine, ouverte jusqu'à minuit, propose des plats réconfortants comme de la soupe à l'oignon gratinée, des grilled cheese au fromage québécois et bacon fumé à l'érable, ou des fish and chips maison. Oh, et un brunch décadent dès 10 h les samedis et dimanches.

Un coin de rue plus loin vers l'ouest, il y a un autre pub, celui-ci inspiré des brasseries américaines, où l'on sert la chope de bière à 3 $ et des plats de type *fingerfood*. Sans vouloir faire de mauvais jeux de mots, disons que le menu du **Blind Pig** [3882, rue Ontario E.] est plutôt cochon: les classiques burgers et poutines, mais aussi des pogos maison, des croquettes de macaroni au fromage frites (un peu comme des fondues parmesan), et le Po' Boy, baguette garnie de crevettes «pop corn», jalapeño et mayonnaise épicée.

Nightlife à l'ombre du stade

206 Le resto-bar de quartier **Monsieur Smith** (A) [4061, rue Ontario E.], ouvert en 2012, est rapidement devenu un incontournable des soirées endiablées avec ses deux terrasses, à l'avant et à l'arrière. La terrasse arrière est une des rares du quartier qui sont ouvertes jusqu'aux petites heures du matin. Ce bar propose des cocktails aux noms ludiques, souvent influencés par le quartier, dont le Homa God, le Long Ontario Iced Tea et le Mojito Olympique. À retenir, les cocktails sont aussi proposés au pichet, à partager. Si l'appétit se pointe, on mange une bouffe typique de bar où figurent burgers et saucisses maison.

À la fois microbrasserie et bar, **L'Espace Public** [3632, rue Ontario E.] est tout à la fois lieu de rencontre et second salon, un endroit où l'on se sent comme à la maison. C'est réussi. Les bières maison, particulièrement les surprenantes bières sures, méritent à elles seules le détour. L'une d'elles s'appelle la «Donne Un Bec À Matante!».

Café décontracté

207

Il y a toujours du monde au **Hoche Café**. Toujours. Il est vrai que c'est là qu'on déguste le meilleur café du quartier. Beaucoup d'étudiants viennent y travailler, des résidents du secteur passent y prendre leur café sur le chemin du travail, des amis s'y rencontrent pour un goûter léger. Les meubles dépareillés donnent une atmosphère décontractée à ce café où les enfants sont les bienvenus. J'aime tout ce qui est latte (café, chaï et matcha) et les jus fraîchement pressés. Pour le lunch, on opte pour une salade-repas, un panini ou un décadent grilled cheese. Sur le comptoir, on propose bon nombre de viennoiseries et collations préparées sur place (muffins, brownies, biscuits), dont plusieurs options sans gluten et bio. Il faut goûter aux biscuits au beurre d'arachides. [4299, rue Ontario E.]

Mignon marché de quartier

208

Le **marché Maisonneuve** (A) est peut-être plus petit que ses confrères Atwater et Jean-Talon, mais il offre tout de même une belle sélection, une dizaine d'étals comprenant maraîchers, boulangerie, fromager, boucher, poissonnier, fleuriste et boutiques spécialisées. Pour les fruits et légumes, le rapport qualité-prix est un des meilleurs en ville. Je m'y rends religieusement toutes les semaines d'avril et de mai pour le kiosque du **Capitaine Crabe**, qui vend son crabe des neiges rapporté directement de Rimouski, installé à l'arrière du marché seulement pour la (trop) courte saison de ce délectable crustacé. [4445, rue Ontario E.]

208 A

Le paradis de la bière

209 Pour le couple propriétaire, la mission de leur entreprise a toujours été claire : mettre en valeur des produits 100 % québécois. En 2012, ils ouvrent la boutique **Le Bièrologue** avec une passion peu commune pour les bières issues de microbrasseries d'ici et pour les produits du terroir, favorisant ainsi leur accessibilité. Mission accomplie : depuis l'ouverture, plus de 800 bières, cidres, saucissons, fromages et autres produits locaux ont été proposés à leur clientèle. L'éventail des bières est impressionnant, allant des classiques aux plus audacieuses. N'hésitez pas à leur demander conseil, ils connaissent très bien leurs produits. [4301, rue Ontario E.]

209

Des traces du passé : le vieux pavillon du marché

210

Lorsque la municipalité d'Hochelaga est annexée à la ville de Montréal en 1883, une poignée de propriétaires fonciers canadiens-français, qui habitent plus à l'est, décident de demeurer autonomes et de fonder la **ville de Maisonneuve**, une cité industrielle modèle. Parmi les créateurs de ce « Westmount des francophones », on compte l'homme d'affaires Oscar Dufresne, son frère Marius, ingénieur et architecte, et Alphonse Desjardins, le fondateur des caisses populaires du même nom. Le mégaprojet prévoit un plan d'aménagement urbain très ambitieux. Hélas, à cause de la crise économique engendrée par la Première Guerre mondiale, les idées de grandeur de ces visionnaires les mènent à leur perte : endettée de 18 millions de dollars, Maisonneuve est forcée de se joindre à Montréal en 1918. Parmi les cinq bâtiments grandioses imaginés, quatre verront le jour et existent encore aujourd'hui : le **marché Maisonneuve** (voir photo page 166), l'**hôtel de ville** (voir raison 211), le **bain public Maisonneuve** (voir raison 212) et la **caserne nᵒ 1** (voir raison 213), des œuvres architecturales somptueuses qui ressortent dans ce quartier longtemps considéré comme défavorisé.

Pièce maîtresse de la ville de Maisonneuve, le marché de style Beaux-Arts ouvre ses portes en 1914. Spécialisé dans la vente du bétail, il était à l'époque l'un des plus importants marchés de produits agricoles au Québec. La place qui fait face à l'ancien pavillon, à l'angle de la rue Ontario et de l'avenue Morgan, est appelée **place Genevilliers-Laliberté**. Au centre, *La Fermière* (1915), une imposante sculpture-fontaine hexagonale représentant une maraîchère du XVIIᵉ siècle (en hommage à la première fermière de Ville-Marie, Louise Mauger), est l'une des œuvres phares du sculpteur québécois Alfred Laliberté (1878-1953). [4375, rue Ontario E.]

212A 212B

La bibliothèque monumentale

211 Cet immeuble grandiose, d'un grand esthétisme, contraste avec les alentours. L'ancien **hôtel de ville de la cité de Maisonneuve**, l'un des quatre bâtiments démesurés imaginés par les dirigeants de cette ville modèle, héberge aujourd'hui la **bibliothèque Maisonneuve**. De style Beaux-Arts avec sa colonnade corinthienne et son fronton triangulaire, il est doté de portes de bronze massives. À l'intérieur, des éléments de l'architecture d'origine ont été conservés. Remarquez les armoiries de la ville de Maisonneuve réalisées en mosaïque sur le plancher, la plaque inaugurale de 1912, l'escalier de marbre, les vitraux, ainsi que la coupole qui compte une magnifique verrière multicolore. [4120, rue Ontario E.]

Majestueux bain

212 Inauguré en 1916, le **bain public** (A) **et gymnase de Maisonneuve** (aujourd'hui **bain Morgan**) est l'un des quatre opulents bâtiments de la cité de Maisonneuve. Les éléments architecturaux de style Beaux-Arts (travées, escalier monumental, colonnes et fronton triangulaire) évoquent l'esprit de grandeur de ses créateurs. En façade, on peut admirer l'œuvre **Les Petits Baigneurs** (B) du sculpteur québécois Alfred Laliberté. Ce bain public est considéré comme le plus beau d'Amérique du Nord. La plupart des appartements d'ouvriers étant dépourvus de salles de bains à cette époque, on a construit cet édifice dans le but de remédier aux problèmes d'hygiène. Les bains publics chauffés permettaient donc aux habitants, principalement les hommes, de se laver. Les femmes n'y étaient admises que le mardi. [1875, av. Morgan]

213

La caserne atypique

213 Inaugurée en 1915, la **caserne n° 1** de la ville de Maisonneuve, aujourd'hui rebaptisée **caserne Letourneux**, est un bâtiment remarquable par son style inhabituel. L'architecte Marius Dufresne réalisa un véritable exercice de style en s'inspirant du *Unity Temple* de Frank Lloyd Wright à Chicago. La composition symétrique de ce bâtiment de pierre calcaire met l'accent sur la tour centrale qui servait au séchage des boyaux d'incendie. Lors de l'annexion de Maisonneuve à Montréal, la numérotation de la caserne changea pour le numéro 44 et les pompiers l'occupèrent jusqu'en 1961. Depuis 2016, la caserne et le parc adjacent servent de centre d'entraînement du club de soccer l'Impact de Montréal. [4300, rue Notre-Dame E.]

Carle et Gilles : deux amoureux de Montréal

214 Au cours de mes recherches, j'ai découvert *Mes Quartiers* et *C'est toi ma ville*, deux blogues personnels très bien documentés proposant des itinéraires dans une dizaine de quartiers, des listes d'incontournables, des murales à voir, des sorties gratuites, des cartes, des photographies... J'en suis venue à me demander qui étaient les auteurs de ces blogues et pourquoi ils se dévouaient tant à faire connaître Montréal. Je les ai donc contactés.

En plus de leur emploi à temps plein (**Gilles Beaudry** travaille en milieu hospitalier et **Carle Bernier-Genest** est conseiller dans un organisme sans but lucratif), ces jeunes quarantenaires passent conjointement (ils forment un couple) plus d'une quarantaine d'heures par semaine à nourrir leurs blogues sans en tirer ni revenus ni commandites. Leurs blogues s'adressent aux Montréalais désireux de voyager dans leur propre ville, d'explorer des quartiers qui leur sont inconnus ou de découvrir des idées inspirées d'autres villes du monde qu'on pourrait mettre en place ici. Ils conviennent aussi aux touristes qui souhaitent sortir des sentiers battus. « Montréal, c'est aussi la fontaine illuminée du parc Jarry, les jeunes qui pique-niquent sur le bord du canal à Saint-Henri, les commerces sympathiques de l'avenue Monkland et les ruelles vertes de Rosemont–La Petite-Patrie », me dit Gilles. Carle m'explique ensuite la genèse de cette passion commune : « Nous nous sommes rencontrés en 2009. Pour apprendre à nous connaître, nous avons décidé

d'aller nous promener dans un quartier que nous connaissions peu et nous nous sommes retrouvés dans Notre-Dame-de-Grâce. Notre relation de couple s'est donc construite sur une promenade en ville. »

Gilles et Carle habitent Hochelaga-Maisonneuve, quartier qu'ils ont choisi pour son effervescence et son énergie. Gilles me parle des attraits de son quartier qui valent le détour : « J'aime le plus haut clocher encore en fonction à Montréal, celui de l'**église Nativité-de-la-Sainte-Vierge** [1855, rue Dézéry], qui s'élève dans le ciel d'Hochelaga avec ses airs de campanile vénitien. J'aime la fontaine *La Fermière* d'Alfred Laliberté, qui jaillit dans tous les sens devant le marché Maisonneuve, sur une place publique digne d'une véritable place européenne. » Carle ajoute : « Nous aimons beaucoup la **promenade piétonne Luc-Larivée** qui traverse le quartier en diagonale. Il y a de plus en plus de ruelles vertes, de magnifiques murales et de petites bibliothèques citoyennes, puis il y a la **rue de la Poésie**, dans la rue La Fontaine, au

sud d'Ontario, où les citoyens accrochent des poèmes aux arbres. »

Et à l'extérieur du quartier ? « J'aime les passerelles qui enjambent le canal de Lachine, avec leur vue imprenable sur le passé industriel et les gratte-ciels de notre ville. Les petites rues résidentielles autour du parc Molson, transformées par les citoyens en véritables jardins botaniques à ciel ouvert. Le parc René-Lévesque qui déroule sa longue bande verte dans les eaux du lac Saint-Louis. Et les étangs des nombreux parcs bucoliques d'Outremont », me confie Gilles. Pour sa part, Carle est fasciné par les murales et les graffitis. « Il y a une effervescence hallucinante du *street art* à Montréal. Des œuvres d'artistes de grand talent comme Garbage Beauty, ReyMidax, Enzo & Nio, Lilyluciole ou MissMe. Et la ville compte déjà plus de 500 murales réalisées par des artistes de renommée, comme le collectif A'Shop, Monk.E, Bryan Beyung, Stare ou Rafael Sottolichio. » [mesquartiers.wordpress.com et cbernier.wordpress.com]

216A

L'un des cent clochers

215 Pour Mark Twain, Montréal était la « ville aux cent clochers ». Il dit même qu'il était impossible de lancer une brique dans quelque direction sans fracasser les vitraux d'une église. À croire qu'il se trouvait dans la rue Adam, qui compte à elle seule cinq églises, bien qu'elle ne s'étire que sur trois kilomètres. L'une d'elles, l'**église du Très-Saint-Nom-de-Jésus**, achevée en 1906, a l'ampleur d'une cathédrale. Bijou du patrimoine religieux de la ville, elle est dotée d'une décoration intérieure remarquable, toute en dorures, avec fresques, grandes arches, et son orgue Casavant, l'un des plus exceptionnels au Canada. [4215, rue Adam]

Tout bistro, tout beau

216 Un bistro de quartier comme on les aime, un décor vintage (j'adore leurs chaises turquoise), une belle ambiance, une cuisine savoureuse, des prix très raisonnables. Situé aux abords du parc Morgan (la petite terrasse donne d'ailleurs sur le parc) et de biais au Théâtre Denise-Pelletier, **Chez Bouffe Café Bistro** (A) [4316, rue Sainte-Catherine E.] affiche sur l'ardoise des plats renouvelés chaque semaine et une carte de classiques indémodables comme les burgers, les tartares ou les succulents fish and chips (le chef est d'origine britannique).

Parmi les restos « Apportez votre vin » d'Hochelaga-Maisonneuve, une table classique a fait ses preuves. C'est l'**État-Major**, à la large fenestration et aux tables dénudées, où l'on excelle dans la cuisson de la viande – le porcelet et le filet de veau se révèlent d'excellents choix. Si vous pouvez vous le permettre, optez pour le supplément de foie gras en entrée, un plat digne des meilleures tables. Et gardez-vous une place pour les beignes au caramel salé. [4005, rue Ontario E.]

215

À Montréal, plusieurs églises ont été transformées en condos, ce qui serait impensable dans plusieurs régions du monde.

Le plus beau parc pour les enfants

217 Complètement réaménagé en 2015, le **parc Morgan** est redevenu le cœur du quartier et dynamise du même coup ce secteur de la rue Sainte-Catherine. La perspective, depuis le chalet, est très intéressante : on y voit la fontaine, la majestueuse avenue Morgan qui débouche au loin sur l'ancien pavillon du marché Maisonneuve, le tout surplombé par la tour du Stade olympique. La fontaine, illuminée en soirée, est le centre d'intérêt de cette nouvelle place publique. Les attraits principaux sont certainement les aires de jeux pour les tout-petits et les plus grands, et les immenses jeux d'eau vraiment bien pensés. On y trouve aussi une zone d'exercices en plein air et des terrains de pétanque. [4370, rue Sainte-Catherine E.]

Les maisons de pierre grise de Viauville

218 La démarcation est remarquable, particulièrement dans les rues La Fontaine, Adam et Sainte-Catherine. Si vous vous dirigez vers l'est, vous verrez, dès la rue Sicard, que les façades passent de la brique à la pierre. C'est la délimitation de **Viauville**, un quartier fondé en 1892 selon les plans d'urbanisme de Charles-Théodore Viau, l'homme d'affaires derrière la biscuiterie Viau et les célèbres Whippet. Caressant le projet de convertir ce secteur en une ville modèle, il obligea les acheteurs de lots à construire des maisons à la façade en pierre. Viauville n'obtiendra jamais le statut de municipalité, mais les façades de pierre grise témoignent de ce pan de l'histoire. Une promenade nous permet d'admirer quelques maisons bourgeoises qui ont conservé leur cachet, dont celles sises aux **n°s 4700, 4730, 4744, 4797 et 4930 de la rue Adam.**

217 218

219

L'épicerie patrimoniale

219 À des années-lumière des grandes surfaces stériles et impersonnelles, le **Marché 4751** assure un service de proximité, géographique certes, mais surtout une proximité de cœur. La gentillesse des propriétaires, Alyssane McKale et Hicham Faridi, nous fait du bien. À la fois épicerie et café de quartier, on y trouve produits biologiques et locaux, pain frais, fromages, café, fruits et légumes, savons, bières de microbrasseries, et quelques plats savoureux préparés sur place : tajine, chili, empanadas, petites pizzas, etc. Tout ça à un prix plus que raisonnable. En 2012, ce commerce a reçu une mention spéciale de la Ville pour ses efforts dans la protection du patrimoine architectural, notamment pour la restauration de vitraux des années 1930 et d'un dôme surplombant l'entrée, découverts lors de travaux de rénovation. [4751, rue Sainte-Catherine E.]

La vie de château

220 Construit de 1915 à 1918, le **château Dufresne** servait de résidence aux frères Dufresne (voir raison 210) et reflétait par son opulence leur richesse et leur succès en affaires. C'est assurément le duplex le plus luxueux de Montréal ! Inspirées du Petit Trianon de Versailles, ces deux maisons jumelées comportaient à l'origine près de 40 pièces. Oscar et son épouse vivaient à l'est, alors que Marius et sa dame avaient pris possession de la partie ouest. Le raffinement était poussé à l'extrême avec l'abondance de l'ornementation intérieure et certaines commodités novatrices pour l'époque : chauffage et aspirateur centraux, monte-plats, ascenseur et garages pouvant accueillir jusqu'à cinq automobiles. De nos jours, le château s'est transformé en **musée Dufresne-Nincheri**. C'est la seule résidence montréalaise des années 1910, ouverte au public, qui a conservé son mobilier et son décor d'origine. [2929, av. Jeanne-d'Arc]

Une ville et son stade

221 La plupart des Montréalais avoueront entretenir une relation d'amour-haine avec le **Stade olympique** (A). Il est vrai que sa construction a coûté trois fois plus cher que prévu, dette que les Montréalais ont dû assumer amèrement pendant trente ans après les Jeux. Ce mal-aimé n'en est pas moins un emblème indissociable de Montréal. Avec sa capacité de 65 000 personnes, c'est le plus grand stade du pays. Son mât, haut de 165 mètres, est la plus haute tour inclinée du monde. Son inclinaison de 45 degrés est remarquable, si on la compare avec celle de la tour de Pise, qui n'est que de 5 degrés. On oublie aussi que la tour de 18 étages est habitable. D'ailleurs, le Mouvement Desjardins y installera plus de 1000 employés en 2018. Du sommet, on peut admirer le paysage jusqu'à une distance de 80 kilomètres. Qu'on l'aime ou non, le stade est un point de repère majeur dans la ville.

Historiquement, il a été l'hôte des événements les plus marquants de la ville. Il a accueilli plus de 70 000 personnes lors de son baptême, à la cérémonie d'ouverture des Jeux olympiques de 1976. Il a été la maison des Expos de Montréal, le club de baseball, de 1977 à 2004. De plus, six matchs de la Coupe Grey (football canadien) et plusieurs matchs de finale de l'Impact (soccer) s'y sont tenus. Des concerts mythiques ont eu lieu en son sein, dont ceux de Pink Floyd, Diane Dufresne, U2, des Rolling Stones et de Madonna. Le pape Jean-Paul II y a aussi rencontré 60 000 jeunes en 1984.

Son esplanade est aujourd'hui plus dynamique que jamais grâce à des activités novatrices, par exemple les **Premiers Vendredis**, alors que les camions de cuisine de rue s'y rassemblent (de mai à octobre, le premier vendredi de chaque mois); **Les Jardineries**, un espace éphémère (juin à octobre) magnifiquement aménagé, véritable oasis urbaine où l'on peut prendre un verre et casser la croûte; et le **Village Mammouth** (de décembre à mars) où l'on peut glisser, patiner et profiter de l'hiver. [4141, av. Pierre-De Coubertin]

220

221A

222A

Entre ciel et terre

222 Je crois que c'est le lieu à Montréal que j'ai visité le plus souvent. Lorsque mes garçons étaient en bas âge, le **Biodôme** (A) [4777, av. Pierre-De Coubertin] était mon activité de prédilection dès que la météo nous empêchait de mettre le nez dehors. Ce musée «vivant» reproduit cinq écosystèmes des Amériques : une forêt tropicale humide, une érablière des Laurentides, le golfe du Saint-Laurent, les côtes du Labrador et les îles subantarctiques. Quel plaisir de se retrouver dans la forêt tropicale au mois de janvier, entouré de perroquets et de tamarins dorés (un petit singe orangé du Brésil), alors qu'il fait 20 degrés au-dessous de zéro dehors ! On peut observer au Biodôme des lynx, des loutres, des étoiles de mer, des macareux et des manchots (avec de la chance !). À la fois zoo, aquarium et jardin botanique, le lieu est aussi un centre de recherche. Une activité vraiment chouette à faire avec des enfants de tout âge.

Les enfants plus vieux, autour de 10 ans, n'en auront que pour le **Planétarium** [4801, av. Pierre-De Coubertin], le plus grand du Canada. Dans un édifice inauguré en 2013, d'une architecture unique composée de deux grands dômes argentés, le musée possède des équipements à la fine pointe de la technologie permettant de toucher les étoiles (ou, du moins, d'en avoir l'impression). Avec le Biodôme, l'Insectarium et le Jardin botanique, il constitue l'**Espace pour la vie**, le complexe muséal du quartier olympique, le plus grand complexe du Canada voué aux sciences de la nature.

L'heure inclinée de l'Est

223 Devant le Planétarium, passez voir le **cadran solaire**, œuvre du sculpteur néerlandais Herman J. van der Heide. Fonctionnelle, cette sculpture a été conçue suivant les techniques traditionnelles de construction des cadrans solaires. L'ombre projetée par la tige d'aluminium (appelée «gnomon» ou «style») sur une table graduée indique l'heure normale de l'Est. Aspect inusité, l'œuvre est inclinée de 15 degrés par rapport à une orientation dite «normale», c'est-à-dire avec le style pointant vers le pôle céleste. L'heure indiquée par le cadran n'en est pas pour autant faussée : les lignes ont été dessinées de manière à compenser parfaitement la différence d'inclinaison par rapport au cadran équatorial. Ce cadran a été offert par la Ville de Rotterdam (Pays-Bas) à l'occasion du 325e anniversaire de la fondation de Montréal, en 1967.

Adrénaline sur la piste

224 Pour une bonne dose d'adrénaline, on se rend à l'**Action 500**, la plus grande piste intérieure de karting au Canada et plus le vaste centre intérieur de paintball et de combats laser en Amérique du Nord. Ce qui fait la particularité de ce centre, c'est qu'il est ouvert 24 heures sur 24, 7 jours sur 7. Envie de sillonner la piste à 4 heures du mat ? C'est possible ! Idéal pour les parents dont les rejetons sont des «lève-trop-tôt». L'environnement sécuritaire et l'adhérence des pneus à la piste permettent aux enfants dès quatre ans de rouler dans un kart double (avec papa ou maman). [5592, rue Hochelaga]

223 | 226

Le phénomène soccer

225 En 2012, l'**Impact** de Montréal est devenu officiellement le 19e club de la Major League Soccer (MLS). À cette occasion, on a agrandi le **stade Saputo** (construit en 2008), d'une capacité de près de 21 000 personnes, conçu spécifiquement pour ce sport. La visibilité y est excellente et l'ambiance, incroyable (merci aux fidèles groupes de supporters, dont les Ultras). Le coin famille est bien pensé, avec la terrasse animée et les installations destinées aux enfants. En saison régulière, il est encore facile d'obtenir des billets pour les matchs et les prix sont abordables. Lors des matchs éliminatoires, l'équipe déménage au Stade olympique. Il n'est pas rare d'y voir plus de 60 000 spectateurs réunis dans une ambiance complètement déjantée.

Depuis sa fondation en 1992, l'Impact a donné des ailes au soccer un peu partout en région, ce qui a entraîné la naissance de centaines de petites ligues. Au point qu'en termes de joueurs pratiquants, le soccer a dépassé le hockey et est devenu le sport le plus populaire au Québec.

224

Fièrement brassé à Oshlag

226 Premier établissement du Québec à être à la fois un microbrasseur et un microdistilleur, **Oshlag** est né de la révolution brassicole qui secoue la province depuis quelques années, et de la volonté d'élargir ce mouvement artisanal à l'univers des spiritueux. Du côté de la brasserie, l'entreprise n'élabore que des bières saisonnières, aucun produit régulier, une stratégie pour le moins audacieuse. Chaque nouvel arrivage est donc lancé en quantité et pour un temps limité. Ces bières saisonnières empreintes de créativité (maïs bleu, chardonnay, pinot noir, genévrier, etc.) contrastent avec les bières actuellement sur le marché. Leur premier spiritueux, arrivé à la Société des alcools du Québec (SAQ) en décembre 2016, est lui aussi à des années-lumière des produits classiques. Il s'agit d'une vodka aromatisée au houblon, d'une couleur jaune-vert, qu'on boit idéalement *straight* pour en apprécier pleinement les arômes et la pointe d'amertume. D'un design recherché, les produits d'Oshlag sont si beaux qu'on peut très bien les offrir en cadeau. Pour dénicher leurs bières, rendez-vous au Bièrologue (voir raison 209), et à la SAQ pour la vodka houblonnée. [2350, rue Dickson]

222A

Rosemont, la Petite-Patrie, Petite Italie, Mile-Ex

Vaste territoire s'étendant à l'est du Mile-Ex et de la Petite Italie jusqu'au boulevard Lacordaire, l'arrondissement Rosemont–La Petite-Patrie est le paradis des petites familles et l'antre du développement vert et durable, où plus de 2000 tonnes d'asphalte ont été enlevées depuis deux ans. L'arrondissement compte pas moins de 55 parcs ! En kilomètres, Rosemont a même dépassé du double le Plateau-Mont-Royal en ce qui a trait aux ruelles vertes. Des quartiers qui se vivent, où l'on mange (et boit) très bien. Bienvenue chez moi.

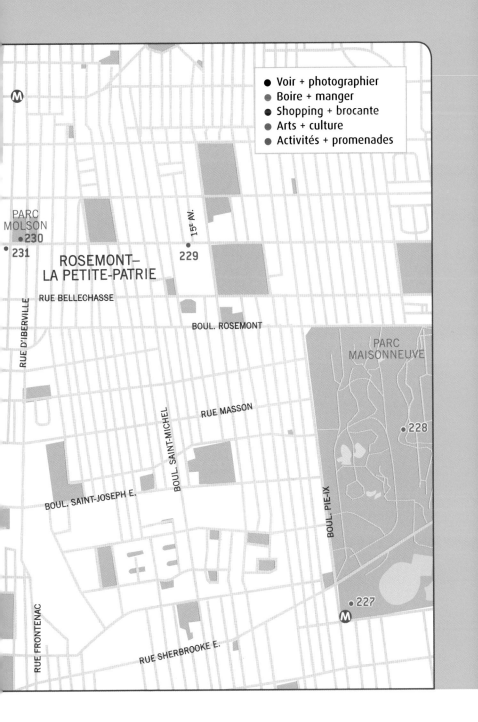

Voir + photographier
Boire + manger
Shopping + brocante
Arts + culture
Activités + promenades

PARC MOLSON
●230
● 231

ROSEMONT–
LA PETITE-PATRIE

15ᵉ AV.

229

RUE BELLECHASSE

RUE D'IBERVILLE

BOUL. ROSEMONT

PARC MAISONNEUVE

RUE MASSON

●228

BOUL. SAINT-MICHEL

BOUL. SAINT-JOSEPH E.

BOUL. PIE-IX

RUE FRONTENAC

●227

RUE SHERBROOKE E.

227A

Le jardin qui fait le tour du monde

227 Fleuron montréalais, le **Jardin botanique** (A) [4101, rue Sherbrooke E.] est parmi les plus importants au monde par la richesse de ses collections et par ses jardins thématiques. Avec ses 22 000 espèces et cultivars de plantes, ses 10 serres d'exposition et une vingtaine de jardins répartis sur 75 hectares, le Jardin botanique est un véritable musée vivant qui regroupe des plantes de toutes les régions du globe. Parmi les éléments les plus impressionnants, notons l'authentique Jardin de Chine construit entièrement par des artisans chinois dans les règles de l'art, le Jardin japonais et ses bonsaïs soigneusement entretenus, la Serre de la forêt tropicale humide et la Serre des orchidées et aracées, où il fait bon se réfugier en plein hiver pour se souvenir que l'été existe. Chaque année, des événements récurrents et attendus agrémentent la programmation du Jardin, notamment **Papillons en liberté** (de fin février à avril), les **Jardins de lumière** (septembre et octobre), le **Grand Bal des citrouilles** (octobre) et les **4 à 8 au restaurant du Jardin** (les vendredis et samedis de l'été).

Jumelé au Jardin botanique, l'**Insectarium** [4581, rue Sherbrooke E.] vous propose la découverte fascinante du monde des insectes et des arthropodes, des plus beaux papillons aux plus terrifiantes araignées, en passant par les colorés coléoptères. Le Jardin botanique et l'Insectarium sont ouverts toute l'année. Prévoir du temps : vous pourrez facilement y passer la journée.

228

Ski de fond en ville

228 Après les 22 kilomètres de pistes du parc du Mont-Royal, c'est dans Rosemont qu'on compte le plus de pistes dites « urbaines » (13,3 kilomètres). Les pistes du **parc Maisonneuve** sont idéales pour les débutants, puisqu'elles ne comportent pas de dénivelé. Le plus intéressant est de traverser du côté du Jardin botanique (les pistes entre le parc et le Jardin sont reliées) où l'on peut arpenter l'arboretum, qui compte environ 7000 arbres et arbustes. Des panneaux d'interprétation donnent des renseignements sur les différentes espèces et de nombreuses mangeoires favorisent l'observation des oiseaux. Une autre piste, le tronçon de 3 kilomètres qui longe la rue des Carrières et le chemin de fer, entre les rues d'Iberville et Clark, est peut-être moins bucolique, mais le paysage industriel parsemé de graffitis en fait une piste originale et différente.

Lecture à partager

229

C'est dans le quartier Rosemont qu'on trouve le plus de **minibibliothèques libre-service**, une initiative citoyenne qui facilite l'accès à la lecture. Le principe de ces petites cabanes à livres est fort simple : prenez un livre sans l'obligation de le retourner et sans qu'il vous en coûte un sou, et laissez-en un autre en retour. Charmantes, elles sont toutes décorées différemment, selon l'imagination des propriétaires. Mouvement lancé en 2012 par une résidente, il a été entériné par la Corporation de développement communautaire de Rosemont qui tient à jour une carte pour les repérer. On en comptait 16 en 2016 dans le secteur est de Rosemont. [cdcrosemont.org/bibliotheques]

230 A

Ravissante patinoire

230

Le **parc Molson** (A), l'un des plus charmants parcs de Montréal, devient l'hiver venu un lieu où il fait bon patiner en famille. La surface glacée encercle le kiosque à musique et se prolonge tout le long des sentiers qui traversent le parc. Le soir, quel bonheur de patiner sous les grands arbres dans les sentiers calmes ! Dans la section ouest du parc (il est séparé en deux par la rue d'Iberville), on peut admirer la sculpture *Temps d'arrêt* de l'artiste Jean-Pierre Morin, haute de cinq mètres. Elle incarne l'esprit même de ce parc, une aire de détente et de jeu, un lieu qui nous incite à faire une pause dans nos vies effrénées. Dans la rue Beaubien, qui longe le parc au sud, vous trouverez plusieurs cafés et restaurants pour casser la croûte ou pour le chocolat chaud post-patinage : **De Froment et de Sève** (n° 2355), **Détour Bistro** (n° 2480), **La Grand-Mère Poule** (n° 2500), **Les Beaux-Frères sur Beaubien** (n° 2534) et le **Café Mucho Gusto** (n° 2536). Bon à savoir : vous pouvez faire aiguiser vos patins au magasin **Vélo Intemporel** (n° 2548).

229

Le dernier cinéma de quartier

231 Un irréductible. Celui qui persiste malgré un marché envahi par des géants. Le **Cinéma Beaubien**, ouvert en 1937, est le tout dernier cinéma de quartier encore en fonction. La version montréalaise de David contre Goliath. Il a pourtant failli disparaître en 2001, lorsque Cinéplex Odéon, qui en était le propriétaire, a annoncé sa fermeture. Des gens du quartier se sont alors mobilisés et la Corporation du Cinéma Beaubien a été créée pour le racheter et l'administrer. Il est donc aussi le seul cinéma en ville à être géré par une entreprise d'économie sociale. La programmation favorise les films québécois et les films étrangers de qualité. Son look rétro et ses petites salles confortables font de ce cinéma une perle rare. [2396, rue Beaubien E.]

232

Bière, broue et brouhaha

232 Le **Broue Pub Brouhaha** propose une belle sélection de bières, dont quelques fûts maison, et une programmation pas piquée des vers. Mention spéciale aux Lundis Douteux, événement hebdomadaire où l'on recense le pire du vidéo et du film douteux et absurde. Mais c'est la nourriture qui nous y fait revenir constamment, particulièrement une des poutines, la Poutiflette, composée de frites cuites dans de la graisse de canard, de lardons, d'oignons et de poireaux caramélisés, d'une sauce crémeuse, de fromage en grains et d'une généreuse tranche du fromage Pied-De-Vent des îles de la Madeleine. Cochon, vous dites ? [5860, av. De Lorimier]

231

234

Brunch, brunch, brunch

233 Se rendre au **Régine Café** (A) [1840, rue Beaubien E.], c'est comme rendre visite à cette tante « gâteau » qui vous régale même quand vous n'avez plus faim. Dans une déco baroque où le velours et la couleur mauve sont roi et reine, on sert des déjeuners copieux, à la limite de la décadence. Le jambon cuit sur l'os, les fèves au lard, le pain brioché maison, les cretons savoureux, le jus fraîchement pressé, le chocolat chaud préparé avec du chocolat à 70 %... Aucun doute, la reine des brunchs s'appelle Régine ! On y trouve des chaises hautes et des repas à prix doux pour les enfants. Le restaurant est très prisé le week-end ; préférez-le en semaine, ou avant 10 h le week-end si votre horaire le permet.

Le restaurant aux accents californiens et à tendance végétarienne **Santa Barbara** [6696, rue De Saint-Vallier] s'est ménagé une place dans les destinations brunchs du quartier. Les plats aux noms originaux comme la Mathématicienne, le Soldat d'artillerie ou l'Architecte rappellent sainte Barbe, la patronne de plusieurs professions. Ils débordent d'ingrédients frais : chou frisé, avocat, yogourt biologique, œufs, fruits de saison... On y mange très bien.

Le **Fixe Café Bistro** [5985, rue Saint-Hubert] propose un menu brunch d'influence espagnole et, sur l'ardoise, des plats préparés avec des aliments saisonniers. Des combinaisons originales comme ces pancakes aux épinards, crème à la lime, œufs pochés et maquereau fumé, ou encore l'omelette espagnole et sa salade de tomates-cerises et d'olives. Pour un brunch différent accompagné d'un sublime café.

Le boucher d'une autre époque

234 Boucher de profession, Marc Bourg a ouvert en 2010 **Le Marchand du Bourg**, une boucherie pas comme les autres où la seule viande proposée est... le bœuf. La déco est pour le moins originale, à l'image des boucheries d'antan. Mais ce qui frappe d'emblée est l'absence de présentoir réfrigéré : en effet, la viande n'est jamais découpée d'avance ni préemballée. M. Bourg découpe chaque côte, contre-filet, filet mignon et bavette à la demande du client et selon l'épaisseur qui lui convient. La boucherie ne s'approvisionne que chez les meilleurs éleveurs de bœufs du Canada. La spécialité de la maison : la côte de bœuf vieillie à sec pendant 60 jours, un processus de vieillissement strictement contrôlé, qui rend la viande remarquablement tendre et lui confère un goût de noisette. Le boucher pousse même l'audace jusqu'à proposer du 120, 180, 365 jours, et même deux ans de vieillissement. Le bœuf vieilli de la sorte n'est disponible qu'en commande spéciale et est un produit très, très haut de gamme – prix à l'avenant. Le bœuf vieilli 60 jours est plus accessible et disponible toute l'année, tout comme le steak non vieilli. Un luxe qu'on s'offre lorsqu'on souhaite savourer une petite tranche d'extraordinaire. [1661, rue Beaubien E.]

233A

Huguette Couture : une authentique Montréalaise

235 Pour faire véritablement l'expérience de Montréal, il faut non seulement arpenter ses rues, mais aussi aller à la rencontre de ses habitants, authentiques, souriants, serviables. Vous le comprendrez vite : les Montréalais sont friands de contacts, ils aiment jaser. Nouveaux arrivants ou citadins de souche, ils vous accueilleront avec le sourire et vous offriront spontanément leur aide. Même s'ils passent leur temps à s'en plaindre, ils sont fiers de leur ville.

Je ne la connaissais pas, néanmoins **Huguette Couture** a insisté pour m'inviter chez elle, pour qu'on se rencontre face à face : « C'est plus agréable qu'au téléphone », m'a-t-elle dit. C'est bien vrai. Pendant deux heures, elle m'a raconté Montréal, son enfance, les tramways, les ruelles. Âgée de 86 ans, elle en paraît facilement 20 de moins. Celle qui a vécu presque toute sa vie dans Rosemont, plus précisément dans l'avenue des Érables, ne tarit pas d'éloges sur la ville qui l'a vue naître. « Montréal nous donne une liberté, on a tout ici. En revenant de la Rive-Sud, on aperçoit les ponts, toutes ces lumières... J'ai l'impression que la ville m'appartient. En avion, on voit encore mieux le mont Royal et le fleuve. Tout ça, c'est à nous, on est chanceux ! »

Elle se rappelle les matchs de tennis entre amis dans la ruelle. Jeune adulte, elle se rendait à pied au parc La Fontaine. « Il y avait des fanfares certains soirs. Mais ce qu'on aimait par-dessus tout, c'était faire un tour de gondole sur le lac. » Son premier appartement, un petit rez-de-chaussée, lui coûtait 45 $ par mois. C'était en 1951. Son mari et elle étaient des « sorteux ». Au moins une fois par mois, ils se rendaient dans un grand restaurant. Ils ont fréquenté Chez Butch Bouchard, le *steakhouse* d'Émile Bouchard, l'ancien capitaine des Canadiens, à l'angle de la rue Saint-André et du boulevard De

Maisonneuve, et Chez Queux, une institution du Vieux-Montréal qui a fermé ses portes il n'y a pas si longtemps. « C'était la belle époque, quand tout le monde fumait ! » ajoute celle qui a écrasé pour de bon la cigarette en 1996.

Ils ont acheté leur première auto dix ans après leur mariage. Avant cela, tout se faisait en autobus et en tramway. « Dans le tramway, les sièges étaient en rotin. L'hiver, ce n'était pas drôle : le trolley "débarquait" souvent à cause de la glace. Les hommes sortaient et poussaient. » Fan des Expos, le club de baseball, elle pouvait aller voir jusqu'à 15 matchs par saison. « Il me fallait toujours ma boîte de Cracker Jack pendant la partie ! » Madame Couture a eu une belle carrière. Pendant 25 ans, elle a travaillé à la fois comme téléphoniste, commis comptable et gérante de bureau chez Durivage, une usine de boulangerie de la rue Dandurand.

Montréalaise de cœur, elle affirme fièrement : « Je trouve tout beau de Montréal. J'ai toujours habité sur l'île et je ne la quitterai jamais. »

236

Sublimes cuisinières de la Petite-Patrie

237 **Les Empoteuses** (A) [1106, rue Beaubien E.] servent des déjeuners, des brunchs et des lunchs légers qui varient au fil des semaines, en fonction des arrivages du marché. Au menu, du pain doré aux bleuets et crème pâtissière à la lavande, des œufs bénédictine (la sauce hollandaise est tout simplement parfaite), ou encore des poutines matinales, un savant mélange de pommes de terre, de jambon braisé, d'œuf, de sauce hollandaise et, bien sûr, de fromage en grains. On prépare et vend aussi sur place des petits pots de confitures originales (poires-gingembre, bleuets-citron-romarin, pêches-basilic), de confits d'oignons, de gelées de piments, de ketchup aux fruits ou de légumes marinés. Voilà un café fort sympathique où la gentillesse de l'équipe nous fait revenir encore et toujours.

Une rue au nord, sur Saint-Zotique, Ariane Maurice prépare ses sublimes tartes dans un atelier joliment décoré qu'elle a nommé **Pâtisserie Bicyclette**. De grandes tartes pour huit personnes, garnies d'ingrédients frais et de qualité. La tarte aux pacanes, bourbon et gingembre sur pâte brisée est la plus populaire, mais j'ai un faible pour celle à la mousse de poires et miel de fleurs sauvages sur graham de sarrasin, ou celle au crémeux de chocolat noir infusé au thé chaï. Ses croûtes sont remarquables. Tout comme ses cannelés! [1256, rue Saint-Zotique E.]

Le bar à bacon

236 Un bar «baconcentrique»: déjà, le concept surprend. Chez **Brutus**, on ne fait pas dans la dentelle. C'est la décadence assumée. Votre Bloody Caesar (rebaptisé Bloody Brutus) vous sera servi avec une rose faite de bacon. Votre poutine? Garnie de bacon, bien sûr. Et si vous insistez, on peut même vous la servir dans un bol... de bacon (ouch! le foie!). J'aime le décor «glamour gothique» de ce bar, tout noir et or, aux grandes banquettes capitonnées. On y trouve aussi la plus vaste sélection de bourbons au Québec. [1290, rue Beaubien E.]

237 A

Mon quartier général

238

Depuis que l'**Isle de Garde** (A) [1039, rue Beaubien E.] a ouvert ses portes en 2014, c'est devenu mon bar de quartier, mon repère. Un endroit convivial où il fait bon boire une pinte et casser la croûte. La carte des bières est parmi les plus intéressantes en ville, avec 24 lignes de fût. On y trouve toujours un cidre, un kombucha et 22 bières de microbrasseries québécoises en rotation, dont quelques-unes brassées par les propriétaires, toutes servies à la température recommandée, dans le format et le verre qui conviennent le mieux au produit. L'été, la terrasse en bordure de la rue Beaubien est franchement chouette. Côté resto, on vous propose le macaroni au fromage, la planchette de charcuteries, un tartare ou un burger préparé avec du bœuf vieilli de la boucherie **Le Marchand du Bourg** (voir raison 234).

Juste à côté, vous trouverez la meilleure baguette du quartier, chez **Automne Boulangerie** [6500, av. Christophe-Colomb]. L'un des deux jeunes propriétaires, Julien Roy, a remporté le titre de meilleur apprenti boulanger lors du 4ᵉ Mondial du Pain, en 2013, à Saint-Étienne (France). Laissez-vous tenter par la baguette fromagère, fromagée juste comme il faut.

239

238 A

Le parfait petit café de quartier

239

Pour les résidents de la Petite-Patrie, le **Caffè Mille Gusti** est un petit bijou. Chaque jour de la semaine, Joe Scalia, le propriétaire, accueille ses clients en les appelant *bella* et *bello*, et il prend le temps de discuter avec chacun. Il se souviendra de toutes les conversations et vous demandera gentiment comment s'est déroulé votre déménagement ou comment vont vos enfants. D'ailleurs, Joe adore les tout-petits; ils sont toujours les bienvenus dans son établissement. Si vous commandez un de ses sandwichs, demandez-lui d'ajouter du «mille gusti», un savoureux pesto épicé, fait de légumes marinés et de piments, concocté par Joe lui-même. [1038, rue Saint-Zotique E.]

240 241

Des olives de chez nous

240

C'est une histoire passionnante que celle de Francis Senécal, propriétaire d'**Héritage Kalamata**, boutique et distributeur d'olives farcies et d'huile d'olive. Après avoir été initié à la culture des olives en Grèce lors d'un séjour dans le village natal d'un ami, Francis a eu un réel coup de foudre pour ce pays, son peuple et ses produits. Au point de décider de cultiver les terres inutilisées de son ami et de devenir producteur d'olives et d'huile d'olive. Depuis, sa conjointe et lui retournent en Grèce chaque année, après Noël, pour récolter les fruits de leurs oliveraies qu'ils vendent en plusieurs lieux au Québec, dont leur atelier-boutique dans la Petite-Patrie. Leur huile d'olive est herbacée et fruitée, avec une finale poivrée en bouche. Je raffole de leurs olives farcies aux noix de cajou sautées au cari, celles au citron, et celles appelées La Bomba, farcies d'un délectable mélange d'aubergine, d'artichaut, de carotte, de champignon et de piment fort. Un succès assuré à l'apéro. [1129, rue Bélanger ; et plusieurs points de vente]

Grande cuisine rue Bélanger

241

Le restaurant **La Récolte** est arrivé comme un vent de fraîcheur dans la rue Bélanger, dans un secteur qu'on pourrait qualifier de «petit Mexique». Avec ses couverts dépareillés et sa déco aux couleurs riches, sans artifice, l'établissement s'est d'abord fait connaître pour ses brunchs épatants des samedis et dimanches. La clientèle en voulait davantage et la table est maintenant dressée pour les soupers gastronomiques, du mercredi au samedi. On mise sur une présentation soignée, sur des plats d'une qualité irréprochable, sur des produits locaux exclusivement québécois et sur un menu constamment renouvelé au rythme des saisons. Quand les asperges sortent au printemps, il y a de l'asperge au menu. Quand vient le temps de la courge, on réinvente cette cucurbitacée de façon exemplaire. On sent tout l'amour que les chefs ont pour les produits d'ici. De la grande cuisine. [764, rue Bélanger]

Le petit Mexique

242 Pour préparer d'opulents repas mexicains, l'épicerie-boulangerie-boucherie-restaurant **Sabor Latino** est le meilleur allié. Les allées regorgent de centaines de produits en provenance d'Amérique latine, de même que de fruits et de légumes importés comme la goyave, la chayote et la tomatille. Il y a presque toujours en stock des avocats à point, excellents pour un guacamole de dernière minute. Je m'y rends pour le *queso fresco*, le fromage frais qu'on émiette sur les tacos. Demandez au commis de goûter aux différentes variétés. On y vend aussi des tortillas de maïs, les plus fraîches que j'ai pu trouver sur l'île, des nachos et de la coriandre à prix incroyablement bas. Quand je n'ai pas le goût de me casser la tête, je vais du côté du restaurant pour commander du guacamole et du bœuf mariné et effiloché pour garnir les tacos. Et je ne quitte jamais Sabor Latino sans un ou deux churros tout chauds, cuisinés sur place. [436, rue Bélanger]

L'adresse la plus chantée du Québec

243 «Soixante et sept soixante, Saint-Vallier, Montréal», pouvait-on entendre sur le premier album de Beau Dommage, paru en 1974, à la fin de la chanson *Tous les palmiers*. Derrière cette adresse devenue mythique, le 6760 de la rue De Saint-Vallier, a été inaugurée en 2015 la **ruelle Beau-Dommage** (A), en l'honneur du populaire groupe québécois. La ruelle n'a pas bénéficié d'aménagement particulier, mais à son extrémité sud, on peut admirer une murale représentant la pochette du célèbre premier album. L'un des membres du groupe, Robert Léger, a vécu à cette adresse en 1972. À l'époque, il payait un loyer de 65 $ pour un sept-pièces. Aujourd'hui, dans la Petite-Patrie, le prix moyen pour un tel logement est estimé à... 1215 $. C'est dire la popularité toujours grandissante du quartier. [Rue Saint-Zotique, entre Saint-Vallier et Saint-Denis]

Parmi les autres murales dignes de mention dans le secteur, notons la photogénique **Montréal Love** (B) de Nicolas Fortin, rue de Bellechasse, au coin de l'avenue Christophe-Colomb; les deux œuvres de l'Américain El Mac, **L'Esprit d'été** (C) (boulevard Rosemont, entre l'avenue Christophe-Colomb et la rue De La Roche) et **La Mère Créatrice** (D) (rue de Bellechasse, au coin de la rue Saint-Hubert); et **Más - Penser à prendre le temps** (E) du Français Mateo, rue de Fleurimont, à l'angle de l'avenue Papineau.

242 243 A

243 B

243 A

243 C

243 D

Retour dans le temps

244

Le quartier Rosemont a lui aussi son institution, inchangée depuis 60 ans : **Le Roi du Smoked Meat**. Les banquettes rouges, très *fifties*, insufflent de la nostalgie dans une déco où règnent les énormes pots de poivrons et de cornichons marinés. On dirait que le temps s'est arrêté dans ce restaurant ouvert en 1954, dont le smoked meat n'a rien à envier aux deli du Plateau. Les employés de longue date (certains sont là depuis plus de 50 ans !) ont été témoins de nombreuses scènes souvent loufoques aux petites heures du matin. Ouvert jusqu'à 2 h 30 du lundi au mercredi, et jusqu'à 5 h 30 du jeudi au dimanche, ce restaurant est en effet une destination pour les fringales alcoolémiques des fêtards, après la fermeture des bars. La poutine au smoked meat, meilleur remède contre la gueule de bois. [6705, rue Saint-Hubert]

Les dumplings de Mademoiselle

245

Dans la vitrine de cet étroit restaurant de la Plaza Saint-Hubert, deux patientes dames préparent à la main des centaines de dumplings chaque jour. À **La Maison de Mademoiselle Dumpling**, pas de cachette : on assiste à la préparation de ces petites merveilles, fasciné par la douceur et la précision du doigté des dames. Difficile de faire plus frais. À l'intérieur, huit tables tout au plus et quelques produits chinois en vente sur les étagères. Le menu est court : six entrées, quelques sortes de dumplings, deux desserts et du thé. Qu'importe, c'est pour les raviolis chinois qu'on vient ici. Des délices au porc, au bœuf, au poulet, aux fruits de mer ou végétariens, bouillis ou poêlés. Tout simplement parfait. On peut aussi repartir avec un sac de dumplings congelés. [6381, rue Saint-Hubert]

246 A

Au restaurant, il est d'usage de diviser l'addition selon le nombre de convives.

Belle, belle rebelle

246 La boutique **Belle et Rebelle** (A) [6321, rue Saint-Hubert] a été l'une des premières à se spécialiser dans les vêtements pour femmes conçus par des designers d'ici. Dix ans après sa fondation, on peut donner un coup de chapeau à ce commerce qui a su mettre de l'avant le travail de plus d'une centaine de créateurs québécois de renom et émergents, dont Mélissa Nepton, Matt & Nat, Ève Gravel, Le Bonnetier et Jennifer Glasgow. Vêtements, bijoux, accessoires et objets décoratifs sont tous choisis avec soin. De plus, le dernier samedi de chaque mois, emplette rime avec entraide : la boutique remet 20 % de ses ventes de la journée à la Maison Passages qui vient en aide aux jeunes femmes en difficulté. Sa petite sœur, la boutique **Petite Rebelle** [6583A, rue Saint-Hubert], mélange design d'ici et d'ailleurs pour un look un peu plus décontracté.

Le délire d'umami

247 Aucun doute : le chef Charles-Antoine Crête, du **Montréal Plaza**, est l'un des plus talentueux de Montréal. Après avoir été le bras droit de Normand Laprise chez Toqué !, ce rebelle a décidé d'ouvrir son propre resto, élégant, moderne, parsemé de clins d'œil rappelant les souvenirs d'enfance et l'appartement de grand-maman : lampes chérubin, collection de Schtroumpfs, horloge grand-père, tête d'ours empaillée. Le menu succinct fait sourire : choux de Bruxelles frits, tartare de poisson + crispy, cannellonis baloney (oui, du vrai *baloney*, ou saucisson de Bologne). Pas de fioriture, pas de grandiloquence. Vous pensez commander de simples choux de Bruxelles ? Détrompez-vous. Ils arriveront agrémentés d'une mayo maison et de parmesan. Un vrai délire d'umami. Le service est impeccable, franchement sympathique et attentionné. La cuisine, elle, est un sans faute : bourgots gratinés, omble confit, tartare de poisson ou de cerf, topinambours. Une table véritablement audacieuse. [6230, rue Saint-Hubert]

247

248A 249A 251

La famille avant tout

248 J'ai dû passer devant mille fois sans le remarquer. Derrière cette devanture terne se cache **Casa do Alentejo** (A), un fort sympathique restaurant portugais : ambiance familiale, déco typique, succulent poulet grillé sur charbon de bois, très bonnes frites et addition franchement raisonnable. Une bien belle adresse pour une sortie en famille. [5938, rue Saint-Hubert]

Cà Phê Con Leche [5912, rue St-Hubert] est un étrange nom bilingue pour un restaurant, mais sa signification est pourtant très séduisante. Cet amalgame de vietnamien (*cà phê* signifie « café ») et d'espagnol (*con leche* signifie « avec du lait ») symbolise l'histoire d'amour de Kim, du Vietnam, et de Yasmin, du Venezuela, qui se sont unis pour ouvrir un café-resto à leur image. Le menu diptyque propose des plats familiaux et des boissons en provenance de leurs deux pays d'origine et constitue un charmant mélange de phở et d'arepas. L'accueil est si chaleureux qu'on a l'impression d'être reçu chez eux, en toute simplicité. À la belle saison, prenez place sur la terrasse, à l'arrière.

Par intraveineuse, s.v.p.

249 J'aime passionnément le café de chez **Pista** (A) [500, rue Beaubien E.], un coquet établissement situé à quelques pas du métro Beaubien. À l'origine de ce café, il y a Maxime Richard, intrigué par le concept d'un triporteur qui moud le café... en utilisant la force des jambes de celui qui pédale ! Après deux ans d'opération, notamment dans les festivals, le jeune barista décide de coiffer d'un toit son moulin à café nouveau genre. Est donc né ce café à la déco épurée faite de blanc, de vert tendre et d'une touche d'or. On s'y rend pour une dose de caféine bien équilibrée et pour la tartine à l'avocat, couronnée d'un œuf poché à la perfection.

Le **Moustache** [35, rue Beaubien E.], autre très joli café, se trouve plus à l'ouest. On profite d'une visite pour saluer Jays, la mascotte, un labernois imperturbable, et pour travailler quelques heures sur la grande table commune en sirotant un de leurs smooties vitaminés comme le Mango Lassi (mangue, lait de coco, pollen d'abeille) ou le Tout Vert (pomme verte, chou frisé, fenouil, céleri, persil, citron, gingembre). L'été, on opte pour un café infusé à froid.

La bibliothèque « estradinaire »

250 À un jet de pierre du métro Rosemont, on a inauguré en 2013 la **bibliothèque Marc-Favreau**, en hommage à l'homme derrière le légendaire personnage de Sol. Établie dans un bâtiment éco-responsable (la protection de l'environnement lui tenait à cœur), cette bibliothèque jouit d'une luminosité exceptionnelle. Les murs, les plafonds et le plancher sont couverts de bois pour donner au visiteur l'impression qu'il se trouve dans le fameux coffre de Sol. Les installations sont orientées vers la famille : une salle colorée pour les 0-4 ans, munie d'un plancher chauffant ; un atelier technologique pour les adolescents, doté d'un grand nombre de postes informatiques et de logiciels multimédias ; et une salle de lecture toute vitrée pour les adultes, avec un foyer en plein centre, seule salle où le silence est exigé. Le **parc Luc-Durand**, derrière la bibliothèque, est superbement aménagé pour les enfants. Il est dédié au comédien qui incarnait Gobelet, le clown qui formait avec Sol le célèbre duo qui a marqué l'univers télévisuel québécois. Vermouilleux ! [500, boul. Rosemont]

À la Vong

251 **Y Lan** est un restaurant familial vietnamien sans prétention, proposant une cuisine des plus classiques du Sud-Est asiatique. Les plats sont réussis, savoureux et incroyablement bon marché. Je fréquente assidûment Y Lan pour ses prix doux et parce qu'on peut y apporter son vin, mais aussi pour le poisson à la Vong, un plat typique d'Hanoï : des cubes de poisson blanc saupoudrés de cumin et légèrement panés qu'on accompagne d'une bonne dose d'aneth frais. Pour le déguster, on roule dans une feuille de laitue la quantité de poisson désirée, des vermicelles et des herbes fraîches, puis on trempe ce petit rouleau dans une sauce aux crevettes. Divin et dépaysant. [6425, rue Saint-Denis]

À boire cul sec

252 Le concept du **Cul-Sec cave & cantine** est rafraîchissant : un petit bistro, certes, mais avant tout un « caviste de quartier » qui propose des vins en importation privée sortant de l'ordinaire, souvent nature, pour la plupart bios ou dignes des grands artisans du vin. Cul-Sec vend, avec l'aide précieuse du sommelier, des perles de bouteilles à prix très raisonnable, qui accompagnent un repas réalisé avec finesse qu'on consomme sur place ou qu'on emporte : plateau de fromages ou de charcuteries, salade de betteraves, mousse de foie, huîtres ou risotto de chou et citron. Ici, c'est le vin avant tout, comme en témoigne le décor, de type cave à vin. Santé ! [29, rue Beaubien E.]

Davide et Luciano

253 Attablé à l'une des 20 places du restaurant **Il Bazzali** (A) [285, rue Beaubien E.], on savoure une cuisine inspirée du nord de l'Italie tout en appréciant... la voix de ténor d'un des chefs propriétaires ! À la demi-heure, de sa cuisine, Davide Bazzali, aussi chanteur d'opéra de grand talent, entonne des classiques du répertoire italien tout en continuant la préparation des repas. Aucunement dérangeantes, ces prestations donnent tout son charme à ce resto de quartier. De plus, c'est un « Apportez votre vin ». Je vous recommande la table d'hôte 5 services à un prix plus que raisonnable (35 $ ou 55 $, variant toutes les semaines en fonction des ingrédients disponibles). Réservation recommandée.

Dès qu'on met les pieds dans la trattoria **Luciano** [1212, rue Saint-Zotique E.], on se sent accueilli par la *famiglia* italienne. Luciano, maître incontesté des pâtes fraîches, est aux fourneaux, et Ange Forcherio s'occupe du service et de la sommellerie (faites-lui part de vos goûts et de votre budget et laissez-le choisir le vin, vous ne serez pas déçu). Une cuisine toute simple et efficace, un menu concis et parfaitement maîtrisé : Luciano vous éblouira avec ses spaghettis cacio e pepe (fromage pecorino et poivre noir) et ses tagliatelles porcini (cèpes, oignons caramélisés, vin blanc et jus de veau).

Parcours décadent dans la Petite Italie

254 Une expédition qui réjouira vos papilles (mais peut-être moins votre tour de taille) commence juste au sud de la Petite Italie, à la pâtisserie **La Cornetteria** (A) [6528, boul. Saint-Laurent]. Pour vous donner la force d'entamer le parcours, dégustez un cornetto farci à la ricotta. Et sachez que la torta caprese au chocolat (un gâteau fait d'amandes, sans farine, donc convenant aux intolérants au gluten) est bon à se rouler par terre. Ensuite, direction **Milano Fruiterie** [6862, boul. Saint-Laurent], véritable institution dans le quartier depuis 1954, où l'on trouve des milliers de types de pâtes importées d'Italie (j'exagère à peine), du parmesan au meilleur prix en ville, des huiles d'olive qui font voyager et des boules de mozzarella di Bufala à faire damner. On fait passer tout ça avec un espresso bien corsé ou un latte au **Caffè San Simeon** [39, rue Dante], le meilleur café italien en ville, un excellent rapport qualité-prix. Pour terminer cette promenade, une visite chez **Alati-Caserta** s'impose [277, rue Dante], pour agripper quelques cannolis ou un granité au citron, proposé en saison estivale, juste assez surette et sucré, qu'on engouffrera dans le **parc Dante** en regardant les Italiens jouer au *bocce*.

253 A 254 A   255 256

Le vice en terrasse

255 Le bar **Vices & Versa** propose la plus belle terrasse de la Petite Italie, un grand espace privé donnant sur le parc Sœur-Madeleine-Gagnon, rempli de verdure, en partie ombragé par un arbre apaisant. Ouvert en 2004, le Vices & Versa fut l'un des premiers bars à se spécialiser dans les bières de microbrasseries québécoises, en plus de proposer un menu mettant en valeur les produits d'ici (saucisses et charcuteries artisanales, agneau et fromages du Québec) à prix franchement abordables. [6631, boul. Saint-Laurent]

La meilleure pizza de Montréal. Point.

256 À l'âge de 22 ans, le jeune propriétaire Fabrizio Covone quitta Montréal pour Naples à la recherche du secret de la pizza napolitaine. Deux ans plus tard, il revint dans la métropole, secret en poche, avec... un four à bois de 3500 kilos! Pouvant atteindre 900 °F, ce four donne à la pâte une texture magnifiquement croustillante et légère. La sauce tomate est parfaitement équilibrée. Je vous recommande la Margherita, toute en simplicité, sans artifice (sauce tomate, mozzarella et basilic). Avec son service courtois et efficace, sa grande carte de vins italiens et sa constance dans la qualité des plats, le **Bottega** s'est hissé au sommet de mes restaurants de prédilection. Sans aucun doute la meilleure pizza de Montréal. [65, rue Saint-Zotique E.]

257

Pique-nique à l'américaine

257 Le concept de ce restaurant, installé à la périphérie du parc de la Petite-Italie, est simplement brillant. Les clients du **Dinette Triple Crown**, qui souhaitent manger dans le parc, commandent leur repas au comptoir. On leur remet nappe, ustensiles et condiments dans un panier en osier qu'ils rapportent une fois le pique-nique terminé. On y déguste une cuisine du sud des États-Unis, costaude et savoureuse : poulet frit, macaroni au fromage, brisket (poitrine de bœuf) fumée, sandwich au porc effiloché, patates douces rissolées... Tout est fait maison, le bacon, les marinades, les sauces, le pain, les sirops à cocktail, les desserts. Rassasiant et bucolique. [6704, rue Clark]

Casseroles et carabines

258

C'est probablement le seul commerce au monde à proposer à la fois des articles de cuisine et... des fusils de chasse ! Boutique familiale tenue par la famille Vendittelli depuis 1956, la **Quincaillerie Dante** a évolué au fil des années. D'abord magasin général spécialisé dans les outils de construction fabriqués en Italie, on y ajoute un comptoir d'armes à feu dans les années 1960. La fille du couple fondateur, Elena Faita-Vendittelli, s'implique de plus en plus dans le commerce. Sa passion pour la cuisine est contagieuse : elle transforme progressivement la partie quincaillerie en une section d'articles de cuisine de qualité où l'on peut admirer des cocottes colorées, des planches à découper fabriquées par des artisans, des couteaux de chef. Sans oublier de jeter un coup d'œil curieux aux carabines et aux lunettes de visée. [6851, rue Saint-Dominique]

Le monde en vrac

259

Avec plus de 3000 produits venus des quatre coins du monde, **Épices Anatol** est LA référence du vrac à Montréal. La variété est impressionnante : épices, herbes et fruits séchés, noix, graines, légumineuses, pâtes, céréales, bonbons, cafés, thés. Rien que pour les noix, on compte 100 sortes différentes – nature, salées, grillées, mélangées, assaisonnées. On peut se procurer bon nombre d'épices et de fines herbes en sachet pour seulement 1 $. Les gousses de vanille de Madagascar coûtent trois fois moins cher qu'ailleurs. Et fini le gaspillage : avec le vrac, on achète la quantité dont on a réellement besoin. Vous cherchez de la racine de pivoine, du ras-el-hanout, des pensées sauvages ou du safran iranien ? Venez chez Anatol, il en a, c'est certain. [6822, boul. Saint-Laurent]

260

Cuisine de rue mexicaine

260 **Le Roi du Taco** (*El Rey del Taco*), à la fois boui-boui mexicain et petite épicerie, est une destination parfaite pour une fringale pré ou post-marché Jean-Talon. On y sert des petits déjeuners mexicains traditionnels à partir de 10 h et des menus rapides pour le lunch et le souper, mille fois plus goûteux que n'importe quel *fast-food*. On vous accueillera avec des nachos de couleur et des salsas maison, que vous pourrez accompagner d'un divin guacamole bourré de coriandre. Le pozole, une soupe traditionnelle au maïs et au porc, vous réchauffera en moins de deux. Il faut essayer les tacos à l'agneau très tendre, épicé juste ce qu'il faut, servi sur des tortillas de maïs superfraîches. [232, rue Jean-Talon E.]

Le miel urbain

261 Fondée en 2012, la jeune et inspirante compagnie **Alvéole** s'est donné comme mission de rendre la production de miel plus locale que jamais, tout en valorisant le rôle primordial de l'abeille dans l'écosystème des villes. En plus de produire son propre miel, Alvéole aide les entreprises, les écoles et les résidents à installer leur ruche sur un toit, un balcon ou dans la cour arrière. Elle les conseille aussi sur l'entretien et la gestion d'une colonie d'abeilles, et sur l'extraction du miel. On compte aujourd'hui 350 ruches disséminées un peu partout sur le vaste territoire de Montréal et des alentours, et la communauté des apiculteurs produit maintenant trois tonnes de miel par an. À la boutique Alvéole, au cœur du Mile-Ex, on peut dénicher les outils essentiels à l'apiculture ou mettre la main sur des pots de miel en provenance de plusieurs quartiers (disponibles normalement de septembre à décembre). Gros coup de cœur pour les coffrets de dégustation de miel urbain de Montréal, Québec et Toronto. Le coffret de Montréal contient les miels de Villeray, de Notre-Dame-de-Grâce–Westmount, de Saint-Henri et du Plateau-Mont-Royal. Étonnant de constater les différences dans la couleur et le goût, chaque quartier possédant une végétation qui lui est propre, ce qui influence directement le miel produit par les abeilles. [7154, rue Saint-Urbain]

261

Mon marché

262

Il est impensable de visiter Montréal sans faire halte au **marché Jean-Talon** (A). Établi en 1933 sur un ancien terrain de crosse (le sport d'origine amérindienne), ce marché occupait un emplacement stratégique, tout juste au sud de la rue Jean-Talon qui était déjà une importante artère commerciale, et près du boulevard Saint-Laurent et de sa ligne de tramway. De nos jours, peu importe la saison, on visite cet important carrefour de producteurs locaux, à la recherche de fruits et légumes de saison et de produits difficiles à trouver dans les grandes surfaces : pois frais, choux romanesco, miel en rayon, bleuets sauvages, fleurs de courgette, concombres serpents ou fleurs d'ail. En plus des kiosques, des dizaines de boutiques spécialisées se dressent tout autour du marché.

Parmi les boutiques ouvertes toute l'année, il y a le kiosque **Les Jardins Sauvages**. On admire les merveilles cueillies par le coureur des bois François Brouillard, des dizaines de plantes sauvages et de champignons, comme les têtes de violon (crosses de fougère) et les morilles au printemps, la salicorne, le persil de mer et les chanterelles de l'été à l'automne. L'hiver, on fait provision de plats cuisinés avec des aliments cueillis à même la forêt québécoise (soupes, sauces, charcuteries). [Allée des Spécialités Sud]

La glacerie artisanale **Havre-aux-Glaces** (B) est un arrêt obligatoire. Les parfums des glaces et sorbets sont aussi abondants qu'alléchants : framboise, citron, caramel brûlé d'érable, pamplemousse rose, mangue, matcha, lait d'abricot, melon et fleur d'oranger… Essayez-les tous ! Vous ne serez jamais déçu. [Allée des Spécialités Sud ; et plusieurs autres points de vente]

Épices de Cru, la boutique des chasseurs d'épices, Ethné et Philippe de Vienne, vous permettra de bonifier n'importe quel plat avec des mélanges d'épices exceptionnels. Il faut essayer le mélange Route de la Soie, déconcertant, tout en douceur, réunissant trois grandes cuisines (perse, chinoise et indienne), incroyable sur un magret de canard. Et le mélange à satay, qui transforme les recettes de poulet de « ouais » à « wow ! ». [Allée des Spécialités Sud]

262 A

Le Marché des Saveurs du Québec
réunit sous un même toit plus de
7000 produits agro-alimentaires québécois
de fabrication artisanale. Confitures de
chicoutai, marinades de cœurs de
quenouille ou de câpres de boutons de
marguerite, huiles, vinaigres, tisanes, plus
de 225 fromages ainsi que la plus grande
sélection de boissons alcoolisées
artisanales : on y fait toujours de superbes
découvertes. [280, place du Marché-
du-Nord]

Le saucissier **William J. Walter** domine
haut la main le marché de la saucisse avec
son vaste choix et ses produits
exceptionnels. Je crois n'avoir jamais
mangé de saucisses aussi délicieuses que
la William suisse, une saucisse fumée au
porc, bœuf, veau et morceaux de fromage
suisse fondants ; ou celle à la bière
Glutenberg rousse, légèrement piquante et
à la texture parfaite. [244, place du
Marché-du-Nord ; et plusieurs autres points
de vente]

La toujours très populaire **Boucherie
du Marché** est un incontournable pour ses
viandes marinées. À essayer : la bavette
de veau. [224, place du Marché-du-Nord]

C'est le cas de le dire, les pains de **Joe
la Croûte** s'envolent comme des petits
pains chauds. Il arrive régulièrement que

les étagères soient dévalisées en fin de
journée, preuve de la qualité irréprochable
des miches. Une fournée différente chaque
jour. [7024, av. Casgrain]

Enfin, impossible de quitter le marché
sans une tarte aux pacanes et au sirop
d'érable de **La Fournée des Sucreries de
l'Érable**, la meilleure tarte du monde avec
son goût subtil de caramel et sa généreuse
garniture de noix. [Près de l'entrée
principale]

262 A

Néo-quartier

263 Quartier hétéroclite enclavé entre le Mile End et Parc-Extension, le **Mile-Ex** était anciennement occupé par de nombreuses industries de textile et de transformation alimentaire. Sa situation, à proximité du marché Jean-Talon, en fait un secteur au potentiel énorme, et sa revitalisation est déjà entamée. Le premier établissement qui s'est implanté dans le Mile-Ex fut le **Dépanneur Le Pick-Up** [7032, rue Waverly] qui, en réalité, est bien plus qu'une supérette. Vous y viendrez surtout pour ses sandwichs de qualité. Il faut absolument goûter à celui au «pulled pork végétarien».

Le premier restaurant à ouvrir le bal fut le **Mile-Ex** (A) [6631, rue Jeanne-Mance], établi en 2012, qui propose ce qu'on pourrait appeler une «cuisine de rue gastronomique» axée sur des délices de la mer. Burger décadent et côte de bœuf côtoient squid roll (calmar), poulpe grillé, saumon mariné à froid, accras de chair de crabe, et burgots sautés sur poireau. L'ambiance est à la fête. Aucune réservation.

Quelques années plus tard a suivi le **Manitoba** [271, rue Saint-Zotique O.], un restaurant rustique chic qui a pris le mot «terroir» au pied de la lettre, et tout ça dans un espace magnifique.

263 A

Über-cool

264 L'endroit qui incarne le plus l'esprit du Mile-Ex est assurément l'**Alexandraplatz** (A), un bar saisonnier inspiré des *biergarten* allemands, installé dans un entrepôt industriel. On y accède par la porte de garage. Plusieurs tables de pique-nique meublent la terrasse. Véritable oasis au milieu d'un désert industriel, complètement hors circuit, c'est un endroit pratiquement imbattable pour prendre un verre lors des belles soirées d'été. À cinq occasions durant la belle saison se tient le **Marché de nuit**, en collaboration avec l'Association des restaurateurs de rues du Québec. Pour l'occasion, kiosques d'artisans locaux, DJ et camions de cuisine de rue se donnent rendez-vous au bar, de 14 h à 23 h. L'établissement occupe alors tout le quadrilatère. À ne manquer sous aucun prétexte. Ouvert d'avril à octobre. [6731, av. de l'Esplanade]

264 A

Pour l'amour des vinyles

265

Impossible de tomber sur **180 g** par hasard. Installé dans un cul-de-sac, entouré de bâtiments industriels, ce café-disquaire s'est néanmoins ménagé une place de choix dans le cœur des mélomanes. Son nom correspond au poids d'un vinyle contemporain, ceux qu'on appelle aujourd'hui « albums réédités » ou *deluxe*, un peu plus lourds que les 33 tours des précédentes décennies. Dans une atmosphère conviviale, on vient y déguster un café du microtorréfacteur montréalais **Saint-Henri** tout en écoutant et peut-être même en achetant des vinyles, neufs ou d'occasion, judicieusement choisis par les propriétaires. Une sélection des plus intéressantes, réunissant tout ce qui touche de près ou de loin au hip-hop, à l'underground, à l'électro californien ou allemand, et aux artistes locaux émergents. Notez l'adresse avant de vous y rendre. [6546, rue Waverly]

265

Plusieurs commerces, restaurants et cafés, particulièrement les plus petits, ferment pour les vacances de la construction (les deux dernières semaines de juillet). Même chose pour les deux premières de janvier, un repos bien mérité après les fêtes. Pendant ces périodes, il vaut mieux appeler avant de se déplacer.

Parc-Extension, Villeray, Saint-Michel, Ahuntsic

Le secteur au nord de la rue Jean-Talon, très multiculturel, est composé de quatre quartiers bien distincts, royaumes de la famille et des enfants. Étudiants et jeunes familles y prennent adresse, appréciant la proximité du métro, la vaste offre des services, les restaurants de toutes les nationalités et les logements encore abordables.

PARC-NATURE DE
L'ÎLE-DE-LA-VISITATION
●285

LAVAL

●286

RUE FLEURY E

PARC DE
LA MERCI
291

BOUL. GOUIN O.

290

AHUNTSIC

RUE SAINT-HUBERT

AV. CHARLAND

Ⓜ

Ⓜ

BOUL. HENRI-BOURASSA O.

RUE SAUVÉ O.

●288
289

BOUL. SAINT-LAURENT

BOUL. CHABANEL O.

RUE SAINT-DENIS

Ⓜ

277

276
Ⓜ
●275

BOUL. DE L'ACADIE

●287

RUE JARRY O.

PARC
JARRY

● Voir + photographier
● Boire + manger
● Shopping + brocante
● Arts + culture
● Activités + promenades

PARC-EXTENSION

Ⓜ

266
267

RUE JEAN-TALON O.

SAINT-MICHEL

VILLERAY

266A

La magie culinaire de l'Inde

266

Dans Parc-Extension, les restos indiens sont légion. **Malhi** [880, rue Jarry O.], **India Beau Village** [640, rue Jarry O.], **Punjab Palace** [920, rue Jean-Talon O.], **Maison Indian Curry** [996, rue Jean-Talon O.], etc. Les habitués du quartier ont tous leur préféré, comme s'il fallait faire partie d'un clan. Mon préféré demeure **Bombay Mahal** (A) [1001, rue Jean-Talon O.], pour ses plats bien relevés. Le poulet au beurre est le mets le plus populaire de l'endroit, mais n'hésitez pas à explorer du côté des assiettes végétariennes. Le baingan bharta, purée d'aubergine fumée, d'oignons, de tomates et d'épices garnie de coriandre, et le mutter paneer, mélange de petits pois et de morceaux de fromage frais, valent le détour. Et le pain naan aussi, bien sûr ! À l'heure du lunch, commandez un thali végétarien. Il vous en coûtera 6 $. Rares sont les endroits qui, de nos jours, servent des repas si délicieux à si petit prix.

L'usine à sourcils

267

Entrer chez **Beauté Dee's**, c'est être catapulté dans un salon de beauté au cœur de Bombay. On pratique ici l'épilation au fil, technique ancestrale d'origine indienne d'une grande précision, pratiquement sans douleur, idéale pour le visage. Véritable usine pour l'épilation des sourcils, le salon accueille chaque jour des centaines de femmes (c'est toujours très rapide) qui s'installent à la chaîne sur l'une des chaises des nombreuses expertes du fil. Elles en ressortent avec des sourcils parfaits pour un prix dérisoire (5 $), en quelques minutes à peine. Aucun rendez-vous requis, on se présente sur place, tout simplement. [1014, rue Jean-Talon O.]

Les plats savoureux d'Alep

268

À deux pas du marché Jean-Talon, **Alep** et son frère, **Le Petit Alep** (A), sont mes restaurants préférés dans le quartier. Un menu dépaysant, des grillades cuites à la perfection, des tapenades qui débordent de saveurs. Un baume de bonheur à des milliers de kilomètres de la guerre. Je rêve fréquemment à l'assiette d'agneau mariné, braisé des heures et désossé, servi avec des amandes, des noix de pin et un riz sublime. Divin. Et au kabab terbialy, une brochette de filet mignon couverte de sauce tomatée et aillée, le plat le plus savoureux que j'ai goûté dans ma vie. Il n'y a pas à dire, j'ai l'Alep tatoué sur le cœur! L'ambiance est décontractée, les prix sont plus que raisonnables et la cave à vin est possiblement le secret le mieux gardé en ville. Mes amis et moi aimons tellement ces deux restaurants que nous en avons créé un verbe. On alep? [199 et 191, rue Jean-Talon E.]

Cortado sur De Castelnau

269

Le **Café Larue & fils** (A) jouit d'un emplacement de choix à l'intersection de la rue De Castelnau Est et de l'avenue Henri-Julien, devant l'église Sainte-Cécile et son parvis qui donnent une agréable profondeur au local tout vitré et à la terrasse extérieure. Dans ce lumineux café, on commande un cortado bien puissant, un petit verre contenant un tiers d'espresso pour deux tiers de lait chaud. Ce charmant café est aussi le point central de la **place De Castelnau**, une place publique saisonnière (de juin à septembre) dans la rue du même nom, entre l'avenue De Gaspé et la rue Drolet. Les mois d'été, les trottoirs sont peints de motifs géométriques blancs et bleus, et agrémentés d'un mobilier urbain, ce qui transforme ce tronçon en un chouette espace tout désigné pour flâner, relaxer ou se rassembler. [244, rue De Castelnau E.; et au 405, rue Jarry E.]

268A 269A

Les artisans glaciers

270

La glacerie artisanale **Les Givrés** nous charme d'entrée de jeu avec ses crèmes glacées aux parfums inusités comme la «Feu de camp» à la guimauve grillée et caramel, la «Bagel» au fromage à la crème et croûtons de bagels sucrés, et la «Courge musclée» à base de courge musquée et de piment de la Jamaïque. On aime que tous les ingrédients soient préparés sur place, du caramel au beurre de pistaches en passant par la pâte pralinée, les brownies et les guimauves. Même les cornets sont faits maison! Ici, on mise sur le naturel et l'artisanal, et on bannit les colorants, les arômes artificiels et les agents de conservation. Pour se gâter, on s'offre un de leurs sandwichs à la crème glacée faits de biscuits tout beurre et fourrés d'une sauce au chocolat ou au caramel. Décadent. Ouvert en saison. [334, rue De Castelnau E.; et 2730, rue Masson]

Lahma quoi?

271

Chez Apo, les lahmadjounes (pizzas arméniennes dont la texture de la pâte très mince peut ressembler à celle d'un pain pita) sont à ce point fraîches qu'elles sont souvent vendues encore chaudes, tout droit sorties du four à bois. Recouvertes d'un aromatique mélange de bœuf haché, oignons, ail, persil, et d'une touche parfaite de piments, elles sont délicieuses sur le chemin du retour, mais l'expérience sera optimisée si vous les dégustez à la maison. On les réchauffe rapidement (à peine 1 minute à 400 °F) pour ensuite les garnir de laitue, oignons, fines herbes, tomates fraîches, et d'un soupçon de jus de citron qui vient rehausser les saveurs. On les roule ensuite comme un pita et on déguste. En fait, garnissez-les de tout ce que vous avez sous la main, tzatzíki, persil, menthe, huile d'olive, concombre; elles seront toujours délicieuses. Un festin, à un prix étonnamment bas. [420, rue Faillon E.]

270 271

272 273A

Taboulé, shish kebab et baba ghanouj

272 Le restaurant **Daou**, qui a ouvert ses portes il y a plus de 40 ans, était le restaurant de prédilection de René Angélil, mari et agent de Céline Dion, au point d'avoir assuré le service de traiteur lors de la cérémonie de renouvellement des vœux de mariage du célèbre couple, à Las Vegas. En s'attablant dans ce décor plutôt sobre, on découvre une fine cuisine traditionnelle et familiale du Liban, remplie de saveurs et d'une grande fraîcheur. Taboulé, feuilles de vigne, fattouche, baba ghanouj et hommos accompagnent les plats de viande marinée et grillée. Le shish kebab, préparé avec des cubes de filet mignon, vaut le détour. Essayez les baklawas ou le mouhalabiya, un pouding au riz au parfum oriental. [519, rue Faillon E.]

La coqueluche de la mode montréalaise

273 Les deux jeunes entrepreneures derrière la marque de vêtements et d'accessoires pour femmes **Cokluch** (A) [410 A, rue Villeray] ont choisi d'installer leur atelier-boutique dans le quartier Villeray. Cette griffe s'inspire de la mode de la rue et propose des vêtements confortables, un brin rebelles, fabriqués à Montréal. Fondée en 2007, la marque connaît aussitôt une popularité fulgurante et est aujourd'hui distribuée dans plus de 40 points de vente à travers le Canada. Depuis 2016, elle propose une collection pour les enfants de six mois à quatre ans, baptisée **Cokluch Mini**.

En quittant la boutique, dirigez-vous vers l'ouest pour vous offrir un peu d'Italie dans une tasse au sympathique **Café Vito** [151, rue Villeray]. L'été, on installe des bancs de bois en plein soleil, sur le trottoir, ce qui en fait une agréable destination pour une bonne dose de vitamine D.

Le pionnier espagnol

274

Côté restos, l'incontournable de Villeray est assurément le bar à tapas **Tapeo**, qui a été un précurseur en venant s'établir dans le quartier en juin 2004. Pionnier de la cuisine espagnole à Montréal, il a aussi lancé la vague des restaurants à tapas. La chef, Marie-Fleur Saint-Pierre, nous propose une aventure aux mille et une saveurs avec son menu varié de tapas à partager. Difficile de faire un choix, tout est tellement délicieux ! Carpaccio d'espadon mariné, bavette de veau grillée, croquettes de morue, macreuse de bœuf au xérès, pieuvre grillée, champignons sautés, et ces divines tomates sur vigne, légèrement confites dans l'huile et accompagnées de fromage de chèvre. J'ai faim ! Réservation recommandée.
[511, rue Villeray]

Roule ton pique-nique

275

Les entrepreneurs derrière le café **Oui Mais Non**, aussi propriétaires de La Graine brûlée (voir raison 42), sont des génies du marketing. En plus d'être les patrons du café le plus original de Villeray, ils proposent une « charrette » pour concocter des pique-niques fantastiques. Le concept ? Il s'agit d'une boîte roulante que les clients poussent jusqu'au **parc Jarry** pour se régaler de plats délicieux (végés ou omnivores, selon leurs préférences). En plus d'être pourvu de la vaisselle nécessaire et d'une déco adaptée (fanions, bulles de savon, et même piñata), l'objet roulant sert de table, une fois sur place. Pour des groupes de 8 personnes et plus, à réserver au moins 48 heures à l'avance.
[72, rue Jarry E.]

274 275

276A

Les commerçants engagés

276 La boucherie artisanale **Pascal le boucher** (A) [8113, rue Saint-Denis] se spécialise dans les viandes écoresponsables. Pascal Hudon fait partie de cette nouvelle génération de bouchers à la conscience éthique, qui ont le bien-être de l'animal à cœur, tout comme sa traçabilité. Il est primordial que ses fournisseurs partagent avec lui les mêmes valeurs et le même respect de l'animal. Les bêtes doivent avoir accès au pâturage et être nourries sainement, sans antibiotiques ni hormones, et sans être engraissées simplement pour répondre aux normes d'une industrie axée sur le profit. Pascal Hudon se fait un point d'honneur de travailler la carcasse entière. Cette philosophie amène aussi son lot de défis. Par exemple, s'il achète un bœuf, il n'aura que deux bavettes en stock. Il faut donc éduquer la clientèle, peu habituée à ce genre de mise en marché. Pour enrichir son offre, M. Hudon propose des saucisses maison et des plats cuisinés sur place, dont sa fameuse sauce bolognaise faite de cou et de jarret de bœuf. Essayez aussi son renversant sandwich PLB, au pain de viande maison sur pain kaiser.

À quelques pas se trouve **LOCO** [422, rue Jarry E.], la première épicerie zéro déchet en ville. On parle davantage ici d'un objectif et d'une conscientisation à long terme, puisque quelques fournisseurs ont encore du mal à respecter les exigences de LOCO. Mais l'intention est là. Noix, farine, fruits séchés, pâtes alimentaires, riz, légumineuses, café, thé, fruits et légumes frais, etc. On vend ici beaucoup de produits en vrac, sans emballage ; on se sert de pots consignés ou des contenants apportés par les clients. Inspirant !

277 278

Le sans-faute tout blanc et tout sourire

277 Trésor inespéré dans ce secteur, à quelques mètres de l'autoroute Métropolitaine, le restaurant **Trilogie** réussit un sans-faute pour le lunch. Dans un décor tout blanc, minimaliste, avec ses chaises dépareillées, son escabeau de bois et ses cages d'oiseaux, on déguste les réalisations d'une équipe exclusivement féminine. En entrée, la salade de concombres écrasés est tout simplement exquise : la touche de piquant des piments de Sichuan, l'aigre-doux du vinaigre noir et la fraîcheur du concombre forment une combinaison qui réveille les papilles et nous rend accros. Les dumplings (du jour, umani – porc, crevette et chou –, ou végétariens) sont servis avec un choix de sauces maison, vinaigrées, aux arachides ou au soya. On accompagne le tout d'un thé aux fleurs de chrysanthème et on se laisse charmer par le service tout sourire. Ouvert de 11 h à 15 h, du lundi au vendredi seulement. [8521, boul. Saint-Laurent]

Les gâteaux qui frisent la perfection

278 Je suis une fidèle cliente de la pâtisserie-boulangerie italienne **San Pietro** depuis plus de 10 ans. J'aime ce commerce authentiquement familial, ouvert depuis 1979, mené par Pietro et Carmela Calderone, avec leur fils à la boulangerie, leur fille aux opérations, leur cadette aux gâteaux, et leurs petites-filles au service. Ils proposent les meilleures pizzas froides de Montréal comme celle, sublime, aux tomates ou la blanche à l'huile d'olive et romarin. Leurs gâteaux, recouverts d'une crème légère et non d'un glaçage collant et trop sucré, frisent la perfection. Allez-y pour le forêt-noire ou pour un gâteau fait sur mesure, selon vos besoins. Choisissez une décoration parmi leur très vaste catalogue ou apportez une image du gâteau de vos rêves. Rien ne les effraye. J'ai déjà fait préparer un gâteau *heavy metal* à l'effigie d'Iron Maiden, c'est tout dire. [1950, rue Jean-Talon E.]

Ne vous étonnez pas de voir une myriade de camions de déménagement si vous visitez Montréal un 1er juillet. La plupart des baux se terminant le 30 juin, le 1er juillet est devenu officiellement la journée nationale du déménagement.

279

Le petit coin de soleil

279 Des banquettes bleues, des murs jaunes et rouges, une déco mexicaine tout aussi colorée... Pas de doute, **Le petit coin du Mexique**, un restaurant familial tenu par la famille Juarez avec maman Guadalupe aux fourneaux, respire la bonne humeur. Pour commencer le repas, on prend la simplissime soupe aux tortillas, une base de tomates, ail et oignons, bien équilibrée, dans laquelle sont ajoutés des lanières de tortillas frites, de la crème sure et du queso añejo («fromage ancien»). Ou on opte pour les sopes, de petites tartelettes de farine de maïs faites maison, garnies de frijoles, une purée de fèves noires. Un des plats-vedettes de cet établissement est sans contredit les tacos al pastor, une viande de porc marinée et grillée à la verticale, sur une broche, à la façon d'un kebab, puis émincée. On la dispose sur de petites tortillas de maïs, garnie de morceaux d'ananas et de feuilles de coriandre. C'est aigre-doux, légèrement piquant, merveilleusement savoureux. [2474, rue Jean-Talon E.]

Au pays des petites merveilles

280 Bienvenue au royaume de l'hétéroclite, au paradis des chercheurs de trésors, au labyrinthe bordélique pour fouineurs avisés : le seul et unique **Marché aux puces Saint-Michel**. Dans ce temple de la brocante aux kiosques surchargés et pêle-mêle, on cherche l'objet de convoitise d'occasion, rétro ou kitsch, souvent à prix très raisonnable si l'on sait le moindrement négocier. Antiquités, livres, vinyles, cartes de hockey, affiches d'une autre époque, petits meubles, bijoux, lampes, vieilles valises et tout plein d'autres articles aussi étranges qu'inutiles sont proposés par des commerçants souriants et accueillants. Seul marché de la région à avoir conservé sa fonction initiale de vide-greniers, le Marché aux puces Saint-Michel est un rendez-vous privilégié pour tout amateur de trouvailles. Du vendredi au dimanche, de 9 h à 17 h. [7707, av. Shelley]

280

Les patinoires tricolores

281

Projet phare de la Fondation des Canadiens pour l'enfance, les **patinoires Bleu Blanc Bouge** (A) sont extérieures et réfrigérées, et respectent les normes et les dimensions de la Ligue nationale de hockey. La fondation a fait don jusqu'à présent de six patinoires à Montréal et de trois autres en province (il y en aura une dixième à l'hiver 2018 à Trois-Rivières), dont la toute première a été inaugurée dans le quartier Saint-Michel, au parc François-Perrault, en 2009. Le système de réfrigération permet de conserver une glace de bonne qualité, malgré les aléas de la météo, et de prolonger la saison de patinage. Conçues pour motiver les jeunes à jouer dehors, à rester actifs et à développer un mode de vie sain, les surfaces se transforment, l'été venu, en terrains de basketball, de hockey-balle et de patin à roues alignées.

Dans le parc François-Perrault se trouve aussi l'œuvre ludique **Le Mélomane** (B) du duo Cooke-Sasseville, judicieusement implantée en face de l'école secondaire Joseph-François-Perrault, reconnue pour son programme Arts-études en musique classique. L'œuvre, qui représente de façon humoristique le pouvoir d'envoûtement de la musique, figure une autruche plongeant sa tête dans le pavillon d'un gramophone.
[7525, rue François-Perrault].

281B 281A

Le *nec plus ultra* de la lasagne

283 On confectionne à la **Maison du ravioli** près d'une tonne de pâtes fraîches par jour. Fondé en 1975, le commerce a été le premier fabricant de pâtes fraîches sur l'île et il fournit aujourd'hui plus de 280 restaurants. Ouverte au public, la maison propose une variété impressionnante de pâtes : spaghettis, rigatonis, tagliatelles, farfalles, tortellinis au fromage, à la viande, etc. On craque pour les raviolis à la courge qu'on fait cuire *al dente* pour ensuite les faire revenir rapidement dans un peu de beurre et de sauge. Mais ce sont les lasagnes qui « volent le show ». Proposées en 4 ou 8 portions, elles sont farcies de sublimes petites boulettes de veau soigneusement roulées à la main par les *mamme* italiennes. Divin ! [2479, av. Charland]

Le sandwich italien par excellence

282 Je l'avoue humblement : les sous-marins du **Café Milano** m'obsèdent. Pour être honnête, toutes mes courses du week-end deviennent prétextes à un détour vers Saint-Léonard. Mon sandwich préféré ? Le steak-capicollo garni de laitue, d'oignons rôtis, d'aubergines marinées et de piments forts. Et, tant qu'à y être, je commande un cannoli, ce dessert typiquement sicilien. Je l'accompagne d'une eau pétillante italienne. *Mamma mia !* Je ne suis pas loin du paradis. *Grazie !* Ouvert 24 heures sur 24. Argent comptant seulement. [5188, rue Jarry E.]

Le skatepark préféré des parents et des enfants

284 Le **TAZ** (A) [8931, av. Papineau] est l'un des plus grands centres sportifs intérieurs au Canada et est LA référence en sports sur roues : skateboard, BMX, patin à roues alignées ou trottinette. C'est aussi un lieu sacré pour les parents qui préfèrent de loin voir leurs enfants se défouler dans un skatepark intérieur, sécurisé et surveillé, plutôt que de les laisser passer leurs journées sur YouTube. L'endroit est immense (7900 mètres carrés) et convient à tout le monde : enfants, adolescents, adultes, débutants, intermédiaires ou experts. Vous pouvez louer l'équipement sur place et suivre un cours si vous ne vous sentez pas à la hauteur. Les parents apprécieront aussi la zone repos pour ses canapés et le WiFi gratuit.

284B

En vous y rendant, prenez deux minutes pour admirer la murale ***Comme un jeu d'enfant*** (B) de l'artiste parisien de renommée internationale, Seth (Julien Malland). Située à l'intersection de la rue Jarry et de l'avenue Papineau, à l'entrée du quartier Saint-Michel, cette grande œuvre représente la rencontre entre les cultures et met en scène deux enfants aux origines différentes, qui se rencontrent et se complètent.

284A

285

La plus ancienne église de Montréal

286 Trésor patrimonial, l'**église de la Visitation** est la plus ancienne de Montréal et l'une des plus vieilles du Québec. Érigée de 1749 à 1751, elle est la seule église du Régime français à subsister sur le territoire. Sa façade allie les influences des styles baroque et néo-classique, et son austérité contraste avec la richesse et la délicatesse de son intérieur, qui constitue un des ensembles les plus remarquables de la sculpture sur bois au Québec. Réalisée en plusieurs étapes entre 1764 et 1836, la décoration intérieure est l'œuvre de trois générations d'artisans. La voûte sculptée est superbe. [1847, boul. Gouin E.]

L'ancien village dans le parc

285 Bien qu'il soit l'un des plus petits parcs-nature de la ville, le **Parc-nature de l'Île-de-la-Visitation**, à la fois parc de détente et d'activités et secteur historique, n'en est pas moins l'un des plus intéressants. Situé dans l'ancien village du Sault-au-Récollet, le site abrite des vestiges de moulins, témoins du passé industriel du secteur, la maison du Pressoir, datée des environs de 1813 et qui servait à la fabrication du cidre, ainsi que la maison du Meunier, érigée en 1727, qui abrite aujourd'hui un charmant bistro. Été comme hiver, on va au parc pour ses multiples points de vue sur la rivière des Prairies, pour les sentiers de raquette, de ski de fond et de vélo, et pour la glissade. Les ornithologues pourront apprécier la présence d'espèces comme l'oriole de Baltimore, le grand héron, le faucon pèlerin et le bihoreau gris. Il est possible de louer sur place l'équipement pour le ski de fond, une luge et des jumelles [2425, boul. Gouin E.].

286

Mohamed Hage : l'agriculteur urbain

287 Pourquoi ne pas utiliser les espaces perdus des grandes villes pour nourrir les citadins ? Pourquoi ne pas cultiver des aliments là où les gens vivent, plutôt qu'à des centaines de kilomètres plus loin ? C'est en se posant ces questions que **Mohamed Hage** a imaginé au milieu des années 2000 ce qui allait devenir **Les Fermes Lufa**, l'entreprise montréalaise qui livre aujourd'hui des paniers de légumes frais, cueillis le jour même, hiver comme été, à plus de 5000 citoyens. Il faut dire que M. Hage est un visionnaire : ce jeune entrepreneur dans la trentaine, né dans un village près de Beyrouth, a su mettre à profit des techniques horticoles de pointe et ses connaissances en agriculture urbaine pour construire en 2010 une serre commerciale sur un toit, la première du genre au monde.

C'est en répertoriant les grands toits de Montréal avec Google Earth qu'il a choisi le quartier Ahuntsic pour y construire sa serre sur une immense bâtisse industrielle. « On utilise des espaces qui sont complètement perdus, et tout le monde y gagne. Le bâtiment profite de l'isolation que lui procure la serre et économise énormément en frais de chauffage et de climatisation, alors que la serre bénéficie de la chaleur qui émane de l'immeuble. On profite d'un îlot de chaleur et on le transforme en îlot de fraîcheur. Et on offre en même temps des légumes frais du jour aux Montréalais. »

Lufa produit aujourd'hui de 450 à 700 kilos de légumes par jour en été, la moitié l'hiver. Impressionnant pour une ferme qui n'utilise aucune terre cultivable ! Mohamed Hage pousse son rêve encore plus loin : « Si l'on utilisait les toits de dix-neuf centres commerciaux moyens de Montréal, on pourrait rendre la ville autosuffisante en légumes. »

Et tout ça est fait dans une optique de développement durable. En effet, les serres n'utilisent aucun pesticide, herbicide ou fongicide synthétique, récupèrent l'eau d'irrigation et l'eau de pluie, profitent de l'énergie solaire, ont recours à des contrôles biologiques pour vaincre les insectes nuisibles, et réduisent au minimum le transport des vivres.

Je suis abonnée aux paniers Lufa depuis plusieurs années et demeure émerveillée devant la fraîcheur de mes salades de janvier. Je suis encore étonnée que les concombres, tomates, poivrons et fines herbes qui les composent proviennent d'une serre située à 3 kilomètres de chez moi, et non d'un exportateur américain établi à 2500 kilomètres. J'apprécie aussi le fait que plusieurs partenaires locaux, comme des producteurs de volailles, des boulangers et des fromagers, profitent du grand réseau de distribution de Lufa pour proposer leurs produits.

Que réserve l'avenir à Lufa ? Son modèle d'affaires suscite un vif intérêt à l'étranger, et l'entreprise croit pouvoir le franchiser très bientôt. Elle espère poursuivre son développement, prochainement, dans d'autres villes en Amérique du Nord, comme Boston, Toronto et Chicago. Je vous le souhaite, M. Hage. Votre vision et votre entreprise sont résolument inspirantes ! [201-1400, rue Antonio-Barbeau]

288A

Bien manger et bien boire rue Fleury

288 **Le St-Urbain** (A) [96, rue Fleury O.] est bien plus qu'un bistro de quartier : c'est un restaurant qui mérite qu'on traverse la ville pour s'y attabler. Le menu s'adapte constamment aux produits de saison et propose des plats exécutés avec brio. S'ils sont à l'ardoise, optez pour les pétoncles ou les couteaux de mer en entrée. Les viandes sont toujours apprêtées à la perfection. Au dessert, il faut absolument goûter aux beignets chauds accompagnés de caramel (chaud) à la fleur de sel. De si bonnes gâteries devraient être illégales !

L'inscription (une citation de Pierre Dac) sur la devanture annonce la couleur : « Les bons crus font les bonnes cuites. » On visite **Les Cavistes** [196, rue Fleury O.] pour bien manger, certes, mais surtout pour la carte des vins exceptionnelle, composée exclusivement de vins en importation privée. Le service attentionné et la nourriture irréprochable (les poissons sont toujours réussis) font de ce resto un fort agréable bistro de quartier.

Le commerce chouchou des Ahuntsicois

289 Parmi les brunchs les plus décadents en ville, on compte celui de **La Bête à pain**, petite perle de boulangerie, à la fois pâtisserie, traiteur et restaurant. Les samedis et dimanches, on s'y rend pour un brunch cinq services, renouvelé chaque semaine, à prix unique (22 $). On y soigne les détails, comme le beurre artisanal, les confitures délicieuses, la qualité du saumon fumé sur place, et, bien sûr, ces pains succulents à se rouler par terre. Tout ça accompagné d'un bon verre de cava ou de blanc d'importation privée. Pas de réservation. En semaine, on passe prendre un léger goûter ou un plat cuisiné pour emporter, comme les cuisses de canard confites ou les boulettes de veau et ricotta. Impossible de résister à un de leurs délicieux pains, comme la savoyarde aux pommes de terre, crème fraîche, gruyère et prosciutto. La Bête à pain est souvent victime de son succès : il est possible que les tablettes soient presque vides en fin de journée. [114, rue Fleury O.]

289

290

Palais gourmand du Liban

290

Au **Palais des chaussons et pizzas**, vous trouverez une sélection de plats libanais prêts à manger, cuisinés sur place, ainsi qu'une quarantaine de variétés de «chaussons», des bouchées qu'on mange d'une seule main, parfaites pour vos réceptions ou vos soupers improvisés. Derrière les grands comptoirs, les kibbés à la viande, les chaussons au zaatar, les rouleaux au fromage et les pizzas arméniennes de toutes sortes rivalisent avec les feuilles de vigne, l'hummos, le baba ghanouj, le taboulé et la salade fattouche. Impossible de quitter les lieux sans avoir mis la main sur un de leurs desserts, dont les katayef achta, de petites crêpes farcies de crème à la fleur d'oranger, présentées en cornet, garnies de pistaches et servies avec un sirop de sucre. C'est bon, beau, léger et tout en finesse. [77, boul. Henri-Bourassa O.]

Balade le long de la rivière des Prairies

291

De la station de métro Henri-Bourassa, il est possible de faire une promenade riveraine d'un calme exemplaire. Dirigez-vous vers le nord-ouest pour emprunter la **rue Somerville** et contemplez le contraste entre les maisons modernes et les résidences patrimoniales aux larges vérandas et fenêtres en baie, comme celle du **n° 70**. Au bout de la rue, vous entrerez dans le **parc Nicolas-Viel** à la végétation luxuriante. Poursuivez ensuite votre route sur le **boulevard Gouin Ouest** qui, par ailleurs, est la plus longue rue de l'île, s'étirant le long de la rivière des Prairies sur près de 50 kilomètres. D'autres maisons centenaires, construites vers 1900, rendent la promenade fort agréable, comme cette magnifique résidence à tourelle au **n° 187** et **215** (A). Prenez l'avenue Norwood, où vous emprunterez un petit passage à côté du n° 11845, qui vous mènera au **parc de la Merci**. Pour vous sentir seul au monde, rendez-vous sur la petite île Perry par la passerelle du pont ferroviaire. Continuez votre promenade le long de la rivière des Prairies jusqu'au **parc des Bateliers**. Ce tronçon de verdure est un endroit tout désigné pour voir de beaux couchers de soleil et plusieurs espèces de canards. Avant de rebrousser chemin, allez voir la **croix de chemin** datée de 1874, à l'angle du boulevard Gouin et de l'avenue de Bois-de-Boulogne ; faite de pierre, elle se distingue des autres croix de chemin en bois. Pour l'aller-retour, sans compter le temps de repos dans les parcs, cette balade exige un peu moins de deux heures à pied.

291A

Hors des circuits touristiques et escapades d'une journée

Les Montréalais ne s'en rendent peut-être pas compte, mais leur ville entourée d'eau et ses parcs riverains majestueux offrent un contact unique avec la nature. Par un épatant contraste avec le brouhaha de la ville, voici une dizaine d'escapades dépaysantes qui vous permettront d'en apprécier les multiples possibilités ou de découvrir les charmes d'autres régions de la Belle Province.

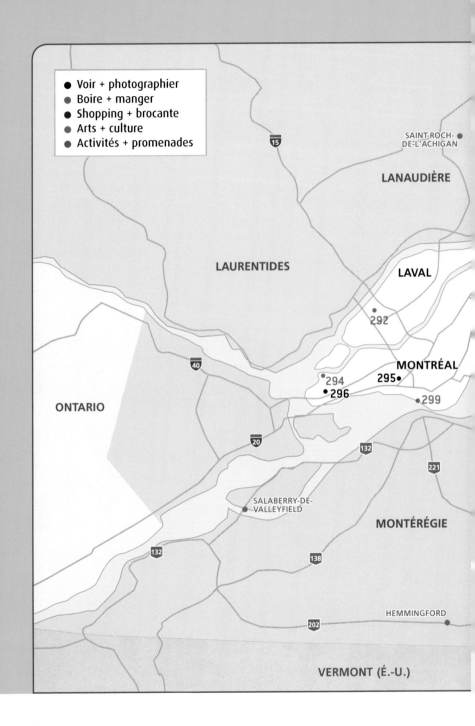

- Voir + photographier
- Boire + manger
- Shopping + brocante
- Arts + culture
- Activités + promenades

SAINT-ROCH-
DE-L'ACHIGAN

LANAUDIÈRE

15

LAURENTIDES

LAVAL

292

40

MONTRÉAL

294
296

295
299

ONTARIO

20

132

221

SALABERRY-DE-
VALLEYFIELD

MONTÉRÉGIE

132

138

HEMMINGFORD

202

VERMONT (É.-U.)

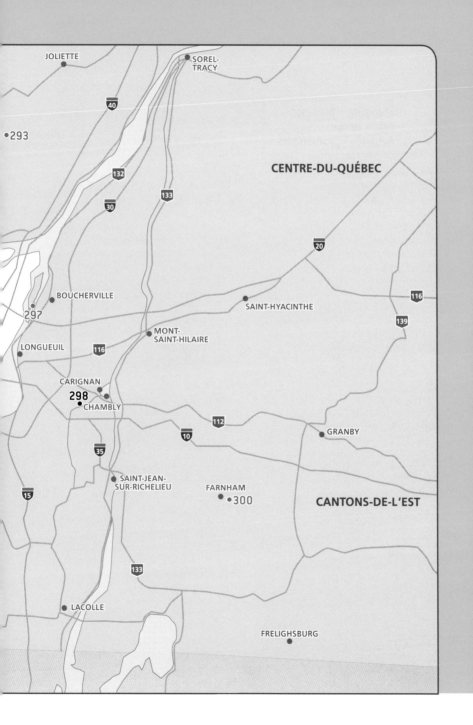

293

Le plaisir de l'autocueillette

292 Sur l'avenue des Perron, à Laval, se trouvent trois fermes qui proposent l'autocueillette de fruits et de légumes, et ce, à seulement une vingtaine de kilomètres du centre-ville de Montréal. Cette proximité en fait une destination idéale pour une activité familiale lorsqu'on a peu de temps. Une demi-journée suffit amplement pour s'y rendre et en revenir, les bras chargés d'une récolte pleine de fraîcheur. À la **Ferme Vaillancourt** [3155, av. des Perron], on découvre les plaisirs de l'autocueillette de fraises, framboises, tomates et aubergines. Pour les pommes, on visite le **Verger Gibouleau** [nᵒ 3675]. C'est en tracteur qu'on se rend au fond du verger, de quoi rendre les enfants fous de joie. À la **Ferme Turcot** [nᵒ 7209], on peut récolter aubergines, fraises, framboises, poivrons, piments forts, oignons espagnols et tomates. Si, comme moi, vous êtes fou des bleuets, rendez-vous plus à l'ouest de Laval, à la **Ferme Marineau** (A) [4356, boul. Dagenais O.]

De la forêt à l'assiette

293 À Saint-Roch-de-l'Achigan, surplombant les rapides de la rivière Saint-Esprit, en pleine forêt, se trouve l'établissement le plus étonnant de la région : **À la table des Jardins sauvages**, le restaurant de type «Apportez votre vin» du couple Brouillard-Hinton, ouvert le samedi soir, parfois le vendredi ou le dimanche pour certains événements ou pour des groupes. François Brouillard est maître cueilleur, spécialiste des plantes comestibles et des champignons sauvages, et figure de proue du mouvement culinaire axé sur les ingrédients locaux et de saison. Depuis 30 ans, il nous fait découvrir la richesse des forêts et du terroir québécois et rend disponibles ces produits comestibles merveilleux qu'on gagne à connaître. Dans ce chalet rustique et sans fla-fla, la chef Nancy Hinton, sa partenaire dans la vie comme dans les affaires, nous fait vivre une aventure gustative hors de l'ordinaire en cuisinant pied-de-mouton, persil de mer, salicorne, spergulaire, boutons de marguerite, monarde, pousses d'orpin, thé du Labrador et gibier dans des plats inventifs. Le menu fixe à cinq services, renouvelé chaque mois afin de mettre en valeur les produits du moment, est publié sur le site Web de l'établissement, ce qui permet aux clients d'apporter des vins en accord avec les plats. Vous pouvez aussi découvrir leurs produits toute l'année à leur kiosque du marché Jean-Talon (voir raison 262). Pour se rendre au restaurant, prévoir environ une heure à partir du centre-ville. Argent comptant et sur réservation seulement. [17, ch. Martin, Saint-Roch-de-l'Achigan]

292A

Le plus grand des parcs montréalais

294 Nul besoin de s'exiler pour profiter de la nature 12 mois par année! Avec ses 316 hectares, le **parc-nature du Cap-Saint-Jacques** est le plus grand parc de Montréal. Cette péninsule, qui procure de nombreux points de vue sur la rivière des Prairies et le lac des Deux Montagnes, possède une plage naturelle très prisée pendant les grandes chaleurs et un centre de plein air ouvert toute l'année. Paradis des amateurs de ski de fond (près de 30 kilomètres de pistes), de raquette (une piste de 5 kilomètres) et de randonnée pédestre (7 kilomètres), ce parc offre aussi de formidables possibilités pour la glissade, le vélo, le paraski et l'observation hivernale des oiseaux. On peut également y visiter une ferme écologique et rencontrer vaches, moutons, ânes et lapins. Du mois de mars à la mi-avril, une érablière d'environ 1800 entailles accueille les convives pour un festin composé de crêpes au sirop d'érable, de soupe maison et de tire sur la neige. Location de jumelles, skis de fond, raquettes et luges. À environ 30 minutes du centre-ville. [20099, boul. Gouin O.]

294

À quelques mètres des avions

295 Spécialement aménagé pour offrir une vue privilégiée sur les pistes de l'aéroport international Pierre-Elliott-Trudeau, le **parc Jacques-de-Lesseps** de Dorval permet aux passionnés d'aéronefs d'admirer de très près les avions qui décollent et atterrissent. Premier parc du genre au pays, il porte le nom d'un pionnier français de l'aviation, le premier pilote à survoler Montréal en 1910. On y trouve des gradins et des buttes d'où l'on a une vue bien dégagée, et une signalisation qui facilite l'identification des avions. Pour des souvenirs inoubliables, allez-y vers 19 h, l'été, quand les gros appareils passent devant le soleil couchant. Et c'est gratuit. À environ 30 minutes du centre-ville. [À l'angle des avenues Jenkins et Halpern, Dorval]

Le refuge des animaux

296 Le **Zoo Ecomuseum** et le seul zoo extérieur sur l'île de Montréal. Ouvert toute l'année (il ne ferme que le 25 décembre), il permet d'admirer des animaux indigènes. Ce que j'aime de l'endroit, c'est qu'il est peuplé de «réfugiés». Qu'ils soient orphelins, blessés ou nés en captivité, ces animaux ne pourraient survivre dans leur milieu naturel. Ils ont trouvé là un foyer permanent, protégé des prédateurs. J'ai été très impressionnée par le hurlement des loups gris, par la beauté sans nom des renards arctiques, par l'étrange tête des effraies des clochers. Une visite permet de voir loutres, lynx, aigles, cerfs de Virginie, caribous des bois, écureuils volants, coyotes, opossums d'Amérique et un grand nombre de tortues et de canards. Visitez ce zoo l'hiver comme l'été, l'expérience est complètement différente. Comptez environ deux heures pour la visite. À 20 minutes du centre-ville. [21125 ch. Sainte-Marie, Sainte-Anne-de-Bellevue]

Camper à moins de 10 kilomètres du centre-ville

297 Le **parc national des Îles-de-Boucherville** se trouve à 20 minutes à peine du centre-ville de Montréal. Pourtant, il est possible d'y respirer de l'air pur, de fuir les bruits de la cité et d'y déjeuner en compagnie de cerfs de Virginie ou de renards roux. Dans ce parc composé d'un chapelet de cinq îles au cœur du fleuve Saint-Laurent, on pratique une foule d'activités à longueur d'année : randonnée pédestre, vélo, canot, kayak, planche de surf à pagaie, ski de fond, raquette, pêche. Ouvert de mai à octobre, le camping de l'île Grosbois propose des terrains sans services et des tentes Huttopia entièrement équipées, aussi appelées les «prêts-à-camper». Assis sur une chaise Adirondack devant le feu de camp, on se sent si bien qu'on a peine à croire que Montréal est si près (des îles, on peut voir les silhouettes des gratte-ciel du centre-ville). Tranquillité assurée et repos bien mérité. [55, île Sainte-Marguerite, Boucherville]

298

Un sanctuaire pour chimpanzés

298 C'est à Carignan que le couple formé de Gloria Grow et Richard Allan a décidé d'implanter la **Fondation québécoise Fauna**, un organisme à but non lucratif qui vient à la rescousse des primates maltraités dans les zoos et les laboratoires de recherche médicale. Le sanctuaire accueille aujourd'hui quatorze chimpanzés et cinq singes qui sont nourris, dorlotés et libres de circuler dans certaines zones.

Les deux fondateurs ont investi leurs économies dans la construction de ce refuge, et l'organisme vit désormais de dons. Précisons qu'il n'est pas ouvert au public. Il est par contre possible d'assister aux symposiums, des séances d'information qui se tiennent sur les lieux à des dates fixes, dont la mission est d'instruire les participants de l'organisation, des chimpanzés et de nos responsabilités sociales. Les réservations sont obligatoires et doivent être faites à l'avance. Et si vous habitez la région, il est possible d'y faire du bénévolat. À 25 kilomètres du centre-ville. [faunafoundation.org]

297

299 B

La galerie d'art en plein air

299

Situé dans l'arrondissement de Lachine, le **parc René-Lévesque** (A) [398, ch. du Canal] est une longue presqu'île de 14 hectares, bordée par le fleuve Saint-Laurent. Parc prisé par les cyclistes, les skieurs de fond, les patineurs sur roues et les piétons qui profitent de 4 kilomètres de pistes, il est aussi apprécié des amateurs d'art contemporain, puisque 22 sculptures d'artistes du Québec et d'ailleurs s'y dressent au fil des sentiers. La plus impressionnante est l'***Hommage à René Lévesque*** (B), de Robert Roussil, neuf colonnes en béton, de hauteur variée, couronnées d'un anneau évoquant des flammes ondulantes. L'œuvre commémore la carrière politique de René Lévesque, notamment ses neuf années à la tête du gouvernement québécois. Ces colonnes sont conçues pour être illuminées telles des torches ; il est donc particulièrement intéressant de voir ce monument à la tombée du jour. À la pointe ouest du parc, on peut admirer le coucher de soleil sur le lac Saint-Louis. Location de vélos sur place. Profitez de votre passage pour aller visiter la **Maison Le Ber-Le Moyne** [1, ch. du Musée], le plus ancien poste de traite des fourrures toujours debout au pays et le plus vieux bâtiment de Montréal, construit de 1669 à 1671. À 20 minutes du centre-ville.

299 A

Les nectars des dieux

300 Sur la Route des vins des Cantons-de-l'Est, deux vignobles se démarquent par la qualité exceptionnelle de leurs produits et par leur accueil chaleureux. J'ai découvert **Les Pervenches** (A) [150, ch. Boulais, Farnham] pour la première fois lors d'un souper chez Toqué! (voir raison 30). J'étais abasourdie de constater que, malgré les contraintes de notre climat, un vignoble québécois pouvait produire un vin d'une si grande qualité et se trouver sur la carte du meilleur restaurant de la ville. Quelques années plus tard, c'est un chardonnay dégusté chez Nora Gray (voir raison 90) qui m'a convaincue : je crois sincèrement qu'il s'agit du meilleur vignoble québécois. Ce tout petit domaine d'à peine trois hectares prône les principes d'une agriculture biologique et biodynamique, et ne vend ses vins qu'au vignoble et dans quelques grands restaurants. Lors de votre visite, vous pourrez vous promener à travers les vignes et découvrir les divers cépages au moyen d'une visite audio « autoguidée ». Étant donné leur production limitée, assurez-vous qu'il y ait du vin en stock avant de vous déplacer.

À Frelighsburg, au pied du mont Pinacle, s'étend le **Clos Saragnat** [100, ch. Richford] (photo page 244), un domaine de 35 hectares qui jouit d'un ensoleillement optimal. On doit à l'un des propriétaires, Christian Barthomeuf, l'invention du cidre de glace en 1989. En visitant le vignoble et le verger certifiés biologiques, on en apprend beaucoup sur la permaculture et les écosystèmes. De juin à octobre, les visites-conférences, d'une durée de 60 minutes, accompagnées de 3 dégustations, sont passionnantes. On pourrait écouter M. Barthomeuf pendant des heures. Farnham est à 1 heure de route de Montréal et Frelighsburg, à 1 heure 15.

300A

Le meilleur de Montréal selon...

Il y a autant de Montréal que de Montréalais. Chaque citadin a ses coups de cœur, trésors méconnus ou institutions vénérables qu'il brûle de faire connaître à son entourage, certain de détenir l'essence même de la métropole, ce qui en fait le charme et la spécificité. Voici 75 raisons supplémentaires – et plus ! – d'aimer Montréal, telles que décrites par 12 passionnés de la ville.

MARIE-JOËLLE PARENT

GUY A. LEPAGE

ARIANE MOFFATT

JEAN-RENÉ DUFORT

REBECCA MAKONNEN

JEAN-PHILIPPE WAUTHIER

MITSOU

SUGAR SAMMY

HERBY MOREAU

CŒUR DE PIRATE

DENIS GAGNON

ANNE-MARIE WITHENSHAW

Marie-Joëlle Parent aime

Un paradis tropical en pleine ville

301 Le temps s'arrête lorsqu'on franchit la porte du **Conservatoire de Westmount**, une serre blanche de style victorien construite en 1927. Pour échapper à la déprime hivernale, c'est l'endroit idéal. Prenez place sur un des bancs avec un bon livre et laissez-vous bercer par le bruit de la fontaine chérubin. N'oubliez pas de la prendre en photo ; succès garanti sur Instagram ! [4574, rue Sherbrooke O.]

Espresso et bouquins

302 Je me sens comme à la maison au **Café 8 oz**. Chaises colorées, assiettes de grand-mère dénichées dans les friperies et muret rempli de livres usagés ponctuent le décor de l'établissement. Leurs grains de café viennent du célèbre microtorréfacteur Tandem et leurs pâtisseries sont livrées chaque semaine par le roi montréalais des plaisirs sucrés, Patrice Demers (voir raison 96). [5851, rue Saint-Hubert]

301

Le restaurant nostalgique

303

Enfant, mes parents m'emmenaient presque chaque semaine à la **Pizzeria Napoletana** dans la Petite Italie. On commandait toujours la même chose : la pizza Vesuviana (mozzarella, sauce tomate, olives et câpres) et les tortellini alla Panna (crème, parmesan). Le repas se terminait autour d'une glace Tartufo. Une bouffée de nostalgie ! En prime : c'est un « Apportez votre vin ». [189, rue Dante]

Un saut à Tokyo

304

Quand j'ai envie d'une soupe ramen authentique, je mets le cap sur **Yokato Yokabai**. Le petit restaurant au décor sombre sert d'excellents bouillons miso et tonkotsu (un riche bouillon fait à partir d'os de porc, qui exige 12 heures de préparation). Les soupes sont préparées sur mesure avec les ingrédients désirés. Les employés crient « Bienvenue ! » dès que vous franchissez la porte. [4185, rue Drolet]

Un thé sur la *Main*

305

Au salon de thé **Cardinal**, on se sent transporté à une autre époque. Au-dessus du restaurant Sparrow, on découvre avec émerveillement un salon de thé sur deux étages avec mezzanine et grand lustre de cristal. Le décor rappelle les années 1920. Le thé anglais et les scones sont servis dans de la vaisselle de porcelaine fleurie. [5326, boul. Saint-Laurent]

Le magasin où l'on trouve de tout

306

Pour dénicher un cadeau original ou des objets inusités pour la maison, le **Magasin général Lambert Gratton** est l'endroit tout désigné. Lambert Gratton, le propriétaire, propose une sélection surprenante d'objets vintage et de produits gourmands faits au Québec. Une boutique que j'aime encourager. [4051, rue De Bullion]

ET AUSSI...

- La **Buvette chez Simone** [4869, av. du Parc ; voir raison 162].
- La rue **Laurier Est**, entre la rue De Brébeuf et l'avenue Papineau [**Parc Sir-Wilfrid-Laurier** ; **Le Fromentier** (nº 1375) ; **Byblos Le petit café** (nº 1499 ; voir raison 188) ; **Tri Express** (nº 1650)].
- Les gnocchis de la **Drogheria Fine** [68, av. Fairmount O ; voir raison 154].

Guy A. Lepage aime

Le Moineau Masqué

307

J'ai une machine à café très dispendieuse qui pète toutes les trois semaines. Chaque fois, je sacre, j'enfile mes vêtements (je circule nu chez moi) et je me rends au café **Moineau Masqué**. Le café de marque 49th Parallel est délicieux, le personnel est très sympa, il y a une cour avec des tables l'été, et le jour où ma cafetière onéreuse est réparée, secrètement, je suis déçu. [912, rue Marie-Anne E.]

La librairie des lecteurs

308

Il y a les grosses librairies où l'on peut trouver plein de cossins tout aussi jolis qu'inutiles. Et il y a des librairies où l'on trouve des livres et des libraires. **Le Port de tête** en est une. Pour sortir des sentiers battus ou de vos schémas de lecture, laissez les libraires vous suggérer des ouvrages. Ils connaissent leur boulot. [262, av. du Mont-Royal E.]

La binerie de sushis

309

Tri était un chef sushis renommé à Montréal (Kaizen, Treehouse). Un jour, il a décidé d'ouvrir sa «binerie de sushis», **Tri Express**. On peut manger sur place, c'est toujours plein et trop petit, mais on peut aussi commander et récupérer soi-même son festin. Vraiment délicieux. [1650, av. Laurier E.]

Boucane gastronomique

310

Sans contredit mon fumoir préféré. Anciennement situé dans une rue qui a changé de sens pour devenir enclavée (merci, maire Ferrandez) et victime collatérale d'un incendie, **Le Boucanier** a changé de local pour notre plus grand bonheur. Poissons et plats du jour préparés par les frères Atkins. Mets raffinés pour gens pressés. Un must. [1217, av. du Mont-Royal E.]

308

Le pub ludique

311

Je n'aime pas les jeux de société. Mais mon ami Normand D'Amour, oui. Et il prend ça très au sérieux. Il a ouvert deux bars pour nous permettre de jouer à tous ces jeux qui nous empêchent de penser aux vraies affaires. Au menu du **Randolph** : jeux de société à satiété. Ah oui, il y a de la bière, aussi. [2041, rue Saint-Denis ; 6505, rue des Écores]

Le spa pour Pitou

312

Un salon de toilettage pour chiens dans le Village gai, qui s'appelle **Doggy Style**, ça ne s'invente pas. Mon redoutable caniche de huit livres en ressort chaque fois adorablement pomponné et plus ouvert d'esprit. Pour ceux qui voyagent avec leurs animaux de compagnie. [1638, rue Amherst]

ET AUSSI...

- **Damas**, le meilleur restaurant de Montréal. [1201, av. Van Horne ; voir raison 142]
- Les pains briochés et les macarons de chez **Rhubarbe**. [5091, rue De Lanaudière ; voir raison 187]
- La **Quincaillerie Dante** qui est, comme le remarquait le chef Anthony Bourdain, le seul endroit en Amérique du Nord où l'on peut « tuer le lapin, cuire le lapin et manger le lapin sous le même toit ». [6851, rue Saint-Dominique ; voir raison 258]
- Le meilleur boucher en ville, **Le Marchand du Bourg**. [1661, rue Beaubien E. ; voir raison 234]

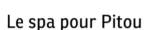

Ariane Moffatt aime

L'avant-garde inspirante

313 Lors de la dernière édition du Red Bull Music Academy, soirée consacrée uniquement aux synthétiseurs, j'ai tout suite craqué pour le **Eastern Bloc**, centre de diffusion d'art numérique d'avant-garde. Je sais qu'en posant les pieds là-bas, j'en ressortirai toujours un peu transformée. [7240, rue Clark]

L'éden d'un soir

314 À la fois galerie d'art, studio de production et espace créatif, le **Never Apart** est un bijou, tant sur le plan du design que de l'esprit, et il ne cache pas ses couleurs *queers* et engagées. On apprécie le sens du beau qui y est mis de l'avant et la forte personnalité qui s'en dégage. Pour événements privés et publics. [7049, rue Saint-Urbain]

La pizza parfaite avant un show

315 Les têtes rêveuses derrière le **Moleskine** n'en sont pas à leur premier resto et ça se sent tout de suite. À l'étage, on propose une table plus étoffée (et savoureuse) à ceux qui ne se laisseront pas hypnotiser par les promesses de la «pizz» du rez-de-chaussée. Super en famille, avant de quitter la ville pour la campagne. [3412, av. du Parc]

Les tacos *badass*

316 Une gang de filles *badass* se trouve derrière cette adresse discrète. Chez **Fortune**, on apprête mes tacos préférés en ville. Les produits utilisés sont frais, souvent locaux, et les saveurs, en symbiose. Un ami m'a fait découvrir ce restaurant; j'y retourne un peu trop souvent depuis! [6448, boul. Saint-Laurent]

La maison blanche sur l'Esplanade

317 Ooooh, que j'hésite à divulguer cette adresse magique située devant le parc Jeanne-Mance, comme bénie par la croix du mont Royal... La **Casa Bianca**, hôtel de charme, est vraiment unique en son genre. J'y suis allée une fois, après m'être greffée à la famille Wainwright/McGarrigle le temps d'un concert de Noël. Mon souvenir: un rêve fantastique. [4351, av. de l'Esplanade]

Le p'tit frère Lawrence

318 Quand ta cantine de quartier s'appelle **Larrys**, tu sais que t'es tombée dans une belle époque de la restauration montréalaise! Petit frère du Lawrence, juste à côté, il ne donne pas sa place dans la famille. On peut s'y installer en plein milieu de l'après-midi pour un verre de blanc et des petits plats composés selon l'inspiration du jour. On s'y sent chez soi! [9, av. Fairmount E.]

Avantage, set, match

319 La Coupe Rogers de tennis, événement annuel mené de main de maître par Eugène Lapierre et son équipe, est une grande réussite. Les infrastructures et le **stade Uniprix** sont optimaux, tant pour assister aux matchs que pour y frapper des balles. Coup de foudre pour les courts en terre battue à aire ouverte sur le toit du bâtiment ! [285, rue Gary-Carter]

Le Marché des Possibles

320 Événement estival à caractère communautaire et familial, le **Marché des Possibles** est un point de chute créatif et amusant. Yoga avec les enfants, ateliers de bricolage, concerts, animation, camions de rue et ambiance relaxe. J'apprécie le caractère imparfait et en perpétuel mouvement de ces rassemblements. [À l'angle des rues Saint-Dominique et Bernard E.]

Le Bar Sans Nom (si, si, c'est son nom !)

321 C'est le bar du dernier verre avant de rentrer à la maison (à pied). Dans cet endroit à l'esthétique hyper enrobante, qui donne le goût de refaire le monde, les mixologues n'entendent pas à rire ; ils laissent ça à leur clientèle éclectique, voire insaisissable. [5295, av. du Parc]

ET AUSSI...

· Le restaurant **Noren**, un minuscule troquet japonais tenu par un couple québéco-nippon fort attachant. [77, rue Rachel O. ; voir raison 170]

317

Jean-René Dufort aime

J'avoue vivre une relation d'amour-haine avec Montréal. Je ne suis pas une « bébite montréalaise » de naissance qui défend sa ville à la vie, à la mort. En fait, les multiples défauts de Montréal m'exaspèrent profondément. C'est une ville pas très jolie, une ville d'architecture fade, qui ne sait manifestement pas où elle s'en va. Je la compare parfois méchamment à Kaboul et j'aime parler dans son dos quand je suis en voyage. La meilleure description de Montréal m'est venue d'un ami britannique qui réside à Copenhague. Après une visite dans la métropôôôle, il m'a dit : « Montréal, c'est le comédien Bill Murray : un gars habillé tout croche, en bermuda et sandales avec un vieux t-shirt, un peu hippie, assez relax, supersympathique et avec qui t'as le goût de prendre une bière, mais surtout pas de lui demander de faire le découpage quand tu repeins ton appartement ! »

Je vous présente malgré tout quelques endroits sympathiques de ma ville. Car, je l'avoue, il y en a quelques-uns !

La tour des initiés

322 La **tour de l'Université de Montréal**, que les étudiants appellent affectueusement le « phallus », abrite la bibliothèque scientifique. On y trouve plusieurs étages de livres et des pupitres couverts de graffitis et de *jokes* scientifiques. On peut y passer la journée sans rencontrer personne. L'impression d'être Indiana Jones vous viendra assurément. Un endroit incroyable, réservé aux initiés. [2900, ch. de la Tour]

Le parc multiethnique

323 Le **parc Jarry** est fascinant. L'été, on peut aller y jouer au tennis en passant devant un match de cricket, de soccer ou de hockey-balle. Un après-midi dans ce parc, c'est un tour du monde assuré, sans quitter votre ville. Le vivre-ensemble, c'est ici que ça se passe ! [Boul. Saint-Laurent, entre les rues Jarry O. et Gary-Carter]

L'endroit le plus « Montréal »

324 La toute petite **place Roy**, sur le Plateau-Mont-Royal, est bizarrement le lieu que j'identifie comme le plus « Montréal » et le plus « Plateau » qui soit. On y trouve les sculptures un peu bizarres de Michel Goulet. J'adore quand on ne sait pas trop si on est dans une rue ou une ruelle. Quand il neige, l'endroit est magnifique. J'en ferai un quartier exclusivement piétonnier lorsque je deviendrai maire. [Rue Roy, entre les rues Saint-Christophe et Saint-André]

324

322

Le long couloir vert et bleu

325

Montréal est une île qui ne sait pas qu'elle en est une. Elle cache son eau! C'est sur les berges de Lachine qu'on apprécie le mieux la proximité du Saint-Laurent. Les parcs qui longent le fleuve (**parcs René-Lévesque** [voir raison 299], **des Saules, Saint-Louis**, le **Fort-Rolland** et le **Lieu historique national du Commerce-de-la-fourrure-à-Lachine**) vous feront assurément retomber en amour avec la ville.

ET AUSSI...

- Le restaurant **Grumman '78**. Manger des tacos dans un garage avec un bon verre de vin, sur des tables artisanales, y a pas plus montréalais. [630, rue De Courcelle ; voir raison 104]
- La **station-service de Mies van der Rohe**. Si l'architecture vous intéresse. [201, rue Berlioz ; voir raison 342]
- Mammouth incontournable dans le paysage du Vieux-Montréal et abandonné depuis trop longtemps, le **Silo n° 5**. Wow ! [Rue Mill ; voir raison 2]
- **Les ruelles derrière le boulevard Saint-Laurent**, pour la quantité surprenante de graffitis et de murales (voir raison 173).
- Le **Stade olympique**, seule carte postale de Montréal et merveille architecturale, malgré (comme le dit rageusement l'architecte Roger Taillibert) les «ridicules pingouins dans le vélodrome !». [4141, av. Pierre-de-Coubertin ; voir raison 221]
- **NDG** (Notre-Dame-de-Grâce) : mi-anglo, mi-franco, il est le métissage parfait de cette culture à deux étages qui caractérise la ville.

Rebecca Makonnen aime

La chapelle hors du temps

326 Petite, j'allais voir les crèches du monde à l'**Oratoire Saint-Joseph**. Ensuite, je faisais un détour par la **chapelle votive**. Le tombeau du frère André, les lampions, les couleurs, l'odeur de la cire... C'est un lieu qui appelle au recueillement. Encore aujourd'hui, je m'y arrête quand je passe dans le coin. On ferme Facebook et on respire. [3800, ch. Queen-Mary]

326

Le café médaillé d'or

327 Même si j'ai une cafetière *top notch,* je me rends au **Café Olimpico** une ou deux fois par semaine depuis 10 ans. Pas tape-à-l'œil ni m'as-tu-vu, l'endroit accueille la faune bigarrée du Mile End et les poètes y réinventent le monde. Exceptionnel : Forde connaît les clients par leur prénom et se souvient des préférences de chacun. Café sublime, super terrasse. [124, rue Saint-Viateur O. ; 419, rue Saint-Vincent]

Un gin-tonic à La Licorne

328 **La Licorne** est mon théâtre préféré ; j'aime presque tout ce qu'on y présente. Sa programmation est audacieuse, jeune, pleine de créativité et en phase avec notre époque. Depuis les rénovations, le lieu est particulièrement beau. En prime : on peut y prendre un verre et l'apporter dans la salle. [4559, av. Papineau]

Les chansons à boire

329 Depuis 1942, la musique règne au **Verre Bouteille**, un bar/salle de spectacle à l'allure d'étroit corridor. Parfois, comme un cadeau, des musiciens viennent y « casser » des chansons avant de partir en tournée. Ils s'y retrouvent souvent après un *show* ou un enregistrement et c'est toujours inclusif. Un ticket formidable ! [2112, av. du Mont-Royal E.]

Les maisons patrimoniales du boulevard Gouin

330

Rouler à vélo vers l'est à partir du parc de la Visitation est un plaisir, surtout si on prend le temps d'admirer les **demeures patrimoniales du boulevard Gouin**. La maison Brignon-dit-Lapierre nº 4251 (A), la maison Laurent-Guilbault (nº 4525) et la maison Cazal (nº 4768) sont remarquables. On peut s'arrêter pour lire les plaques historiques parsemées sur le chemin. Ou pour contempler, simplement.

Leonard Cohen : chapeau !

331

Élégance. Panache. Humilité. Humour pince-sans-rire. Chacun de ces mots s'applique à lui, le meilleur ambassadeur que la ville a jamais eu, celui qui a fait connaître Montréal mieux que quiconque. Rue Vallières (au nº 28), entre la rue Saint-Dominique et le boulevard Saint-Laurent, en face du **parc du Portugal**, son souvenir demeure. Dans nos cœurs aussi.

ET AUSSI...

- La glace pistache et caramel du **Havre-aux-Glaces**, au marché Atwater. [138, av. Atwater ; voir raisons 100 et 262]
- Une petite verte, des pommes frites et un kir à **L'Express**, à deux heures du mat, quand on a un petit creux et encore du carburant. [3927, rue Saint-Denis ; voir raison 363]
- **Outremont**, le quartier où j'ai passé une enfance idyllique.
- Le **Mile-Ex** où cohabitent en toute harmonie garages de mécanique générale et bars hipsters (voir raison 263).

330A

330

Jean-Philippe Wauthier aime

Le *junk food* déculpabilisant

332

Chez Tousignant, on sert un très bon burger avec de très bonnes frites, une excellente poutine et tout ce qui vient avec. Odeur de friture, ambiance rétro : après le repas, on repart avec le sentiment, sans trop s'en vouloir, qu'on vient de se gâter. [6956, rue Drolet]

Mexico, Mexiiiiiiico!

333

Le meilleur resto mexicain en ville, un point c'est tout. **La Tamalera** [226, av. Fairmount O.] est un établissement minuscule, tout simple, qu'on remarque à peine. Mais c'est l'endroit pour déguster un barbacoa avec un guacamole en entrée et, parce que c'est bon, un panuchos yucatecos. Ensuite, on roule vers **In Gamba** (voir raison 335) pour un café !

Le parc à l'ombre de la montagne

334

Le meilleur endroit, dans le Plateau, pour faire le plein de vert. De la pelouse. Des arbres. Un terrain de soccer. De l'espace pour jogger. Le **parc Jeanne-Mance**, c'est l'orée de la forêt en ville. [Avenue du Mont-Royal, entre les avenues du Parc et de l'Esplanade]

Le vieux nouveau café

335

In Gamba est l'un des premiers cafés de la nouvelle vague qui se sont installés sur le Plateau. Le fondateur n'est plus aux commandes, mais les nouveaux propriétaires ont su préserver la tradition : encore aujourd'hui, on y sert les meilleurs cafés. En prime : la terrasse est toujours aussi géniale pour profiter de l'été. [5263, av. du Parc]

La soirée est encore Chez Roger

336

Christiane Charette l'a fait connaître en y enregistrant *Charette en direct* pendant quelques années. Depuis l'automne 2016, c'est devenu la maison de *La Soirée est (encore) jeune*, l'émission de radio de Radio-Canada. Le bistro **Chez Roger**, c'est le rendez-vous des habitués et des néophytes qui s'installent dans Rosemont. Une institution. [2316, rue Beaubien E.]

La petite maison du chef

337

Petite maison, c'est le domicile montréalais du chef Danny St-Pierre. Il s'est taillé une place de choix dans le cœur des gens de Sherbrooke ; il fait maintenant la même chose avec les gens du Plateau. Sa petite maison, c'est aussi la nôtre. Cuisine toute simple, mais délicieuse. [5589, av. du Parc]

La Gaspésie en ville

338 Des gens de la Gaspésie ont jeté l'ancre dans le Mile End. Ils font de bons cafés et de bons snacks. Ils ont noué des liens étroits avec les voisins. France est une hôtesse parfaite. Voilà **Pagaille Café**, la définition même du bistro de quartier. Un bon point pour les galets ramenés des rives gaspésiennes, qui décorent les fenêtres. [101, rue Villeneuve O.]

Le théâtre mythique

339 Immeuble historique dans le Quartier des spectacles, le **Monument-National** a été un témoin privilégié de l'éveil culturel de la métropole. Même vide, la salle mythique vaut le coup d'œil. Et le café, à côté, se maquille en plateau de télé les jeudis pour l'enregistrement de l'émission *Deux hommes en or* diffusée sur Télé-Québec. Un monument, vraiment? Vraiment. [1182, boul. Saint-Laurent]

ET AUSSI...

- Le café **Butterblume**, un îlot esthétique dans un quartier industriel remis à neuf. [5836, boul. Saint-Laurent; voir raison 149]
- **Agrikol**: la nouveauté exotique qui dure, la bouffe créole pour tous. C'est Port-au-Prince à Montréal. Tout près de la perfection. [1844, rue Amherst; voir raison 41]

Mitsou aime

Les frigos du partage

340 Quinze à vingt-cinq pour cent de la nourriture achetée par les ménages finirait à la poubelle. Pour contrer ce gaspillage et favoriser l'entraide et le partage, des citadins ont installé dans leurs ruelles des frigos où chacun peut déposer ou venir chercher des plats cuisinés, des fruits et des légumes, du pain, etc. L'année 2016 a ainsi vu naître le **Frigo des Ratons** et le **Frigo des Écureuils Gourmands** dans le quartier Rosemont. Le **Fridge de la Petite-Patrie**, au chalet du parc Montcalm, avenue Papineau, recueille aussi les dons. De telles initiatives, parfois éphémères, témoignent de l'appartenance des Montréalais à leur milieu de vie. Un frigo du partage dans mon quartier ? J'en rêve.

Partir pour l'A'Shop avec Fluke

341 Pionnier du street art au Canada, **Fluke** revampe comme personne les murs de Montréal. En 2010, il a fondé l'**A'Shop**, à la fois studio et collectif d'artistes, à qui l'on doit plusieurs fresques spectaculaires qui humanisent la ville. J'y ai suivi un atelier qui m'a permis de découvrir le travail fabuleux de ces artistes à part entière, dont les créations se retrouvent sur les murs et les toits extérieurs, mais aussi au sein d'entreprises prestigieuses, sur des semi-remorques, des décors et même... des corps ! Pour en finir une bonne fois pour toutes avec la grisaille. [3081, rue Ontario E.]

Les tours qui suscitent la jalousie

342 Montréal compte CINQ immeubles conçus par Mies van der Rohe. Le célèbre architecte allemand a non seulement signé le prestigieux **Westmount Square** [entre la rue Sainte-Catherine, le boulevard De Maisonneuve et les avenues Wood et Greene], mais il a aussi contribué à la planification urbaine de l'île des Sœurs et signé les plans de **trois tours d'habitation** [201, rue Corot ; 100 et 200, rue De Gaspé] et de la première **station-service** [201, rue Berlioz] qui y ont été construites. On nous envie ces bâtiments exceptionnels de béton et de verre, qui se distinguent par leur élégance et leur raffinement. Une incitation à (re) découvrir cette île aux portes de la ville.

Les spécialités romaines en prison

343 Un restaurant souterrain ? Logé au sein d'une ancienne prison ? Tenu par une authentique *mamma* qui s'active aux fourneaux ? Les prémices sont alléchantes. Mais pas autant que l'espadon grillé ou que les pâtes aux champignons que j'y commande. Les artistes internationaux vont tous faire un tour chez **Da Emma**, dans le Vieux-Montréal. Il y a une petite table, dans la cuisine, où le mari de la patronne va lui-même s'installer. Elle y fait asseoir nos enfants quand on les emmène. Familial, chaleureux et intime. [777, rue de la Commune O.]

ET AUSSI...

- Le **canal de Lachine** et ses abords qui rappellent le Montréal industriel du début du XXe siècle.
- L'**Apothicaire Want** : mode et beauté actuelles dans une ambiance très XIXe siècle. [4960, rue Sherbrooke O.]
- L'**hôtel William Gray**, un lieu où il fait bon flâner, se rencontrer et travailler parce que tout y est par-fait ! [421, rue Saint-Vincent ; voir raison 352]
- L'**Espace Pepin** et la **Maison Pepin** : mode et déco urbaines. Cool. [350 et 378, rue Saint-Paul O. ; voir raison 25]
- **Les Fermes Lufa**, pour le plaisir de manger une laitue poussée à Montréal EN PLEIN HIVER ! [1400, rue Antonio-Barbeau ; voir raison 287]

341

Sugar Sammy aime

La viande de Côte-des-Neiges...

344 Côte-des-Neiges, c'est le quartier de mon enfance, une incarnation parfaite de multiculturalisme et de bilinguisme. Je n'aurais pas la carrière que j'ai si je n'avais pas été élevé dans ce village urbain. J'ai toujours un *craving* pour le poulet des grillades portugaises **Da Silva** [5334, ch. Queen-Mary], un resto cool et abordable. Quant à **Farhat** (A) [3513, av. Swail], il propose de délicieux sandwiches à la viande grillée sur charbon. On en mange au moins deux! Et on va se faire pardonner à l'Oratoire Saint-Joseph.

... et les fruits de mer de NDG

345 L'avenue de Monkland, c'est la rue Bernard de l'Ouest. Anglophones et francophones se retrouvent chez **Croissant Monkland** [nᵒ 5549], à la **Monkland Taverne** [nᵒ 5555], au **Ye Olde Orchard Pub** [nᵒ 5563] et au **Gia Ba** [nᵒ 5766; voir raison 128]. **Lucille's Oyster Dive** est mon resto de fruits de mer préféré. Bonne ambiance et chef incroyable. Leur Bloody Caesar? Une entrée et une boisson dans le même verre! [5669, av. de Monkland]

La Ronde en apesanteur

346 Chaque année, mon frère, ma sœur et moi attendions l'été avec impatience pour notre sortie à **La Ronde**. On avait hâte de croiser d'autres enfants qui avaient les mêmes ambitions que nous : gagner les plus gros toutous et faire un tour des plus grands manèges. Mon préféré : le **Monstre**. Le plus déstabilisant : le **Bateau Pirate**. C'est comme un orgasme et un pipi en même temps ! [Île Sainte-Hélène]

Rire en anglais

347 Que ce soit aux galas de la Place des Arts ou sur les plateaux de rodage, au club ComedyWorks, tout le monde trouve son plaisir au festival *Just For Laughs*. J'ai eu la chance d'y voir les meilleurs humoristes du monde et de jouer avec quelques-uns des plus grands noms de l'humour : Louis CK, Dave Chappelle, Bill Burr et George Lopez. Respect !

Harvard au Canada

348 J'ai beaucoup aimé les années passées à l'**Université McGill**. Elle attire les meilleurs professeurs et des étudiants de partout dans le monde. Le campus est magnifique et rappelle les grandes universités américaines. Coup de cœur pour l'**avenue McGill College** les soirs d'hiver, qui offre un point de vue romantique sur la ville. [845, rue Sherbrooke O.]

344A

Le jazz au Métropolis

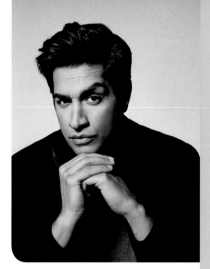

349 J'adore le Festival de jazz. Adolescent, j'y ai passé bien des soirées avec des amis. Mon lieu préféré pour les concerts : le **Métropolis**[1]. J'y ai vu en 2011 le fameux concert de minuit de Prince, qui a duré quatre heures et suscité sept rappels. Un autre de mes concerts préférés : celui de Jamiroquai, où j'étais assis au premier rang. Mémorable !
[59, rue Sainte-Catherine E.]

Trois griffes montréalaises

350 À Paris, je porte des vêtements achetés à Montréal ; ça m'assure l'exclusivité. J'aime les manteaux de cuir de **m0851**, une entreprise née dans le Mile End, qui compte plus de 20 boutiques dans le monde. J'aime aussi les vêtements de **Frank + Oak** dont les collections sont créées et produites dans un atelier du Mile End. *Casual* ou *fancy*, ils sont toujours cool. Dans la rue Stanley [n° 1420], on peut y faire du private shopping au 3e étage, siroter un café Névé ou se faire couper les cheveux. Pour les chaussures, j'aime **Browns**, une entreprise familiale montréalaise.
[m0851, Frank + Oak, Browns : plusieurs succursales à Montréal]

Les Canadiens tatoués sur le cœur

351 C'est devenu une vraie obsession. Que je sois dans un bar sportif, à Paris ou à l'aéroport, je suis les matchs des **Canadiens** ou du moins les faits saillants. Le simple fait de porter une casquette des Canadiens à l'extérieur du pays déclenche souvent de nouvelles amitiés basées sur l'amour du hockey et de notre équipe. *Go Habs Go !* [Centre Bell – 1909, av. des Canadiens-de-Montréal]

ET AUSSI...

- Le **mont Royal** (voir raison 165), un trésor municipal ! C'est au belvédère Kondiaronk, devant le chalet, que j'ai commencé à développer l'idée du *show* bilingue.
- Le festival **Osheaga** (voir raison 369). J'aimerais y retourner chaque année.
- Le **métro**, un must pour aller aux matchs de hockey ou aux grands festivals.

---

1. En 2017, le Métropolis a changé de nom et s'appelle maintenant le M. Telus.

Herby Moreau aime

Le Vieux-Montréal est la meilleure raison d'aimer Montréal! Les petits cafés et les restos de la rue Saint-Paul, la place d'Armes devant l'église Notre-Dame, la piste cyclable dans le Vieux-Port: c'est un des plus beaux quartiers d'Amérique du Nord. Chaque fois que j'en sors, j'ai hâte d'y revenir. J'ai vu Brad Pitt y rouler en vespa, Bono marcher pour se rendre chez Olive & Gourmando, Mickey Rourke sur un Bixi à trois heures du matin, Jake Gyllenhaal faire la file pour son café et me dire: *Wow! what a great city!* Mon fils y est né et, contrairement à ce que les gens pensent, c'est un quartier pour toute la famille. On aime le Centre des sciences et flâner dans le Quartier chinois. Oui, il y a une épicerie à proximité: le IGA du Complexe Desjardins est à cinq minutes de marche. On fait livrer et on revient à pied. C'est pas beau, ça?

Vues sur le Vieux

352

J'ai parfois la chance d'être invité dans le splendide immeuble du **357C** [357, rue de la Commune O.], club privé fondé par Daniel Langlois, créateur de Softimage. N'y entre pas qui veut! De la terrasse sur le toit, on a la plus belle vue sur le Vieux-Montréal, le Vieux-Port et le fleuve. Le point de vue est également superbe de la terrasse du **William Gray**, un hôtel-boutique de luxe. [421, rue Saint-Vincent]

Le centre culturel 2.0

354

De deux propriétés laissées à l'abandon, la mécène Phoebe Greenberg a fait le **Centre Phi**, un espace multidisciplinaire conçu pour suivre l'évolution des nouveaux médias. Salles d'exposition, studios d'enregistrement et de montage, salles de spectacle et cinéma: tout est là pour les créateurs. Un bijou. Le cinéaste Denis Villeneuve a documenté la démolition des édifices dans son court métrage *Next Floor*. [407, rue Saint-Pierre]

Le passage des souvenirs

353

Un passage piétonnier, une fontaine, des arbres, des sculptures... L'été, aux **cours Le Royer**, c'est le festival de la photo de mariés. Avec touristes en prime! Quand j'étais jeune, je me disais: un jour, j'habiterai ce passage magnifique et j'y apprendrai à mon fils à rouler à bicyclette. Fiston a aujourd'hui 11 ans et il y a appris à faire du vélo. Un endroit empreint d'émotions. [Rue Le Royer O., entre les rues Saint-Dizier et Saint-Sulpice]

Le parc du Portugal

355

On le remarque à peine, à l'angle du boulevard Saint-Laurent et de la rue Marie-Anne. Portugais, Italiens, Africains et Québécois de vieille souche s'y côtoient. Le bureau du **Festival Nuits d'Afrique** (2e semaine de juillet) est tout près. De l'autre côté du boulevard, **Bagel Etc.** [4320, boul. Saint-Laurent; voir raison 374] propose des déjeuners appréciés des oiseaux de nuit. Donnant sur le parc, il y a aussi la maison de **Leonard Cohen** [28, rue Vallières; voir raison 331], un des plus grands artistes de notre époque. L'interculturalité à son meilleur.

Le roi Karl Mèche

356

Je suis un sorteux : Montréal est encore plus belle la nuit. On y croise des personnages comme **Karl Mèche**, pendant 25 ans l'un des plus grands promoteurs du *nightlife* montréalais. La preuve ? Lorsque les Stones sont venus, il a reçu un appel : « *Hi, Karl, it's Mick Jagger.* » Récemment, Karl a décidé de fonder un service de conciergerie pour les gens qui veulent savoir où sortir, connaître les lieux les plus *hot*. Capital.

Le bar caché

357

Dissimulé derrière le Foiegwa, le speakeasy **Atwater Cocktail Club** n'est pas d'accès facile : impasse lugubre, absence d'enseigne... Mais une fois sur place, surprise ! Les proprios ont créé un bar à cocktail où le beau monde se presse, où l'on peut *chiller* en oubliant le temps qui passe. Quand on reprend contact avec la réalité, c'est parce qu'il est trois heures du matin et qu'il faut partir. Une belle expérience. [512, av. Atwater]

ET AUSSI

· Le designer **Zébulon Perron**, concepteur de lieux qui donnent de la gueule à la ville, où on a envie de parler et de rester (voir raison 59).

· Pour ses dorures et ses plafonds vertigineux, le **Crew**, ancienne banque convertie en café. [360, rue Saint-Jacques ; voir raison 23]

· Le pad thaï de chez **Hà**. Belle histoire, proprios sympas, terrasse magnifique. Un resto accueillant, chaleureux. [243, av. du Mont-Royal O. ; voir raison 164]

· **Hubert Marsolais**, restaurateur passionné et esthète, qui fait bouger Montréal. **Le Club Chasse et Pêche** [423, rue Saint-Claude ; voir raison 15], **Le Filet** [219, av. du Mont-Royal O.] et **Le Serpent** [257, rue Prince] : trois ambiances différentes, trois réussites.

357

Cœur de pirate aime

Les fringues vintage

358 Magasiner dans les friperies, c'est découvrir des textures, des couleurs et des motifs d'un passé pas nécessairement révolu. **Annex Vintage** [56, rue Saint-Viateur O.] propose une sélection de vêtements des années 1990 ainsi que des pièces de créateurs indépendants. On y trouve une belle variété d'appliqués ; j'en achète souvent. La boutique **Citizen Vintage** (A) [5330, boul. Saint-Laurent] offre elle aussi une alternative à ceux qui privilégient style ET environnement durable.

358A

Veiller su' l'perron de la Place des Arts

359 Pour profiter au mieux des concerts et des festivals, il faut s'asseoir sur **les marches de l'esplanade de la Place des Arts**. C'est aussi l'endroit idéal pour un moment paisible, à la fois en retrait de l'agitation de la rue et au cœur de l'action, pour ne rien manquer. Tout gravite autour de ces quelques marches. L'épicentre véritable du Quartier des spectacles, ce sont elles. Prenez place. Que le spectacle commence ! [À côté du 175, rue Sainte-Catherine O.)

Chaud, le yoga

360 Moins intense que le yoga bikram, le yoga pratiqué chez **Moksha Yoga** constitue un dérivatif formidable aux journées froides d'hiver. Préparez-vous à suer ! Cette forme de yoga se pratique dans des salles chauffées et chaque séance dure de 60 à 90 minutes. Santé, paix et environnement font partie des valeurs qu'on y met de l'avant. Ommmmmm... [3863, boul. Saint-Laurent ; 4260, av. Girouard]

360

Le *streetwear* d'ici

361

Des accessoires et des vêtements *streetwear* de qualité pour hommes et femmes, la plus grande variété de Vans en ville, des collections et des designers qu'on ne trouve nulle part ailleurs : **Off The Hook** est probablement la seule boutique où je peux dénicher tout ce qu'il me faut. Une belle vitrine pour les marques montréalaises et canadiennes, sur lesquelles misent les propriétaires. [1021, rue Sainte-Catherine O. ; 421, rue Saint-Vincent]

Les petites marches du musée

362

J'aime emprunter les **escaliers intérieurs du Musée des beaux-arts**, qui, du rez-de-chaussée, mènent aux paliers supérieurs et inférieurs. Les marches, dont la longueur et la hauteur sont inhabituelles, rendent l'expérience déstabilisante : il faut prêter attention pour garder le pas. Rien de mieux pour s'ancrer dans l'ici et le maintenant et prendre conscience de notre environnement. Ces marches amusent les enfants et font parfois râler les parents. Moi, j'aime ! [1380, rue Sherbrooke O.]

ET AUSSI...

- En été comme en hiver, le **mont Royal** réussit le tour de force de faire l'unanimité chez les Montréalais (voir raison 165).
- Le **Café Olimpico** : classique, mais tout de même le meilleur café de Montréal. [124, rue Saint-Viateur O. ; 419, rue Saint-Vincent ; voir raison 144]
- L'**Alexandraplatz Bar**, niché dans un ancien garage, pour un verre en début de soirée, l'été. [6731, av. de l'Esplanade ; voir raison 264]
- Le **Café Parvis** et le **Furco**, d'anciennes boutiques de fourrure du centre-ville revampées en restaurants-bars pour le plaisir des gens des environs. [Respectivement 433 et 425, rue Mayor ; voir raison 59]
- Le **Biodôme de Montréal** (voir raison 222), une oasis en pleine ville, un terrain de jeu parfait pour les enfants.

Denis Gagnon aime

LA référence depuis 30 ans

363 Un classique, une institution qui a su garder son identité depuis trois décennies. On trouve à **L'Express** des classiques et un menu indémodable : os à moelle au gros sel, pot-au-feu... J'adore y aller le samedi et le dimanche matin pour les petits déjeuners, au même prix que coûterait un deli de quartier. Un service exceptionnel dans un décor chaleureux de Luc Laporte. Mon resto préféré. Qui le restera toujours. [3927, rue Saint-Denis]

Le bureau de poste métamorphosé

364 Autrefois simple bureau de poste, le **1700 La Poste**, immeuble aux allures de temple néo-classique, est devenu un lieu consacré aux arts et à la culture sous l'impulsion de la mécène Isabelle de Mévius. Ouvert au public, cet espace formidable est un lieu de diffusion qui présente le travail d'artistes autrement peu présents dans les galeries montréalaises. Un écrin digne des bijoux qu'il contient. [1700, rue Notre-Dame O.]

364

Les écluses d'autrefois

365 Bâtiments industriels de briques rouges, étroite bande de verdure, pistes cyclable et pédestre : le canal de Lachine donne à Griffintown un cachet unique. À l'ombre du pont des Seigneurs, les **écluses Saint-Gabriel** offrent au regard un tableau animé : les embarcations de plaisance s'y arrêtent le temps d'être admirées, puis repartent paresseusement. À l'automne, on vide le canal et, quand l'eau revient au printemps, on tombe à nouveau sous le charme. Coup de cœur assuré !

363
3927

Club sportif MAA

373 Un club sportif montréalais dont l'histoire remonte à 1881? C'est le **Club sportif MAA**, mon gym depuis 10 ans, où athlètes et vedettes s'entraînent, mais qui accueille aussi les étudiants et les dames vénérables de 70 ans. Sport et tradition se rencontrent dans ce lieu splendide où l'on peut pratiquer toutes les disciplines, y compris le yoga anti-gravité et le cirque aérien. On y propose des laissez-passer d'un jour, pratiques pour les touristes. *Go!* [2070, rue Peel]

Le meilleur deux-œufs-bacon de la *Main*

374 Leonard Cohen, qui habitait juste à côté, aimait prendre un bagel et un allongé assis au bar de **Bagel Etc.**, une ancienne dînette devenue institution. Moi, j'y vais pour les blintzes (petites crêpes farcies) et le déjeuner «Europe de l'Est» (œufs, choucroute et saucisse Knackwurst). La déco? Rococo. Devant la caisse, un disque dédicacé: «To *the Bagel with Love, Leonard.*» [4320, boul. Saint-Laurent]

Les escaliers dérobés

375 Des demeures princières à flanc de colline, des arbres centenaires, des parterres fleuris: c'est Westmount-la-Belle, parcourue par un **réseau d'escaliers publics** connus seulement des initiés. Aménagés pour faciliter les montées abruptes, ils permettent d'entretenir la forme. Empruntez celui à l'est du 4835 Cedar Crescent ou celui de la crête Lansdowne. Belle façon de bonifier le jogging ou la promenade de Snoopy!

ET AUSSI...

- **Hof Kelsten**, une boulangerie qui rue dans les brancards et actualise les traditions. Elle fournit tous les bons restos de la ville; on serait fou de s'en passer! [4524, boul. Saint-Laurent; voir raison 157]
- Chez **Kazu**, le menu est écrit sur des Post-it collés au mur! Leur sauce est addictive: je ne peux plus m'en passer. À midi, je prends le bol de salade de tartare et la soupe ramen. Mon truc pour éviter la file: j'emporte. Et pas question de partager. [1862, rue Sainte-Catherine O.; voir raison 86]

Index

Les numéros de l'index renvoient à l'une des 375 raisons d'aimer Montréal.

#MTLGO, 68
1700 La Poste, 364
180 g, 265
357C, 352
À la table des jardins sauvages, 293
Abreuvoir, 58
Accord, 15
Action 500, 224
Adamo, 108
Agrikol, 41
Alati-Caserta, 254
ALDO, 71
Alep, 268
Alexandraplatz, 264
Allez Up, 95
Alvéole, 261
Amaranto, 130
Anne-Marie Withenshaw, 368-375
Annex Vintage, 358
Anticafé, 54
Antidote, 197
Arcade MTL, 48
Arche chinoise, 33
ArHoma, 202
Ariane Moffatt, 313-321
Arsenal, 366
Arte e Farina, 43
Atelier Make, 184
Atwater Cocktail Club, 357
Au Sommet, 68
Automne Boulangerie, 238
Avenue de Monkland, 345
Avenue Henri-Julien, 174
Avenue Laval, 174
Avenue McGill College, 73, 348
Bagatelle, 203
Bagel Etc., 355, 374
Bain public et gymnase de Maisonneuve (bain Morgan), 210, 212
Bar K Karaoke, 85

Bar Sans Nom, 321
Barré d'Escif, 173
Basilique Notre-Dame, 18
Bassin olympique, 10
Beau Kavanagh (portrait), 126
Beauté Dee's, 267
Belle et Rebelle, 246
Belvédère du Chemin-Qui-Marche, 14
Belvédère Westmount, 135
Ben & Tournesol, 119
Bibliothèque Marc-Favreau, 250
Bibliothèque publique de Westmount, 117
Big In Japan, 171
Bigarade, 200
Biiru, 65
Bily Kun, 166
Biodôme, 222
Biosphère, 12
BIXI, 72
Blind Pig, 205
Blogue C'est toi ma ville, 214
Blogue Mes Quartiers, 61, 214
Bois Summit, 135
Bombay Mahal, 266
Boris Bistro, 27
Bota Bota, 3
Bottega, 256
Boucherie Beau-bien, 201
Boucherie du Marché, 262
Bouillon Bilk, 45
Boulangerie Guillaume, 157
Boules roses de Claude Cormier, 30, 38, 56
Boulevard Gouin, 291, 330
Boutique Room Service Loft, 25
Broue Pub Brouhaha, 232

Browns, 350
Brutus, 236
BUK & NOLA, 189
Butterblume, 149
Buvette Chez Simone, 162
Byblos Le petit café, 188
Cà Phê Con Leche, 248
Cadet, 45
Cadran solaire, 223
Café 8 oz, 302
Café de' Mercanti, 131
Café Gentile, 371
Café Larue & fils, 269
Café Le Falco, 151
Café Milano, 282
Café Mucho Gusto, 230
Café Olimpico, 144, 327
Café Santropol, 172
Café Sfouf, 43
Café Vito, 273
Caffè Mille Gusti, 239
Caffè San Simeon, 254
Camellia Sinensis, 46
Camions de cuisine de rue, 77
Campanelli, 108
Canadiens de Montréal, 78, 281, 351
Canal de Lachine, 102
Canal Lounge, 100
Capitaine Crabe, 208
Cardinal, 305
Carle Bernier-Genest (portrait), 214
Casa Bianca, 317
Casa do Alentejo, 248
Caserne no 1 (caserne Letourneux), 210, 213
Cathédrale Christ Church, 66
Centre Bell, 78
Centre de commerce mondial, 28
Centre Eaton, 64
Centre Phi, 354

Cercles de céramique de la station Peel par Jean-Paul Mousseau, 61
Chalet Bar-B-Q, 122
Chapelle historique du Bon-Pasteur, 53
Chapelle votive, 326
Che Churro, 130
Chemin de Ceinture, 136
Chez Apo, 271
Chez Bong, 32
Chez Bouffe Café Bistro, 216
Chez Claudette, 178
Chez Ménick, 192
Chez Roger, 336
Chez Tousignant, 332
Chocolats de Chloé, 179
Cimetière Notre-Dame-des-Neiges, 136
Cinéma Beaubien, 231
Circuit Gilles-Villeneuve, 10
Cirka, 109
Cité-Jardin, 368
Citizen Vintage, 358
Cloakroom, 75
Clos Saragnat, 244, 300
Club Chasse et Pêche, 15
Club de curling Royal Montréal, 87
Club Social, 144, 145
Club Soda, 58
Club sportif MAA, 373
Cocoa Locale, 163
Cœur de pirate, 358-362
Cokluch, 273
Comme un jeu d'enfant de Seth (Julien Malland), 284
Complexe aquatique du parc Jean-Drapeau, 12
Comptoir charcuteries et vins, 159
Conservatoire de Westmount, 301
Cours Le Royer, 353
Cours Mont-Royal, 64
Crew Collectif & Café, 23
Croissant Monkland, 345
Croix du mont Royal, 165
Crossover Comics, 116
Cul-Sec cave & cantine, 252
Da Emma, 343
Da Silva, 344
Damas, 142
Daou, 272
De Froment et de Sève, 230

Debout! de Roger Langevin, 181
Décalade, 6
Delisnowdon, 132
Denis Gagnon, 25, 363-367
Dépanneur Le Pick-Up, 263
Détour Bistro, 230
Diabolissimo, 182
Dieu du Ciel!, 156
Dilallo, 110
Dinette Triple Crown, 257
Dinu Bumbaru (portrait), 51
Doggy Style, 312
Dr Julien (portrait), 196
Dragon Flowers, 147
Drogheria Fine, 154
Eastern Bloc, 313
Écluses Saint-Gabriel, 365
Édifice Aldred, 20
Édifice de la Banque canadienne impériale de commerce (Théâtre St-James), 21
Édifice de la Banque de Montréal, 21
Édifice de la Banque Royale, 23
Édifice de la Life Association of Scotland (Hôtel Le Place d'Armes), 20
Édifice de la Merchants' Bank (Hôtel Le St-James), 21
Édifice de la New York Life Insurance, 20
Édifice Sun Life, 76
Église de la Visitation, 286
Église du Très-Saint-Nom-de-Jésus, 215
Église du Très-Saint-Rédempteur, 198
Electrik Kidz, 200
Émile Nelligan, 136, 176
Encans Kavanagh, 126
Entre ciel et terre, 49
Épicerie 1668, 124
Épices Anatol, 259
Épices de Cru, 262
Escaliers de Westmount, 375
Escaliers extérieurs, 186
Escondite, 65
Espace Pepin, 25
Espace pour la vie, 222
État-Major, 216

Eva B., 56
Événement Prenez place à l'orgue, 18
Exposition Barbie, 64
Fairmount Bagel, 152
Farhat, 344
Farine Five Roses, 1
Female Landscape de Gerald Gladstone, 73
Fenêtre sur Kaboul, 177
Ferme Marineau, 292
Ferme Turcot, 292
Ferme Vaillancourt, 292
Festival Heavy Montréal, 10
Festival Mural, 173
Festival musique et arts Osheaga, 10, 369
Festival Nuits d'Afrique, 355
Fête des neiges, 10
Fixe Café Bistro, 233
Fluke, 341
Fondation québécoise Fauna, 298
Fontaine d'Amphitrite, 28
Forêt urbaine, 70
Fortune, 316
Foxy, 99
Frank + Oak, 350
Fridge de la Petite-Patrie, 340
Frigo des Écureuils Gourmands, 340
Frigo des Ratons, 340
Fromagerie Copette & cie, 112
Garde Manger, 370
Garde-Manger Italien et Bistro Amerigo, 131
Germaine de Rafael Sottolichio, 173
Gia Ba, 128, 345
Gibbys, 16
Gibeau Orange Julep, 140
Gilles Beaudry (portrait), 214
Greenspot, 101
Griffintown, 89
Grumman '78, 104
Gryphon d'Or, 129
Guaranteed Pure Milk, 51, 79
Guy A. Lepage, 307-312
Hà, 164
Habitat 67, 4
Havre-aux-Glaces, 262

Henri Henri, 50
Herby Moreau, 352-357
Héritage Kalamata, 240
Héritage Montréal, 51, 79
Histoire de la musique à Montréal par Frédéric Back, 60
Hoche Café, 207
Hof Kelsten, 157
Hommage à René Lévesque de Robert Roussil, 299
Hommage aux fondateurs de la ville de Montréal de Pierre Gaboriau et Pierre Osterrath, 60
Hôtel de ville de la cité de Maisonneuve (bibliothèque Maisonneuve), 210, 211
Huguette Couture (portrait), 235
HVOR, 99
Il Bazzali, 253
Île Notre-Dame, 10
Île Sainte-Hélène, 10
Imadake, 118
Impact, 213, 221, 225
In Gamba, 335
Insectarium, 227
India Beau Village, 266
Isle de Garde, 238
Italia, 372
Jamais Assez, 160
Jane Heller (portrait), 141
Jardin botanique, 227
Jardin Domtar, 66
Jardin Iwaki, 125
Jean-Philippe Wauthier, 332-339
Jean-René Dufort, 322-325
Jeans Jeans Jeans, 151
Joe Beef, 99
Joe la Croûte, 262
Just For Laughs, 347
Karl Mèche, 356
Kazu, 86
Kem CoBa, 154
Khyber Pass, 177
Kitsch à l'os... ou pas, 199
Kouign Amann, 167
L'Air du Temps de Phillip Adams, 49
L'amère à boire, 47
L'Entrepôt Mont-Royal, 183
L'Espace Public, 206
L'Esprit d'été d'El Mac, 243

L'Express, 363
L'Homme d'Alexander Calder, 11
L'In-Time, 113
La Baie d'Hudson, 64
La Banquise, 178
La Bête à pain, 289
La Capital Tacos, 33
La Champagnerie, 27
La Cornetteria, 254
La Fermière d'Alfred Laliberté, 210, 214
La Foule illuminée de Raymond Mason, 73
La Fournée des Sucreries de l'Érable, 262
La graine brûlée, 42
La Grand-Mère Poule, 230
La Grande Fonte de Robert Roussil, 2
La Guadalupe Mexicaine, 41
La Habanera, 65
La Joute de Jean-Paul Riopelle, 31
La Librairie de Verdun, 116
La Licorne, 328
La Maison de Mademoiselle Dumpling, 245
La Mère Créatrice d'El Mac, 243
La Récolte, 241
La Ronde, 10, 346
La Salle à Manger, 159
La Tamalera, 333
Lac aux Castors, 165
Larrys, 318
Lattuca Barbecue, 16
Le 4e mur, 48
Le Belgo, 55
Le Bièrologue, 209
Le Boucanier, 310
Le Caractère Chinois, 180
Le Cheval Blanc, 47
Le Fantôme, 97
Le grand Jean-Paul de Roseline Granet, 31
Le Mal Nécessaire, 34
Le Marchand du Bourg, 234
Le Marché des Saveurs du Québec, 262
Le Mélomane de Cooke-Sasseville, 281
Le Mousso, 45
Le Petit Alep, 268

Le petit coin du Mexique, 279
Le Petit Dep, 22
Le Port de tête, 308
Le Richmond Marché Italien, 93
Le Roi du Smoked Meat, 244
Le Roi du Taco, 260
Le Sainte-Élisabeth, 48
Le saut de l'ange d'Édith Croft, 136
Le Sieur d'Iberville, 191
Le Sino, 195
Le St-Urbain, 288
Le Valois, 203
Le Vin Papillon, 99
Leonard Cohen, 331, 355, 374
Les 400 Coups, 15
Les Affamés, 203
Les Beaux-Frères sur Beaubien, 230
Les Cavistes, 288
Les Conteurs de Richard Morin, 178
Les Douceurs du marché, 100
Les Empoteuses, 237
Les Enfants Terribles, 68
Les Fermes Lufa, 287
Les Givrés, 270
Les Jardineries, 221
Les Jardins Sauvages, 262
Les Pervenches, 300
Les Petits Baigneurs d'Alfred Laliberté, 212
Les quatre saisons, 153
Lester's Deli, 143
Ligue d'improvisation montréalaise, 58
Ligue nationale d'improvisation, 58
Lion d'Or, 58
Liverpool House, 99
LOCO, 276
Luciano, 253
Lucille's Oyster Dive, 345
Lutte, 198
m0851, 350
Ma Poule Mouillée, 178
Magasin général Lambert Gratton, 306
Maison Birks, 69
Maison Charles-Rudolph-Hosmer, 82

Maison Coloniale, 174
Maison Descaris, 121
Maison du Jazz, 63
Maison du ravioli, 283
Maison Duggan, 82
Maison Indian Curry, 266
Maison James-Ross, 82
Maison Joseph-Décary, 121
Maison Lady Meredith, 82
Maison Le Ber-Le Moyne, 299
Maison Thomson, 82
Malhi, 266
Mamie chic d'A'Shop, 173
Mandy's, 120
Mangiafoco, 17
Manitoba, 263
Marché 4751, 219
Marché Atwater, 100
Marché aux puces Saint-Michel, 280
Marché de nuit, 264
Marché des Possibles, 320
Marché Jean-Talon, 262
Marché La Pantry, 105
Marché Maisonneuve, 208, 210
Marie Saint Pierre, 80
Marie-Joëlle Parent, 301-306
Más - Penser à prendre le temps de Mateo, 243
MELK, 129
Melon de Montréal, 105, 121
Ménick (portrait), 192
Métropolis (M. Telus), 349
Mies van der Rohe, 342
Milano Fruiterie, 254
Mile-Ex (quartier), 263
Mile-Ex (restaurant), 263
Mille carré doré, 82
Minibibliothèques libre-service, 229
Mitsou, 340-343
Mohamed Hage (portrait), 287
Moineau Masqué, 307
Moksha Yoga, 360
Moleskine, 315
Momesso, 123
Monkland Taverne, 345
Monsieur Smith, 206
Mont Royal, 59, 135, 136, 165, 228
Montréal Love de Nicolas Fortin, 243
Montréal Moderne, 199

Montréal Plaza, 247
Montréal Roller Derby et Montréal Roller Derby Masculin, 150
Monument-National, 339
Monumentalove de Jane Heller, 141
Mouton Vert, 127
Moustache, 249
Mur de Berlin, 28
Mur de Rouen, 195
Murale pop art de D*face, 173
Murales de céramique de Laurent Gascon, 204
Musée d'art contemporain, 55
Musée des beaux-arts, 84, 262
Musée Dufresne-Nincheri, 220
Musée McCord, 70, 73
Must Société, 91
Muvbox, 3
Mycoboutique, 168
Myriade, 88
Nadine Jazouli (portrait), 91
Natatorium, 114
Nature légère de Claude Cormier, 61
Navette fluviale, 9
Nef pour quatorze reines de Rose-Marie Goulet, 134
Never Apart, 314
Nguyen Phi, 138
Nolana, 17
Noodle Factory, 36
Nora Gray, 90
Noren, 170
Normand Laprise (portrait), 30
Nougat & Nectarine, 56
Nouilles de Lan zhou, 36
Off The Hook, 361
Ogilvy, 83
Olive & Gourmando, 24
Orange Rouge, 32
Oratoire Saint-Joseph, 133, 326
Oshlag, 226
Oui Mais Non, 275
Pagaille Café, 338
Palais des chaussons et pizzas, 290
Palais des congrès de Montréal, 31

Pang Pang Karaoké, 85
Parc « sans nom », 148
Parc de la Cité-du-Havre, 7
Parc de la Merci et l'île Perry, 291
Parc des Bateliers, 291
Parc des Rapides, 115
Parc du Faubourg-Sainte-Anne, 92
Parc du Mont-Royal, 165
Parc du Portugal, 331, 355
Parc du Premier-Chemin-de-Fer, 106
Parc Dante, 254
Parc Jacques-de-Lesseps, 295
Parc Jarry, 275, 323
Parc Jean-Drapeau, 10
Parc Jeanne-Mance, 334
Parc La Fontaine, 181
Parc Luc-Durand, 250
Parc Maisonneuve, 228
Parc Molson, 230
Parc Morgan, 217
Parc national des Îles-de-Boucherville, 297
Parc-nature de l'Île-de-la-Visitation, 285
Parc-nature du Cap-Saint-Jacques, 294
Parc Nicolas-Viel, 291
Parc René-Lévesque, 299
Parc Sir-Wilfrid-Laurier, 181
Parc Westmount, 117
Pascal le boucher, 276
Patinoires Bleu Blanc Bouge, 281
Pâtisserie Bicyclette, 237
Pâtisserie du Rosaire, 169
Pâtisserie Harmonie, 35
Patrice Pâtissier, 96
Patsy Van Roost (portrait), 144
Pêche Vieux-Montréal, 7
Petite maison, 337
Petite Rebelle, 246
Philippe Dubuc, 25
Pho Bac, 36
Pho Lien, 138
Piknic Électronik, 11
Piorra Maison, 160
Pista, 249
Piste cyclable du canal de Lachine, 102
Pizzeria Napoletana, 303
Place De Castelnau, 269

Place des Arts, 359
Place des Festivals, 52
Place du Coteau-Saint-Louis, 185
Place Émilie-Gamelin, 52
Place Genevilliers-Laliberté, 210
Place Jean-Paul-Riopelle, 31
Place Montréal-Trust, 64
Place Raoul-Wallenberg, 66
Place Roy, 324
Place Simon-Valois, 202
Place Ville Marie, 367
Plage de l'Horloge, 8
Plage Jean-Doré, 10
Plan B, 166
Planétarium, 222
Plaque commémorative de l'inauguration du métro de Montréal, 60
Pointe-du-Moulin, 2
Pont Jacques-Cartier, 13
Pourquoi Pas espresso bar, 39
Premiers Vendredis, 221
Promenade Luc-Larivée, 202
Promenade des Artistes, 52
Promenades Cathédrale, 64
Prune les fleurs, 91
Punjab Palace, 266
Quartier des spectacles, 52
Quincaillerie Dante, 258
Quincaillerie Hogg, 119
Rad Hourani, 25
Rage, 42
Randolph, 311
Rasoï, 103
Rebecca Makonnen, 326-331
Red Tiger, 41
Régine Café, 233
Réseau souterrain de Montréal (RÉSO), 61, 64
Rhubarbe, 187
Ritz-Carlton, 81
Rix Rax, 184
Robin des Bois, 161
Romados, 169
Rouge Gorge, 166
Rue Adam, 218
Rue Berri, 185
Rue Coursol, 98
Rue de Bullion, 174
Rue de Grand-Pré, 174
Rue Demers, 158
Rue Gilford, 174

Rue Lagarde, 185
Rue Sainte-Hélène, 19
Rue Sainte-Rose, 40
Rue Somerville, 291
Rue Villeneuve, 174
Ruelle Beau-Dommage, 243
Ruelle champêtre, 175
Ruelle l'Échappée belle, 193
Ruelles vertes, 175
Sabor Latino, 242
Sain Bol, 190
Salle Bourgie, 84
San Pietro, 278
Santa Barbara, 233
Sarah B, 29
Sata Sushi, 194
Satay Brothers, 104
Sen Vàng, 138
Shô-Dan, 74
Silo no 5, 2, 51
Simons, 64
Société des arts technologiques, 57
Spoutnik, 44
Square Dorchester, 66
Square Saint-Louis, 174, 176
Square Sir-George-Étienne-Cartier, 107
St-Viateur Bagel, 152
St. Lawrence Warehousing Co., 148
Stade olympique, 221
Stade Saputo, 225
Stade Uniprix, 319
Station Champ-de-Mars (édicule de Marcelle Ferron), 60
Station no 1, 202
Station Square-Victoria–OACI (entourage de métro de Paris de Hector Guimard), 26
Style Labo, 160
Sugar Sammy, 344-351
Sumac, 103
Système de Pierre Granche, 139
Ta pies, 163
Tacos Frida, 107
Talay Thaï, 137
Tam-tams, 165
Tamey Lau (portrait), 147
Tapeo, 274

TAZ, 284
Temps d'arrêt de Jean-Pierre Morin, 230
Téo Taxi, 67
Terrines & Pâtés, 100
Thaïlande, 146
Théâtre Corona, 94
Théâtre Sainte-Catherine, 58
Titanic, 24
Tommy, 22
Toqué !, 30
Tour de Lévis, 13
Trail du bas, 111
Trèfle, 205
Tri Express, 309
Trilogie, 277
Tuck Shop, 99
Tuk Tuk, 137
Tunnel Espresso Bar, 88
Université de Montréal, 322
Université McGill, 66, 82, 348
Upstairs, 63
Vague à Guy, 5
Vague Habitat 67, 5
VdeV, 160
Vélo Intemporel, 230
Venice MTL, 24
Verger Gibouleau, 292
Verre Bouteille, 329
Vestibule, 160
Viauville, 218
Vices & Versa, 255
Village au Pied-du-Courant, 37
Village Coteau-Saint-Louis, 185
Village Mammouth, 221
Ville de Maisonneuve, 210
Vinum Design, 62
Week-ends du Monde, 10
Wellington, 113
Westmount Park United Church, 117
Westmount Square, 342
Wilensky, 155
William Gray, 352
William J. Walter, 202, 262
Woonerf Saint-Pierre, 106
Y Lan, 251
Ye Olde Orchard Pub, 345
Yokato Yokabai, 304
Youppi ! (portrait), 78
Zébulon Perron (portrait), 59
Zoo Ecomuseum, 296

Crédits photographiques

Photographies : Olivier Ruel

Sauf les suivantes :
@imac_27 (Instagram), page 124, bois Summit **@Photograph-i DrMartinPhoto.com,** page 174, Electrik Kidz **Alain Lefort,** page 276, 1700 La Poste **Alexandre Cv,** page 239, parc-nature de l'Île-de-la-Visitation **Antonin Mousseau-Rivard,** page 61, Le Mousso **Bénédicte Brocard,** page 45, Normand Laprise **Charlotte Lacoursière,** page 139, Montréal Roller Derby **Daniel Lannegrace,** page 273, Herby Moreau **Étienne St-Denis,** page 275, Cœur de pirate **Gabrielle Desmarchais,** page 202, Régine Café **Geneviève Laurin,** page 244, Clos Saragnat **Jane Heller,** page 127, Orange Julep **Jean-Marc Lacoste,** page 108, parc des Rapides **Jean-René Dufort,** page 263, Jean-René Dufort **Jimmy Hamelin,** page 279, Anne-Marie Withenshaw **Jo-Anne McArthur We Animals,** page 251, Fondation québécoise Fauna **Jules Bédard,** page 69, Ligue d'improvisation montréalaise **Julie Perreault,** page 267, Jean-Philippe Wauthier **Le_Pigeon,** page 261, Ariane Moffatt **Malina Corpadean,** page 277, Denis Gagnon **Marc Ménard,** page 253, Les Pervenches **Marie-Claude Viola,** page 26, plage de l'Horloge **Marie-Jade Côté,** page 108, Natatorium **Marie-Joëlle Parent,** page 256, Conservatoire de Westmount **MatDeRome,** page 273, Atwater Cocktail Club **Mathieu Dupuis,** page 251, parc national des Iles-de-Boucherville, Sépaq **Matthieu Roux,** page 8, Claire Bouchard et page 250, Zoo Ecomuseum **Maude Chauvin,** page 265, Rebecca Makonnen **Michael Vesia,** page 133, Damas **MK PHOTO,** page 103, Sumac **Myranie Bray,** page 19, Oshlag **Nancy Hinton,** page 248, À la table des Jardins sauvages **Nicolas Delucinge,** page 104, woonerf Saint-Pierre **Noémie Letu,** page 134, Champ des Possibles **Raphaël Beaubien,** page 4, Montréal la nuit, page 86, Guaranteed Pure Milk et en quatrième de couverture, Place Ville Marie **Raymond Jalbert,** page 198, Jardin botanique **Shanti Loiselle,** page 249, parc-nature du Cap-Saint-Jacques **Sophie Thibault,** page 259, Doggy Style **Stéphanie Lefebvre,** page 269, Mitsou **Ville de Westmount,** page 114, parc Westmount **Vincent Marchessault – Photographe,** page 232, Oui Mais Non **William Yan,** pages 6 et 257, Marie-Joëlle Parent **Yves Renaud,** page 259, Guy A. Lepage

Remerciements

Un merci tout spécial à Olivier Ruel et Myranie Bray. Sans votre aide précieuse, ce guide n'existerait pas. Vous y avez mis une énergie hors du commun dont je vous serai éternellement reconnaissante. Merci à Sofia Duran et Chloé Lafrenière, pour votre sérieux coup de main en début de projet.

Merci à toute l'équipe des Éditions de l'Homme de m'avoir donné la chance d'immortaliser mon amour pour Montréal. Une reconnaissance particulière à Liette Mercier, mon éditrice « du feu de Dieu », qui me complète à merveille. Ta curiosité, ta vivacité d'esprit et ton goût pour l'art et l'architecture sont franchement inspirants. Merci à Sylvain Trudel pour son professionnalisme et sa rigueur sans faille. Merci à Josée Amyotte et Diane Denoncourt d'avoir mis mes écrits en pages et d'en avoir fait un si bel ouvrage. Merci à Judith Landry, Guylaine Girard, Jacinthe Lemay, Catherine Bédard, Sylvie Tremblay, Fabienne Boucher, Dominique Rivard et tous ceux qui ont travaillé sur le livre, mais avec qui je n'ai pas eu de contact direct. À Agnès Roux, Matthew Brown, Lisa Sage, Robert Ronald, et Reilley Bishop-Stall, merci pour la version anglaise.

Merci, Matthieu Roux pour tout ce que tu as fait pour moi. Et à mes fils, Ludovic et Renaud : merci pour votre patience alors que maman devait écrire. Et merci à maman, comme d'habitude, pour tout.

Merci à vous qui avez partagé avec moi vos coups de cœur, vos raisons d'aimer Montréal ; il y a un peu (beaucoup) de vous autres là-dedans.

Merci à Annie Trudel de m'avoir dit, un jour : « Quand je lis ce que tu écris, je t'entends. » Ce gentil commentaire, assurément banal pour toi, a été pour moi le catalyseur d'une nouvelle vie.

À Marie-Joëlle Parent : merci d'être qui tu es, généreuse, inspirante, de bon conseil. Merci d'avoir fondé cette collection. Ce livre est ma plus grande fierté professionnelle, et c'est grâce à toi.

Merci à vous, commerces, boutiques, cafés, restaurants, artistes, Montréalais et Montréalaises, qui faites de Montréal une ville unique.

Dans la même collection :

Français

Anglais

Cet ouvrage a été achevé d'imprimer sur les presses
d'Imprimerie Transcontinental, Beauceville, Canada